AF452514

PIERRE PARIS

Promenades Archéologiques En Espagne

★

ALTAMIRA — LE CERRO DE LOS SANTOS — ELCHE
CARMONA — OSUNA — NUMANCE — TARRAGONE

OUVRAGE ACCOMPAGNÉ DE 34 PLANCHES

PARIS

ERNEST LEROUX, ÉDITEUR

28, RUE BONAPARTE, VIe

1910

A mes Fils

ROGER, YANI. ANDRÉ, RENÉ, FRANC

Si les lecteurs trouvent quelque plaisir et quelque profit à ces *Promenades*, c'est peut-être qu'il y a toujours agrément à suivre un guide un peu informé et très enthousiaste dans une contrée peu connue; c'est surtout que l'Espagne, celle d'autrefois comme celle d'aujourd'hui, réunit toutes les séductions de l'histoire glorieuse, de l'art, de la poésie, du pittoresque; c'est aussi que des amitiés et des libéralités auxquelles je veux dire ma gratitude, m'ont permis d'illustrer abondamment mon écriture.

Altamira doit tout à MM. Cartailhac et Breuil, qui m'ont obtenu de S. A. S. le Prince de Monaco la gracieuse faveur d'utiliser plusieurs clichés de leur superbe ouvrage. J'ai pu me servir pour *le Cerro de los Santos* et pour *Elche* d'images empruntées à mon *Essai sur l'Art et l'Industrie de l'Espagne primitive, et au Bulletin hispanique*; à cet effet M. E. Leroux et M. Radet m'ont ouvert sans compter leurs collections. Si je n'avais pu reproduire quelques précieuses figures de la *Revue archéologique*, et sans la parfaite amabilité de George Bonsor, qui m'a confié nombre de photographies inédites, *Carmona* eût perdu tout son charme, et sans les superbes instantanés du kodak d'Arthur Engel, *Osuna* son éclat ensoleillé. Pour *Osuna* aussi, je tiens à remercier le Ministère de l'Instruction publique, et d'abord M. de Saint-Arroman, grâce à qui j'ai pu employer des gravures du Mémoire que j'écrivis avec Arthur Engel sur nos fouilles de 1903. Que dire de *Numance*? Adolf Schulten m'a permis de présenter la sévère silhouette de la colline sublime et de pénétrer dans les Camps de Scipion; Georges Radet a choisi pour moi les plus fins souvenirs de notre excursion commune à Soria et Garray.

Je serais enfin bien coupable si je ne rappelais ici tout ce qu'ont fait pour moi mes très hospitaliers amis d'Espagne. C'est grâce à leur accueil, à leur inépuisable complaisance que j'ai pu voir, et, je l'espère, bien voir toutes les belles ou curieuses vieilles choses dont je me suis épris, et je voudrais qu'ils trouvassent un témoignage de ma vive reconnaissance dans ce petit livre écrit avec amour à l'honneur de leur étincelante patrie.

I

LA GROTTE PRÉHISTORIQUE

D'ALTAMIRA

I

LA GROTTE PRÉHISTORIQUE
D'ALTAMIRA

Où les modernes Asturiens et Cantabres luttent
avec le plus d'àpreté pour la fortune, fouillent le sol
riche en fer, en cuivre, en manganèse, dressent au
ciel les cheminées empanachées de leurs usines, là
leurs plus lointains aïeux se sont éveillés aux premières émotions de l'art.

De même qu'à Bilbao ou bien Santander l'ami
de l'Espagne renaissante à l'industrie va voir à
l'œuvre les plus vaillants ouvriers de la prospérité
nationale; comme à Covadonga le pèlerin va s'incli-
ner au berceau glorieux de l'indépendance, ainsi
dans les ténèbres de la grotte d'Altamira l'archéologue et l'artiste pénètrent au mystérieux sanctuaire
de la préhistoire ibérique.

Altamira, nom sonore et soudainement illustre !
Tout attire vers la caverne profonde, le charme pittoresque du voyage, l'inattendue beauté des œuvres
millénaires, l'énigme troublante d'ethnologie et

d'histoire, de religion et d'art. Quelle peuplade, délogeant l'ours horrible des cavernes, abrita dans ces ombres lourdes ses mœurs et ses croyances naïves ? Quels ouvriers, sous l'émoi d'une inspiration sacrée, assouplirent leurs rudes doigts aux élégances des gravures et des fresques qui décorent les plafonds rugueux et les parois tortueuses ? Quels furent ces troglodytes qui, rongeant des os ou humant des coquillages, chassant les bêtes fauves à coups de silex taillés durement, vécurent leur vie farouche dans les halliers, et pourtant, subtils observateurs des mouvements et des formes vivantes, manieurs agiles de burins et de pinceaux, s'élevèrent d'un effort simple à la beauté ? Quel âge les vit paraître ? D'où venaient-ils, où allaient-ils ces barbares éclairés d'une aurore de génie ? Quelle houle de migration les emporta au bout du monde occidental ? Quel choc les fixa d'un arrêt brusque dans les antres de cette côte sauvage ? Quel flot d'invasion aussi, ou quel cataclysme de nature ou d'histoire les entraîna, les détruisit peut-être ? La critique agitera longtemps ces problèmes en des controverses passionnées sans en dissiper l'ombre confuse. Mais cette obscurité même donne au souvenir de ces hommes, à leurs habitats sauvages, à leurs armes, à leurs outils rudimentaires et puissants, aux œuvres surtout de leur art savant et ingénu un attrait que rien n'égale.

Dans les grandes découvertes archéologiques comme dans toutes les autres, le hasard joue souvent le grand rôle. Il eut pour instruments, à Altamira, un chasseur et un enfant.

A parcourir les collines herbeuses ondulant au sud de Santillane, qui se fût douté qu'une grotte profonde se creusait en un repli de coteau, cachant sous un court taillis de broussailles le trou de son entrée basse ? Ni les cultivateurs des fermes proches ni les petits bergers fureteurs n'avaient découvert l'accès du repaire inattendu. Et comment les curieux d'objets préhistoriques, les *aficionados*, comme il en était certainement à Santillane ou dans la cité voisine, plus grande, de Torrelavega, auraient-ils soupçonné au flanc de ces pâturages, contre toute apparence, la station d'une riche tribu du plus vieil âge de la pierre ?

C'est dans les pays tourmentés de montagnes, de vallées profondes et de forêts, sous les roches surplombant en abris cyclopéens, dans les falaises abruptes creusées d'antres formidables, au bord des rivières ou près des sources abondantes que les chasseurs des temps paléolithiques établirent les retraites de leur vie périlleuse. Les grottes andalouses, celle de la *Pointe d'Europe* à Gibraltar, la *Cueva de la Mujer* près d'Alhama de Grenade, la *Cueva de los Letreros*, entre Velez-Malaga et Velez-Rubio, celle *del Tesoro,* près de Baza, les plus connues des grottes préhistoriques de Portugal, la grotte de

Furninha, dans la presqu'île de Peniche, au nord de Lisbonne, la *Casa da Moura*, dans la même région, celles de la *Serra de Monte Junto*, de la *Serra de Molianos*, de *Serinya*, de *Cascaes*, la plus connue de toutes, n'échappent pas à la règle, non plus que nos grottes françaises des Pyrénées ou des bords de la Vézère et des Beunes affluentes, non plus que *Gargas*, la *Mouthe* ou *Font de Gaume*.

Mais Altamira s'écarte exceptionnellement de la loi commune. Rien, semble-t-il, ne désignait la grotte au choix de ceux qui l'occupèrent, ni la sécurité d'un site escarpé, facile à défendre, à l'abri des surprises, ni la proximité d'une fraîche fontaine. Sans doute, sur la croupe des collines aujourd'hui dénudées et sans ombre frissonnait jadis la forêt touffue et giboyeuse ; sans doute que le rivage prochain de la mer nourricière, que la caverne étranglée en son accès, puis élargie en vastes vestibules, étirée en couloirs sinueux, cachant sous des halliers impénétrables un repaire propice, fixèrent l'émigration d'une tribu lassée au passage des Pyrénées redoutables.

Quoi qu'il en soit, si par une heureuse journée de l'an 1876 un brave chasseur n'avait pas suivi son chien qui, traquant une proie, s'était évanoui parmi des buissons embrouillés au creux d'une gorge, Altamira, dont le vrai nom est *Cueva de Jean Mortero*, encore inconnue peut-être, ne partagerait pas l'illustration de ses sœurs périgourdines.

L'honneur d'en avoir reconnu, d'en avoir montré

l'importance revient à D. Marcelino de Sautuola ; mais cet honneur même D. Marcelino le partage avec sa jeune fille qui, la première, de ses yeux éveillés d'enfant, aperçut au plafond d'une grande salle d'étranges formes peintes d'animaux.

M. de Sautuola, intimidé quelque peu par une révélation si imprévue, tarda quatre ans à faire connaître Altamira et quelques-unes de ses figures gravées ou peintes dans un mémoire au titre peu prometteur : *Courtes notes sur quelques objets préhistoriques de la province de Santander* (1880). Tant de modestie ne lui profita guère, non plus que le concours très actif que lui porta le plus autorisé des préhistoriens espagnols. le célèbre D. Juan Vilanova y Picra, professeur à l'Université de Madrid. Les archéologues, troublés par le fait nouveau, selon leur coutume, furent sceptiques ou dédaigneux. Les dessins, tout modernes pensèrent-ils, n'étaient que l'œuvre de bergers naïfs, du moins ceux qui se réduisaient à de primitifs croquis, ou d'habiles mystificateurs lorsqu'ils témoignaient d'un art consommé. Il paraissait en effet invraisemblable que de barbares troglodytes aient pu travailler dans ces ténèbres profondes sans que leurs torches ou leurs lampes enfantines aient laissé sur le roc la moindre

trace de fumée et de suie, et que, d'autre part, dans
des conditions si malaisées, des hommes de civilisation si rudimentaire aient produit des œuvres parfois si admirables, presque des chefs-d'œuvre d'art
précis et sincère. La même suspicion qui si longtemps tint en défaveur les sculptures ibériques du
Cerro de los Santos relégua hors et loin de la
science les peintures d'Altamira. En vain Sautuola,
Vilanova venant à la rescousse, donna ses preuves :
pas mieux que Léopold Chiron, défendant en 1878
les gravures de la grotte Chabot, dans le Gard, il ne
réussit à convaincre les savants les plus autorisés de
France ou d'ailleurs, consultés isolément ou réunis
en congrès.

Mais voici que M. Émile Rivière, en 1895, met hors
de doute l'existence de gravures et de peintures de
l'époque quaternaire sur les parois de la grotte de *la
Mouthe*, près des Eyzies ; coup sur coup les relevés
de François Daleau dans la grotte de *Pair non Pair*,
près de Bourg sur Gironde, en 1895 ; du Dr Capitan
à la grotte *Chabot* en 1900 ; du Dr Capitan, de l'abbé
Breuil et de Peyrony aux grottes des *Combarelles* en
1901, et de *Font de Gaume* en 1902, ont chassé toutes les hésitations. Alors M. Cartailhac, ce vétéran
si jeune de la préhistoire d'Espagne et de France,
fait le voyage de Santillane avec l'abbé Breuil, compare Altamira avec *Marsoulas*, qu'il vient de revoir,
et avec les grottes du Sarladais, et, donnant une
preuve de loyauté scientifique qu'il ne voudrait pas

qu'on louàt, rétracte ses précédentes dénégations.
Par un juste retour, Altamira conquiert enfin une
renommée légitime. C'est maintenant la reine des
grottes illustrées, dominant de haut, malgré leur
mérite, les sœurs récemment découvertes qui l'entourent, *Castillo*, *Hornos de la Peña*, *Covalanas*,
la Haza, *San Isabel*, *la Venta de la Perra*, d'autres
encore, bien plus, distançant ses rivales françaises,
même les plus nobles et les plus riches, *Font de
Gaume*, *les Combarelles* et *Niaux*. Elle a tous les
honneurs ; MM. Cartailhac et Breuil préludent en
maintes brochures à la monographie magistrale
qu'une libéralité princière leur a permis d'éditer
magnifiquement ; D. Hermilio Alcalde del Rio, in-
vestigateur sagace et dessinateur adroit, lui consacre
une étude précise et documentée abondamment, car
il a l'heureuse fortune, vivant près d'Altamira,
appliquant à l'explorer son talent et sa curiosité, d'en
avoir scruté et d'en connaître les plus mystérieux
replis.

❄

Que le touriste, séduit par l'enthousiasme des antiquaires, ne se figure pas une grotte de rêve où la
nature se complaise en jeux féeriques. L'Espagne a
ses merveilles souterraines, ses palais de stalactites
qui égalent en splendeurs ceux de la Belgique ou
de la Carniole ; Arta et Manacor, aux rives bleues

de Majorque, luttent sans défaite avec Han et Rochefort ou Adelsberg.

Là c'est un éblouissement de s'égarer, aux lueurs douteuses des torches, sous les voûtes fantastiques, parmi le dédale scintillant des piliers et des colonnes, tout au long des lacs incorruptibles où l'eau profonde, si pure et limpide qu'elle semble irréelle, d'une immobilité silencieuse de néant, dort un sommeil éternel. Au-dessus du miroir aux longues irradiations métalliques qui les reflète en pluie d'argent et d'or, scintillent par milliers les aiguilles pendantes des plafonds aux somptuosités féeriques d'Alhambra.

Altamira n'a pas cet attrait prestigieux de décor oriental ; ce n'est pas une caverne de mille et une nuits enchantées ; elle garde en ses plus étroites galeries comme en ses salles larges l'austérité qui convient à la science et vraiment une gravité religieuse. Qui pénètre au cœur du sanctuaire et cherche dans l'ombre l'empreinte des civilisations éteintes gravée sur l'œuvre de la nature, ne s'émeut que du mystère des âges et des êtres disparus.

Ici le premier habitant, l'ours énorme des cavernes, aiguisait ses griffes puissantes sur le roc ou les imprimait sur l'argile molle. Le rocher porte encore, en stries profondes, le sillon des ongles raclants, et sur les cascades d'argile spathique, à peine desséchée et durcie après des siècles, en des recoins peu accessibles. se voit la trace nette non seulement de la corne, mais des phalanges et de la plante des pieds.

C'est miracle que l'homme, expulsant le fauve, n'ait pas détruit, en les piétinant, les vestiges de son dangereux prédécesseur. Du moins à Altamira n'a pas été constaté un fait plus étrange encore. Ici l'ours ne s'essaya pas ou ne réussit pas à reconquérir pour un temps son antre, tandis que dans une grotte voisine, à Castillo, M. Alcalde del Rio et l'abbé Breuil « ont noté avec curiosité le fait que, dans la galerie profonde, des disques et des dessins linéaires très anciens sont nettement entamés par les griffes de l'ours, recouvertes elles-mêmes par les peintures des disques alignés. L'ours est donc revenu dans la caverne entre deux occupations humaines. » A Altamira, son colossal ennemi chassé, l'homme occupa définitivement le repaire conquis.

Tout le vestibule et la partie contiguë de la plus grande salle ont livré aux difficiles et patientes fouilles de M. Alcalde del Rio, sous l'effondrement de gros blocs de la voûte stratifiée, les débris de l'outillage et les résidus de l'occupation d'une tribu paléolithique. L'explorateur attentif et ses brillants initiateurs, MM. Cartailhac et Breuil, ont reconnu deux couches, souvent confondues d'ailleurs ;

le niveau inférieur, sur le sol vierge, épais de 40 à
80 centimètres, est argileux et pétri de fragments
calcaires ; il contient peu de coquillages, mais des
os et des bois de cerf assez entiers, avec d'abondants et beaux instruments de pierre, lames d'ophite
et de silex, burins et grattoirs, pointes et pointes à
cran, où dominent les formes solutréennes. C'est une
industrie primitive qui contraste avec l'art de quelques os gravés de figures assez fines et naturelles.
M. Alcalde del Rio possède deux omoplates ornées
chacune d'une tête de biche tracée en hachures
délicates, dont la forme est juste et la silhouette
presque élégante. Ce sont deux pièces de choix qui
se distinguent au milieu de pièces nombreuses décorées seulement de traits sommaires.

Le niveau supérieur, moins épais, abonde en coquillages comestibles, patelles et littorines, mélangés
aux cendres et aux menus charbons. On y marche
vraiment sur un lit de coquilles où se mêlent les os
cassés menu, les instruments de pierre de travail
peu soigné, les os et les bois de cerf travaillés, ornés
de hachures, de figures sommaires et presque toujours
peu artistiques, de dents de chevaux et de bœufs
percées pour servir de pendeloques, ainsi que des
os d'oiseaux. C'est ici, dans son ensemble, l'industrie
magdalénienne.

Ces constatations sont importantes pour les spécialistes de la préhistoire qu'elles guident dans leurs
recherches chronologiques. Ils peuvent, grâce à ces

données, tenter d'établir le synchronisme entre l'installation des troglodytes dans la grotte et la suite des figures qui la décorent.

Mais ces figures surtout nous attirent et nous attachent pour ce qu'elles cachent de problèmes, pour ce qu'elles révèlent d'art inespéré.

Qu'un ouvrier, préoccupé d'abord de donner à son outil la forme utile, se plaise ensuite à l'agrémenter d'ornements superflus ; qu'un chasseur, assuré d'abord des qualités meurtrières de son arme, l'enjolive par surcroît de l'image des bêtes abattues ou domestiquées, c'est le simple effet, disent les uns, d'un instinct qui ne manqua jamais même à l'homme le plus sauvage, même peut-être au rudimentaire chelléen ; c'est, disent les autres, le souci tout utilitaire et prosaïque d'accroître par un charme magique la force de l'outil ou de l'arme. Et c'est ou le même goût inné de luxe et de beauté, ou le même espoir de mystérieux secours qui porte l'homme et la femme à la coquetterie des vêtements, de la parure et des bijoux, à l'orgueil du riche mobilier, au plaisir de la demeure décorée. Mais ces instincts, ces idées ou ces croyances peuvent-ils vraisemblablement expliquer les peintures et les gravures répandues en si grande abondance sur les parois des grottes ?

Avant d'aborder cette question si difficile et si
intéressante, il faut d'abord connaître les images,
et cela ne serait pas, à Altamira du moins, chose
facile, si l'on n'avait ces guides imcomparables,
Alcalde del Rio, Cartailhac ou Breuil. Car les feux
de l'acétylène dissipent mal les ténèbres opaques
qui dès l'entrée, presque, ont envahi les salles irrégulières, les couloirs aux coudes anguleux ; la lumière
se répand mal sur les plafonds bossués, pénètre malaisément dans les trous d'ombre des rochers, se glisse
avec peine dans les percées en zig-zag des étroites
galeries basses et dans les fissures des murailles.
L'œil s'accoutume difficilement à discerner le trait
patiné d'une gravure, la tache noire ou rouge d'une
peinture inégalement étendue et trop souvent effacée
par places. Il faut une attention plus qu'éveillée pour
découvrir parmi les lignes naturelles de la roche les
lignes artificielles d'une figure ; une longue expé-
rience est nécessaire, avec une ingénieuse activité
d'examen.

J'ai vu dans les grottes des Combarelles ou de
Font de Gaume des visiteurs rester sceptiques aux
affirmations des guides qui voulaient leur faire
suivre du doigt ou de l'œil des images, certaines
pourtant, qu'avait discernées parmi les accidents
naturels de la surface le regard subtil de Capitan ou
de Breuil. C'est miracle d'ailleurs comme les grottes
de France et d'Espagne ont trouvé leurs explorateurs idéaux. Jamais, par exemple, fut-il savant

mieux adapté que l'abbé Breuil à la science qu'il
s'est choisie ? Chacun, certes, serait ravi de posséder
au même degré supérieur l'ardeur à la découverte,
la précision dans l'étude, la force dans la pensée, la
hardiesse raisonnée dans l'hypothèse, le brillant
dans l'exposition, avec, au cours des discussions,
l'entrain victorieux dans la riposte comme dans l'attaque. J'ajoute qu'il est un dessinateur très alerte, et
qu'il manie le crayon et le pinceau comme la plume,
ce qui n'est pas un médiocre avantage. Mais la nature a fait mieux encore, et dans le professeur, resté
français en Suisse, de l'Université de Fribourg, dans
l'intellectuel raffiné, comme j'aime à retrouver après
tant de siècles l'incarnation inattendue du parfait
troglodyte ! Il faut voir Breuil, allongé, mince et
souple en sa vieille soutane collante, toute mouche-
tée de bougie, coiffé de l'indispensable calotte protectrice de cuir, se glisser à quatre pattes dans une
bouche de grotte. Il faut avoir la bonne fortune de
suivre ce furet aux yeux vifs, au nez pointu, dans ses
repaires où semble s'aviver l'acuité de ses sens et
s'aiguiser la finesse de son esprit ; il faut s'être maladroitement évertué, visitant avec lui un de ses
domaines souterrains, à se couler comme lui, ramper,
virer, sur le dos, sur le ventre, sur les genoux, sur
les mains, à l'imiter dans ses mouvements et ses
attitudes serpentines tout en regardant ce qu'il montre, en écoutant ce qu'il explique ; il faut avoir admiré Breuil dans une grotte, préparant sur le terrain

l'œuvre du livre : on comprend alors quelle place il a su se faire à côté des maîtres les plus renommés de la science préhistorique qui sont fiers de l'avoir formé, et s'honorent aujourd'hui de sa précieuse colloration. N'est-ce pas une heureuse chance qu'il se soit attaché de toute son ardeur inlassable à faire revivre avec M. Cartailhac, en un livre définitif, la merveilleuse Altamira ?

On s'est maintes fois demandé, sans que la réponse soit certaine, comment les décorateurs préhistoriques, déjà mal servis par des instruments primitifs, à la trouble lueur d'un lampion rudimentaire, les mouvements gênés et les attitudes pénibles, ont pu tracer si franchement sur des surfaces raboteuses, et jusque dans des recoins et des fentes où la main passe à peine, tant et tant de figures dont beaucoup sont admirables. On se demande aussi par quel effort d'attention et de vision divinatrice on a pu retrouver dans ces cavernes ténébreuses ces centaines d'images dont si peu sont évidentes, en démêler les lignes et les couleurs superposées, entre-croisées, contrariées à l'infini par le travail de générations successives, barrées même et dégradées en trop d'endroits par les noms des sots qui, suivant le dicton, profanent toutes les murailles.

Car ce n'est pas une des moindres surprises du

visiteur de constater que les grottes ornées sont de véritables palimpsestes, que les gravures ou fresques se recouvrent, se recoupent ou s'effacent l'une l'autre, les artistes, dans la suite des ans, n'ayant eu aucun respect des œuvres de leurs devanciers. L'archéologue y trouve son compte, car il peut ainsi suivre à travers les âges le développement et le progrès d'un art obscur; mais il lui faut d'abord, et c'est une tâche ardue, reconnaître et préciser la superposition et la succession exacte des images.

A Altamira, comme dans les grottes françaises, la situation paraît nette maintenant, et il semble bien que l'on puisse distinguer d'abord une période en quelque sorte archaïque, où les images ne sont qu'une simple silhouette cernée d'un trait profond. C'est la technique des plus anciennes cavernes, comme celle de *Pair non Pair* en Gironde, ou de *la Grèze* en Sarladais. Altamira nous a livré de ce style quelques animaux de forme lourde et maladroite, en sommaire profil absolu, un bison, des chevaux.

Puis la peinture succède à la gravure. La silhouette gravée, déjà plus étudiée et plus juste, se colore d'une teinte noire. Plus tard le décorateur revient à la gravure; mais les contours et les traits qu'il burine sont plus délicats, plus fins et plus purs, s'attachant à faire valoir les détails de structure ou de forme en des figures plus petites qui parfois semblent se cacher sur des surfaces malaisément accessibles.

Enfin l'art s'épanouit ; il devient classique d'abord dans la fresque rouge, ensuite dans la fresque polychrome, rouge et noire, savamment dessinée et modelée au moyen de teintes nuancées et de raclages. Désormais, l'artiste, de goût et d'esprit plus délié, maître d'une technique plus savante, emploie concurremment le burin, le pinceau et le grattoir pour obtenir des traits plus élargis, des couleurs unies ou dégradées. Il ne lui reste plus de progrès à faire.

Même parfois sa maîtrise l'entraîne à des hardiesses inattendues de fantaisie. Lorsqu'il se laisse tenter par quelque jeu naturel de la surface rocheuse, sa peinture peut devenir une sorte de sculpture enluminée. Ainsi telle protubérance de roc a pu servir à figurer le relief d'un corps ou d'une tête d'animal, tel agencement fortuit de creux et de bosses déterminer naturellement une attitude, un mouvement imprévus ; et il se trouve que les images ainsi obtenues sont parmi les plus originales, sinon les plus belles.

Surtout le plafond de la grande salle, du salon, d'Altamira, « voûte légèrement ondulée et comme moutonnée par endroits, » apparaît comme un vaste et mystérieux manuscrit surchargé d'écritures : gravures au trait appuyé et large, gravures au trait menu, peintures noires, peintures rouges, peintures rouges et noires, figures de toute taille, de toute technique, de tout style, s'y mêlent, s'y confondent dans tous les sens, s'y effacent et s'y recouvrent, sans aucun plan, sans aucune ordonnance, sans aucun souci des droits des premiers occupants.

Comment s'explique ou s'excuse un tel dédain de l'œuvre antérieure? Comment concilier aussi avec le vif sentiment d'art que je louerai tout à l'heure la négligence de l'imagier qui n'efface rien, ne badigeonne rien, ne gratte rien pour établir une figure nouvelle en belle place bien nette, mais recouvre simplement au petit bonheur tout ou partie de la figure ancienne qui subsiste? Peut-être la raison de cette incurie étrange est-elle dans l'origine même et la destination des images, et il faudra revenir sur ce point quand nous les aurons mieux fait connaître. Ce n'est pas un ennui de les énumérer et de les décrire,

Nombre d'entre elles, pour être les plus simples, n'en sont pas moins les plus obscures. La critique tâtonne encore dans l'interprétation des signes divers qui sont semés comme au hasard parmi les images ou sur les images même des êtres vivants. Sans parler d'une main au moins, une petite main rouge de femme ou d'enfant, et de quelques images en forme de râteau à cinq dents qui ne sont peut-être que des mains stylisées, ce sont des groupements variés de traits, de points noirs ou rouges. Ici l'on croit pouvoir désigner une chaîne serpentant le long d'un mur, mais sans doute est-il plus prudent de parler sans plus de signes *scaliformes* ; là cet assemblage tant de

fois répété de lignes verticales ou obliques dans une
figure en losange est peut-être une représentation
concise ou symbolique d'une cabane : appelons-le un
signe *tectiforme*. Ces menues gravures, rayonnant
d'un même point, peuvent passer pour l'image simplifiée d'une hutte au toit de chaume. Ailleurs, voici
en grand nombre des signes en forme stylisée de bateau, des signes *naviformes*; et ces autres signes
d'apparence cabalistique ne seraient-ils pas de véritables hiéroglyphes, ou les caractères encore secrets
d'une écriture magdalénienne? La plus grande réserve d'affirmation est ici nécessaire.

Quant à toutes les autres images, fresques et gravures, si l'interprétation n'en est pas beaucoup plus
aisée, du moins sont-elles de lecture facile, une fois
déchiffrées et séparées par la perspicacité des spécialistes.

Celles qui sont de beaucoup les plus fréquentes
représentent des animaux, toute une ménagerie très
variée. Nous y trouvons en nombre les chevaux,
toujours figurés au repos, comme des bêtes paisibles, quoique non domestiquées sans doute. Si très
peu semblent porter le licol ou le chevêtre, contrai-
rement à ce que Piette a prétendu de leurs congé-
nères de France, tous du moins sont d'allure
docile. Leurs corps sont lourds, leurs cous peu

allongés, leurs têtes empâtées ; ce ne sont point, à les voir, des coursiers de chasse ou de guerre, mais peut-être simplement un bétail nourricier comme les bœufs, plus rares, avec lesquels ils voisinent. Près d'eux la venaison abonde : voici la harde timide des cerfs, des biches et des capridés divers, à côté des farouches sangliers. Voici surtout le troupeau des bisons, qui foisonnent. Aucun d'eux ne nous est ici montré comme à Niaux, par exemple, le corps criblé de flèches ; mais il paraît bien que ces proies énormes, ces masses de chair, ces gros os pleins de moelle, ces poils longs, touffus et laineux tentaient surtout les chasseurs dont ils garnissaient le garde-manger de viandes abondantes et la garde-robe de toisons chaudes. Sans doute, aux périodes les plus anciennes, le mammouth colossal s'abattit sous les massues, les sagaies et les flèches, et le renne lui-même qui vécut peut-être sur le versant sud des Pyrénées, quoique en troupes plus rares, comme il vécut certainement sur le versant nord, dans la région dont Santander est maintenant la capitale ; mais je ne crois pas que dans les grottes cantabriques, du moins à Altamira, l'on ait retrouvé une seule image de l'un ou de l'autre animal. En revanche, les oiseaux y paraissent, et, chose notable, en groupe de deux, l'un plus petit posé sur le dos de l'autre.

Le cheval semble toujours représenté avec une certaine hésitation, si bien que les spécialistes n'osent pas toujours prononcer son nom, et emploient de préférence le terme d'*équidé*. Les plus nettement dessinés ou peints n'ont pas cette franchise pittoresque qui rend si original tel petit poney de la grotte de Niaux, par exemple, curieux animal, bas sur jambes, trapu, rond et poilu. Mais les cervidés ont bien inspiré les animaliers d'Altamira. L'une des plus heureuses peintures n'est-elle pas cette biche rouge, la plus grande de toutes les fresques, puisqu'elle atteint la longueur de 2^m20 ? Si la croupe était un peu moins haute, si le ventre était un peu moins gros, ce serait la perfection de la forme ; mais malgré ces fautes, l'artiste s'y découvre comme singulièrement habile à observer et traduire les signes propres de la race, et sur ses hautes pattes minces, qui semblent à peine peser sur le sol, tendant sa fine tête peureuse, la gracieuse bête nous apparaît en toute sa réelle timidité native. Un cerf, non plus peint, mais gravé, de date sans doute un peu antérieure à la biche rouge, est d'un art plus achevé peut-être. Si l'on ne connaissait le cerf admirable de Niaux, de silhouette si vraie, d'attitude si vivante, sa tête dressée, tout son corps en arrêt dans un mouvement superbe de défense ou d'amoureuse conquête, le cerf d'Altamira serait le chef-d'œuvre du genre. L'artiste l'a gravé en minces traits légers et sûrs dans l'attitude du repos ; il vaut moins que son congénère de France par l'allure et la vie, mais il vaut autant, plus peut-être, par la pureté des formes et le dessin.

L'animal qui surtout a bien inspiré les peintres préhistoriques est le bison. C'est à tracer la silhouette irrégulière de son corps massif, mal équilibré, de bête hirsute, sa tête farouche à l'œil méchant, au court mufle soufflant, aux cornes vives, c'est à fixer ses attitudes lourdes de repos, ses mouvements tempétueux d'attaque ou de fuite que les artistes d'Altamira ont montré des dons singuliers d'observation pénétrante, non moins qu'une incroyable maîtrise d'expression. Ces bisons, debout ou en arrêt, ou couchés et bondissants, sont d'une surprenante vérité de forme et de vie. Nos animaliers les plus habiles pourraient aisément, en des images analogues, se montrer anatomistes plus précis, dessinateurs plus exacts et coloristes plus brillants, mais je doute qu'aucun nous puisse donner, d'un crayon ou d'un pinceau plus alerte, une impression plus forte de vérité. Seuls les Japonais, ces impressionnistes de génie, ont cette vue rapide de la nature et cette prestigieuse facture de dessin savant et simplifié. Ce n'est pas un bison, c'est dix qu'il faudrait décrire pour donner au lecteur quelque idée de cet art à la fois primitif et raffiné, qui semble vraiment nous transporter des lointains âges fabuleux aux âges d'or de la plastique.

Je me contenterai de signaler ce mâle et cette femelle peints à fresque polychrome sur le plafond du grand salon, et que MM. Cartailhac et Breuil appellent des bisons *ramassés*. En les désignant ainsi,

ils ont surtout voulu marquer que les peintres ont
profité le plus complètement qu'ils ont pu de bosses
naturelles du roc, et obtenu par ces bosses une con-
centration absolue, et singulièrement originale et
heureuse du corps des animaux. Tout d'abord d'ailleurs il paraît bien que leurs corps roulés en boule,
les pattes repliées, soient posés sur le sol; mais je
propose une autre interprétation de l'attitude; elle
a reçu l'approbation de nombreux Espagnols, bons
juges en matière de *toros*. Les bisons ne sont
pas couchés, comme il peut sembler à première
vue; ils bondissent des quatre pieds, tête basse,
cornes obliques, contre l'ennemi, le chasseur. La
preuve en est dans la position de la tête torve qu'un
ruminant au repos ne tourne sur le côté ni ne baisse
ainsi, les cornes menaçantes, dans la queue qui bat
l'air, dans le reploiement sous le ventre des quatre
sabots rapprochés. Tout ici démontre l'effort prodigieux de la lourde bête agile qui s'enlève, et, par
un miracle d'attention alerte, les imagiers primitifs
ont eu, il y a tant de siècles, l'intuition exacte du
galop furieux qu'a révélé récemment à nos modernes
l'éclair de la photographie instantanée.

Altamira donc, plus encore que nos grottes françaises, a dans ces figures exceptionnelles ses chefs-
d'œuvre ou pour mieux dire des chefs-d'œuvre. Les

Magdaléniens y apparaissent à nos regards étonnés comme de merveilleux copistes fidèles et à la fois des interprètes inspirés de la faune quaternaire. Mais par un phénomène bien difficile à expliquer ces animaliers incomparables se montrèrent, semble-t-il, incapables de figurer en beauté, que dis-je, en simple réalité le corps et le visage de l'homme. Sur ce point encore Altamira ne diffère pas des *Combarelles* ou de *Marsoulas*.

C'est une loi commune, je le sais bien, que la représentation de l'homme est plus difficile pour un dessinateur ou pour un sculpteur primitif que celle des bêtes, et l'explication souvent donnée du fait semble juste, à savoir que les bêtes, de structure moins compliquée, plus uniforme dans une même race, que l'homme, s'offrent aussi plus faciles aux regards encore peu exercés, dans la simplicité de leurs mouvements et de leur vie. Combien des pieds, combien des mains sont-ils plus malaisés à dessiner que des sabots, des mufles de bisons, toujours identiques, que des visages de femmes ! Combien les êtres humains sont-ils plus variés dans les attitudes, les mouvements et les gestes de leurs quatre membres indépendants et comme détachés du corps, que tous les animaux quels qu'ils soient ! Et le visage, qu'il est dangereux pour un dessinateur novice, avec l'expression à chaque seconde diverse des sensations et des sentiments qui s'y réflètent ! Seulement aux époques classiques, l'art ayant conquis tous les secrets de réalisme ou d'idéal, peut triompher de la plastique rebelle de l'homme ; l'homme devient le thème parfait où s'exerce sans trop de peine son effort.

Mais ce principe suffit-il à expliquer pourquoi les rares figures humaines sculptées ou gravées de l'âge du renne que nous connaissons, la *Femme au renne* de Laugerie-Basse, par exemple, ou l'*Homme à l'ours* du Mas-d'Azil, sont de si misérables, même de si répugnantes ébauches ? Encore n'y a-t-il pas à hésiter, et ce sont là vraiment des hommes et des femmes. Mais sur les parois des grottes, on se demande s'il y a positivement des images humaines. A Marsoulas, deux profils, une face, sont ou des visages de singes ou de hideuses caricatures. Aux Combarelles, les indications pourtant si autorisées de MM. Capitan et Breuil n'ont pu me faire admettre absolument encore que quelques dessins trop vagues représentent des hommes. Quant à Altamira, M. Alcalde del Rio a publié un grand profil où il a reconnu, sans trop d'hésitation, un profil de vieillard au vaste front saillant, au nez aquilin, à la barbe longue, et que dépare seulement un tout petit œil rond. Le trait en est assez difficile à discerner sur le plafond de la grande salle ; mais je suis heureux de m'être trouvé d'accord, lors de ma visite à la grotte, avec MM. Cartailhac et Breuil, qui n'y voient que le profil d'une tête de bison dont les cornes sont effacées ou peu visibles, tracées d'un seul trait, suivant une stylisation courante.

Outre cette gravure, les explorateurs signalent deux
silhouettes d'êtres étranges : les corps seraient des
corps humains comme en témoignent les bras et les
mains, ou ce qui semble en tenir lieu, tendus dans un
geste de prière ; mais à ces corps seraient ajustées des
têtes d'oiseaux. Pour ma part, je serais assez tenté
de ne voir là que des oiseaux dont les prétendues
mains seraient tout bonnement les pattes ; cependant,
il est plusieurs autres figures silhouettées dans la
même attitude, dont les têtes sont à peu de chose près
semblables, mais dont les corps, à des signes trop
évidents, ne peuvent être que des corps d'hommes.
Il n'y a d'hésitation possible, et encore, que pour le
monstre levé non sur des jambes humaines, mais sur
de larges pattes d'ours.

Ces monstres, puisque monstres il y a, ne sont pas
du reste pour embarrasser aujourd'hui les exégètes
de la préhistoire. Car ils n'ignorent pas que les
mœurs des troglodytes de l'âge du renne peuvent
souvent s'expliquer par celles des non civilisés de
nos jours, et maintes peuplades sauvages, de notre
temps encore, ont des coutumes qui peuvent très
bien donner la raison de quelques coutumes des tribus chasseresses éteintes depuis tant de millénaires.
Ne peut-on admettre tout simplement que nos rusés
coureurs des bois préhistoriques, à la manière des
Africains du Cap ou des Australiens du Queensland,
s'affublaient, pour les mieux approcher et surprendre, des dépouilles des grands oiseaux qu'ils pour-

suivaient, et que nous avons tout simplement sous les yeux l'image de chasseurs en costume de chasse au milieu de leur gibier?

En poursuivant des analogies de ce genre, et tenant un grand compte des superstitions et des pratiques de la magie si chère aux peuples sauvages, on peut supposer avec vraisemblance que ces représentations de nos cavernes étaient destinées à favoriser la multiplication et assurer la capture des animaux nécessaires à la vie, et peut-être ces dessins sont-ils aussi le témoignage de véritables croyances et pratiques totémiques.

S'il en était ainsi, et si l'on tient compte aussi de l'attitude des mains qui semblent levées pour l'adoration ou pour la prière, on est tout naturellement porté à croire que les monstres d'Altamira, de Marsoulas, des Combarelles, ont caché leurs têtes sous des masques d'animaux pour célébrer quelque cérémonie, pour se livrer aux ébats d'une danse magique. On sait que non seulement nombre de peuplades modernes des pays non civilisés ont encore des mascarades rituelles, mais qu'il en est même des exemples chez certains peuples de l'antiquité classique, et il suffit de rappeler le vase mycénien où des hommes à tête d'âne tirent sur l'épaule un gros câble; on n'a pas hésité à dire que c'est là sans doute un souvenir rituel d'un totémisme ancestral.

Quoi qu'il en soit, il est curieux de voir que dans la région de Santander il existe encore une fête où

les paysans s'affublent de têtes d'animaux. M. Alcalde
del Rio la décrit de façon si curieuse que j'ai plaisir
à le citer :

« Dans le dernier jour de l'année se célèbre en
quelques hameaux une fête appelée de la *Vijanera* ou
Viejanera consistant en certaines danses que nous
pouvons appeler sauvages. Au lever du jour, les
hommes qui prennent une part active au festival, ce
sont principalement des pasteurs, se lancent dans la
rue, couverts des pieds à la tête de peaux d'animaux
et portant, pendus à la ceinture, d'innombrables gre-
lots de cuivre. Sous ce déguisement original et sauvage ils courent, sautent et s'agitent comme possédés
de folie furieuse, faisant sur leur passage un vacar-
me de braillements insupportables. Ils passent le
jour à ce violent exercice, et le héros de la fête sera
celui qui aura montré le plus d'énergie et d'agilité
dans ses mouvements et sera le dernier à se rendre
de fatigue. Sur le soir ils se réunissent à la frontière
du hameau voisin, sans franchir la limite qui les
sépare, et là ils attendent les danseurs de ce hameau,
si ceux-ci célèbrent une fête semblable. Quand ils
sont en présence, les deux troupes se demandent à
haute voix : Que voulez-vous, la paix ou la guerre ?
Si ceux que l'on interroge répondent : La paix ! les
uns et les autres s'avancent, s'unissent en des embras-
sades mutuelles et se livrent tout de suite à la danse
finale. Au contraire, si la réponse est : La guerre !
les deux troupes s'assaillent et se criblent de coups,

jusqu'à ce que les corps, déjà lassés et épuisés par les
exercices de la journée, tombent à terre, si bien
roués et maltraités qu'il faut l'aide des gens restés
pacifiques pour les ramener à leurs foyers... »

Est-ce là une tradition plusieurs fois millénaire de
danses en masques auxquelles les artistes d'Altamira auraient fait allusion ?

Cette question des représentations humaines est
toute particulière, et comme on le voit, fort difficile
à élucider. Elle rentre d'ailleurs dans un problème
plus général que je dois poser, sinon résoudre. Quel
est le sens de toute cette décoration des grottes, et
que prétendaient les graveurs et les peintres en mul-
tipliant ainsi les images variées qui nous étonnent ?

Il semble bien qu'il faille écarter la première idée
qui ne peut manquer de venir à l'esprit ; les artistes
n'ont pas travaillé pour le simple plaisir des yeux ;
ils n'ont pas pu n'avoir d'autre intention que de décorer, pour les rendre plus riches et plus agréables,
les demeures des tribus. La preuve, c'est d'abord que
si beaucoup d'images sont situées, comme c'est le cas
pour Altamira, presqu'à l'entrée des grottes, dans
des salles qui furent certainement fréquentées, sans
doute même habitées, un très grand nombre sont
reléguées dans des couloirs ou des diverticules reculés et presque inaccessibles, où jamais personne n'a

établi sa demeure, et parfois même logées dans des anfractuosités où c'est miracle qu'on ait pu les retrouver. Une autre preuve plus significative encore, c'est que partout, et sur les surfaces même les plus apparentes, les peintures et les gravures se superposent et s'entrelacent dans le plus invraisemblable désordre. Cela seul démontre abondamment que nul souci d'ornementation ne préoccupait les artistes. Peu leur importait de recouvrir complètement, je l'ai dit, des œuvres antérieures, de telle façon que non seulement celles-ci étaient ruinées, mais que leurs propres œuvres, dans ce fouillis de lignes et de couleurs, perdaient beaucoup de leur mérite. Il est bien simple assurément, si l'on veut remplacer un décor par un autre, d'effacer par un raclage des surfaces les images qui gênent, et de préparer ainsi un champ où les figures se détachent en bonne valeur ; et de fait les artistes ont quelquefois raclé ou lavé la surface, et effacé ainsi la trace de quelques parties des anciens dessins avant de peindre les nouveaux. Mais cette opération est restée rare, et pour les gravures, il n'en est pas, jusqu'à présent, un seul exemple.

La superposition des images gravées n'est pas, d'ailleurs, spéciale à l'art pariétal des grottes; on la retrouve sur un grand nombre de plaques de schiste ou d'os gravés de ce même âge magdalénien, et pour ne citer qu'un exemple célèbre, sur la plaque de Laugerie-Basse injustement dénommée : *combat*

de rennes, où l'on voit en vérité un renne mâle suivant sa femelle, la gravure principale est entremêlée
à plusieurs autres gravures qui la rendent peu dis-
tincte, ce qui est très fâcheux, car elle est fort belle.
On a pu prétendre avec quelque vraisemblance que
c'étaient là des exercices d'écoliers ou des essais, des
ébauches d'artistes, mais cette explication ne peut
valoir lorsqu'il s'agit en particulier du grand plafond d'Altamira.

Pour toutes ces mêmes raisons, ou des raisons
analogues, il faut aussi renoncer à reconnaître dans
ces innombrables images le passe-temps où s'amu-
saient quelques oisifs. Ce n'était pas une tâche
aisée que de graver ou peindre dans les conditions
matérielles que l'on a si souvent signalées, en pleines
ténèbres, au fond de couloirs étroits et bas, où les
mouvements sont gênés, où l'on ne peut pénétrer
qu'en rampant, où les parois décorées sont loin de
tous les regards ; et vraiment toute œuvre reléguée
dans ce mystère était d'avance perdue pour le public.
Le troglodyte eût été assurément trop naïf, qui aurait
tant peiné pour le seul amour de l'art.

Il faut donc chercher une autre hypothèse, et je ne
le ferai ici, pour ma part, qu'en suivant avec une extrême prudence les préhistoriens les plus autorisés. Il
ne semble pas douteux que les primitifs des monts
Cantabres, comme ceux de la Vézère, leurs très
proches cousins, sinon leurs frères, comme tous les
non-civilisés dont on étudie maintenant les mœurs

barbares, ont été religieux. Que religion pour eux
fût synonyme de superstition, que culte égalât magie,
peu importe. Ils ont cru à des puissances occultes
qui les environnaient, tantôt pour leur nuire, tantôt
pour les protéger. Les grottes, dont ils n'habitèrent
que les abords et les entrées, furent dans leurs pro-
fondeurs ténébreuses les sanctuaires de ces génies
malveillants ou propices : c'est avec eux, selon toute
apparence, qu'étaient en corrélation les images qui
nous intriguent.

Une idée simple s'offre à l'esprit : si la caverne
est un temple, le temple d'une tribu de chasseurs,
tous ces animaux ne sont-ils pas, sans chercher plus
loin, des images votives, des victimes figurées of-
fertes à la divinité de la chasse ? L'ex-voto est une
forme naturelle et naïve de la prière, et l'offrande
de substitution qu'est une gravure est moins coûteuse
à la fois et plus durable que l'offrande d'une bête
réelle sacrifiée. Si les chevaux et les biches, les sangliers et les bisons en peinture sont des hommages
d'invocation ou de reconnaissance, tout s'explique,
et l'abondance des figures, et leur relégation dans les
recoins où le Génie règne en un plus ténébreux
mystère, et le désordre des images que les artistes
successifs enchevêtrent et superposent ; tout s'explique, sauf peut-être quelques figures plus rares
dont le sens doit être cherché ailleurs, comme les
hommes masqués, les signes divers où l'on ne peut
reconnaître que des symboles obscurs, et les repré-

sentations simplifiées comme celle de la maison et de la hutte.

Aussi croit-on devoir pénétrer plus loin dans l'intimité de la croyance préhistorique, et chercher une interprétation plus probable, en tout cas plus à la mode, dans les pratiques de la magie et les croyances du totémisme.

Les mains empreintes ou dessinées au patron qui se trouvent en si grand nombre à Gargas, par exemple, et dont un spécimen au moins a été relevé à Altamira, sont un signe de prophylaxie magique, dont l'usage ne s'est pas encore perdu, contre on ne sait quel mauvais œil.

Quant aux images d'animaux : « L'image d'un être ou d'un objet, » a écrit M. Salomon Reinach, « donne une prise sur cet objet ou sur cet être ; l'auteur ou le possesseur d'une image peut *influencer* ce qu'elle représente. Il s'agit, bien entendu, d'une *prise* ou d'une *influence* d'ordre magique... » Ainsi les hommes de l'âge du renne auront représenté sur les parois de leurs grottes comme sur leurs outils ou sur leurs armes, sur cent objets divers, les bêtes qu'ils chassaient, afin de s'assurer ces proies ; ils auront multiplié ces images afin d'obtenir par cette opération magique la multiplication de leur gibier. Ces images auront partout leur place légitime et nécessaire, et particulièrement en quelques endroits *tabous*, c'est-à-dire interdits aux profanes, comme le fond des galeries tortueuses, les diverticules ou les recoins mal accessibles. De même le signe plus ou moins simplifié de la hutte, le signe tectiforme, devait assurer à celui qui le figurait la libre possession de sa demeure, le signe naviforme (s'il est bien interprété, car on songe maintenant qu'il pourrait représenter une arme, quelque chose comme l'arme australienne qui précéda le Boomerang), l'heureuse possession de son bateau.

Il y a plus : n'ont-ils pas une valeur magique ces harpons et ces flèches que plus d'une fois on voit fichés aux flancs des bisons de la grotte de Niaux, en Ariège, témoignages d'une sorte d'envoûtement par lequel le chasseur tuait par avance la proie dont il perçait l'image ?

Veut-on maintenant l'explication des dessins qui représentent des hommes à masques ou peaux de bêtes ? « Les Australiens, » dit encore M. Salomon Reinach, « ont un grand nombre de danses mimiques dites danses d'animaux, dont la plus connue est celle du Kangurou ; les danseurs imitent, avec une habileté singulière, les mouvements de cet animal... Le but de la danse du kangurou est de conférer aux danseurs un pouvoir magique sur le gibier dont ils imitent les mouvements. » Peut-être donc avons-nous, sur les parois d'Altamira, la danse de l'oiseau et la danse de l'ours ; nous aurions attendu plutôt avouons-le, la danse du bison.

Ici, d'ailleurs, on peut préférer une interprétation tirée d'une croyance totémique, celle que M. Reinach

a formulée en ces termes : « Les hommes revêtent
la peau de certains animaux, en particulier dans les
cérémonies religieuses ; là où le totémisme existe, ces
animaux sont des totems. » Cette pratique, qui
explique tant de représentations figurées de l'Égypte,
de la Crète et de Mycènes ou de la Grèce, et tant
de détails obscurs de la mythologie comme des rites
religieux, n'explique-t-elle pas avec la même netteté
les monstres semi-humains d'Altamira ?

Une telle exégèse a aussi l'avantage de laisser comprendre comment toutes les peintures et les gravures
non seulement ont pu se perdre dans l'ombre épaisse
des cavernes, si loin de la présence habituelle des
hommes, mais comment elles se sont superposées et
brouillées au hasard. Puisque la préoccupation d'art
n'entrait absolument pour rien dans l'exécution de
l'œuvre, que les images n'avaient que des intentions
utilitaires et ne valaient que par leur caractère et
leur puissance magiques, qu'importait qu'elles fussent rangées et présentées en bel ordre, et que leur
beauté, que l'on ne prisait guère, fût endommagée
par des surcharges et des embrouillements de lignes
et de couleurs ? L'essentiel était qu'elles fussent
nombreuses, et sur les surfaces déjà choisies comme
propices rien ne s'opposait, au contraire, à ce qu'on
en superposât à l'infini. Que si, malgré des conditions si peu favorables à l'éclosion d'un art de beauté
et à ses progrès, beaucoup d'œuvres sont pourtant
belles, même très belles, c'est assurément qu'une

nécessité s'imposait de représenter les animaux le plus exactement possible, de leur donner par le dessin et la couleur le plus de réalisme, le plus de vie possible, pour que leur force magique fût la plus grande. N'est-ce pas, d'ailleurs, par une conséquence naturelle que les plus admirables images valent surtout par la vérité et la vie ?

Quelque solution que l'on adopte, jusqu'à plus ample informé, de ces problèmes, l'intéressant est qu'ils soient posés. On a longtemps admis que l'homme quaternaire, ébauche à peine dégrossie de l'homme actuel, n'avait aucun sentiment religieux : les préhistoriens faisaient injure à ces lointains ancêtres, qui ne furent pas, on le voit, si barbares. Les chasseurs de rennes eurent leurs sanctuaires, et, comme dit excellemment M. Déchelette, « la découverte de ces mystérieuses galeries, démontrant la vaste dispersion, sinon l'universalité, de certaines croyances de l'humanité primitive, comptera parmi les plus belles découvertes de la préhistoire. »

Parmi ces sanctuaires, la cueva d'Altamira est jusqu'à présent le plus riche en images d'art magique, d'un seul mot, en œuvres d'art. Mais qui sait si elle gardera longtemps cet avantage ? Il faut compter avec l'infatigable activité chercheuse d'un Alcalde del Rio ou d'un Breuil. Je l'ai dit. Altamira n'est plus isolée, seule de son espèce au penchant de sa colline verte.

La cueva de *Covalanas*, située entre la ville de Ramales et le bourg de Lanestosa, sur les confins des provinces de Santander et de Biscaye, celle d'*Hornos de la Peña*, sur le flanc d'une montagne au sud du petit village de Mata (commune de San Felices de Baelna), celle de *Castillo* surtout, près de Puente Viesgo (Santander) ont attiré déjà l'attention des savants par la présence de peintures et de gravures fort originales.

Covalanas a ses bœufs, ses chevaux et ses biches au corps cerné d'un gros trait rouge ou d'une ligne de points, dessins d'un archaïsme déjà observateur et savant ; *Hornos de la Peña* se distingue par ses figures gravées d'un burin léger ; *Castillo* se rapproche d'Altamira, l'égale presque, par la variété des styles successifs et l'abondance des sigles et des symboles incompris. On nous promet des merveilles de la *Haza*, de *San Isabel* et de la *Venta de la Perra*, encore inédites... Quelles surprises doit nous ménager encore, dans le domaine préhistorique, cette péninsule inépuisable ! Déjà n'avons-nous pas appris que sur un roc perdu au sud des Pyrénées, à un demi kilomètre de Cogul, petit village situé dans la juridiction de Lerida, ont apparu des peintures plus étranges et plus inattendues encore que celles des cavernes magdaléniennes ? On connaît maintenant ces prodigieuses fresques peintes à l'air libre, chasse

au cerf, troupeaux de cerfs et de bœufs, danses de
femmes autour d'un homme nu, que signala le premier D. Ramon Huguet, curé de Cogul, qu'étudia
d'abord M. Ceferi Rocafort, que l'abbé Breuil a
relevées et dessinées en 1908, et presque aussitôt
publiées comme il sait faire, non sans avoir retrouvé
quelques figures inaperçues jusqu'à lui. On connaît
aussi les rochers peints de Calapata, à Cretas, au
sud de Calaceite, dans le Bas-Aragon, la *Roca de los
Moros*, que D. Juan Cabré Aguiló découvrit en 1903,
dont M. Santiago Vidiella, en 1907, et l'abbé Breuil,
en 1909, ont publié les belles images d'animaux.
M. Breuil, du reste, visitant Cretas, n'a pas manqué
d'apercevoir des figures que nul. encore n'avait
remarquées. N'a-t-il pas, à l'approche des peintures
préhistoriques, l'instinct divinatoire qui illustre les
Schliemann ? Et n'allons-nous pas le trouver,
comme toujours, à l'avant-garde, pour l'étude des
dix localités « avec peintures ou gravures à l'air
libre », toutes situées dans la même région, que
M. J. Cabré vient de lui signaler ? N'est-ce pas lui
qui nous montrera, en une série de publications
brillantes, que si l'art quaternaire de l'Espagne tend
par-dessus les Pyrénées une main à l'art des vallées
de la Garonne et de la Vézère, il tend l'autre « par-
dessus Gibraltar aux peintures et gravures rupestres
de l'Afrique septentrionale » ?

Mais quoi qu'il en soit de l'avenir, Altamira gardera sa gloire. Comme le Cerro de los Santos attirera toujours en pèlerinage, même depuis qu'Elche s'est illustrée, les historiens de l'art ibérique, de même Altamira restera désormais le lieu saint de la préhistoire espagnole.

Il faut choisir pour se rendre à la grotte une belle matinée d'automne. L'ascension est douce à travers les pâturages riants; attiré par le mystère des chefs-d'œuvre promis, le visiteur se hâte sans se retourner vers le taillis où s'abrite l'entrée de la merveille. Mais au sortir des ténèbres où peu à peu l'esprit s'est ému d'un frisson divin et comme effrayé d'apparitions surnaturelles, c'est un apaisement, c'est une joie de promener les regards sur l'ondulation molle des collines qui s'abaissent vers la mer devinée à l'horizon dans un éclaircissement rayonnant du ciel bleu. La fine lumière très pure s'étale sur le tapis infini des prés de velours, à peine accrochée çà et là par un mur de ferme blanche, à peine tachée par la silhouette noire d'un arbre solitaire.

Cependant à nos pieds, au fond d'une dépression aux pentes douces, se dessine Santillana del Mar. Ville étrange, en cette région renaissante, par l'antiquité noble de ses palais, par la vétusté pauvre de ses masures! Gardée par des sentinelles centenaires, les arbres géants d'un bosquet sombre, Santillane ne s'éveille pas encore d'un profond sommeil qui l'endormit voici très longtemps. A peine de place en

place une modeste maison neuve et blanche ose
rompre l'harmonie grise des rues d'autrefois. Et
quand une porte de riche demeure, dans un cintre
puissant et lourdement appareillé de granit, s'ouvre
sur un vestibule sévère, quand un huis de logis
humble éclaire une chambre de paysan ou d'ouvrier,
des murs, des meubles, des choses et des hommes
entrevus s'évapore une poésie très savoureuse de
temps passé. Qu'elle est bonne, au sortir des villes
neuves, des villes d'industrie et de progrès, l'impression de très vieille Espagne qui repose et ravit ici
les yeux artistes ! Et que Santillane est bien la capitale rêvée d'une province préhistorique !

BIBLIOGRAPHIE. — MARCELINO DE SAUTUOLA, *Breves
apuntes sobre algunos objetos prehistoricos de la Provincia de Santander* (Santander, 1880). — E. CARTAI-
LHAC et abbé H. BREUIL, *Les peintures et gravures murales des cavernes pyrénéennes. Altamira de Santillane
et Marsoulas.* (Extrait de l'*Anthropologie*, t. XV et
XVI, 1904 et 1905). — Abbé H. BREUIL, *L'âge des peintures d'Altamira* (Extrait de la *Revue Préhistorique*,
1906, n° 8). — Hersilio ALCALDE DEL RIO, *Las Pinturas y grabados de las cavernas prehistoricas de la Provincia de Santander (Altamira, Covalanas, Hornos de*

la Peña, Castillo), dans *Portugalia*, II, p. 137-173 (tirage à part, Santander, 1906). — Emile Cartailhac et abbé H. Breuil, *La Caverne d'Altamira à Santillane près Santander (Espagne)*. Imprimerie de Monaco, 1906, grand in-4°. — M. de Cerralbo, *Las primitivas pinturas rupestres, Estudio sobre la obra « La Caverne d'Altamira » de MM. Cartailhac et Breuil*, 1909.

II

LE CERRO DE LOS SANTOS

II

LE CERRO DE LOS SANTOS

Quelle assemblée curieuse dans la salle ibérique
du Musée archéologique de Madrid! Au centre, ce
monstre accroupi, la Vicha de Balazote, taureau à
tête humaine, évocateur de l'Orient, frère dégénéré
des colosses qui gardaient les Rois assyriens ; le
Sphinx de Bocairente, moins troublant, non moins
étrange en son asiatique gravité, et les bronzes fameux, les trois têtes de vaches exhumées à Costig,
au cœur de la pittoresque Majorque, élançant au-
dessus de leur mufle et de leur front archaïque la
lyre élégante des cornes ! Puis, aux quatre angles,
les lourds animaux funéraires de Guisando, écrasant
le sol de leur masse confuse, disent l'antiquité millénaire des rudes hommes dont jadis ils signalèrent
et sanctifièrent la tombe.

Mais un peuple de statues rangées en bel ordre le
long des murailles fait aux monstres le plus singulier cortège. Le visiteur le plus indifférent s'arrête
intrigué et surpris devant ces femmes inattendues

qu'enserrent les robes et les châles à longs plis lourds, qu'écrasent les mitres énormes ou difformes, que surchargent de la tête à la taille les parures les plus compliquées, les colliers les plus somptueux, les pendeloques les plus hétéroclites, devant ces hommes drapant maladroitement en des étoffes raides leurs membres larges et courts.

De quel monde inconnu, de quelle époque lointaine sortent ces figures prodigieuses, où, parmi des Égyptiens en mascarade, des Grecs ou des Romains travestis, et sans doute aussi de vieux Ibères très authentiques, se sont mêlés des animaux imprévus, le rhinocéros à côté du cheval, la vache Némano (?) à côté de l'hippocampe, et ces objets invraisemblables, un cadran solaire près du Navire Argo? Quelle est cette langue indéchiffrable, où des hiéroglyphes à désespérer Champollion lui-même fraternisent en un confus pêle-mêle avec des caractères pseudo-grecs et pseudo-ibériques? L'archéologue interroge ces monuments bizarres, surpris et singulièrement troublé, car à son esprit se pose un des problèmes les plus obscurs de l'histoire de l'art antique.

Ces femmes, ces hommes, ces animaux, ces objets incohérents, ce sont les sculptures du *Cerro de los Santos*.

C'est l'honneur de M. Léon Heuzey, de M. Arthur
Engel, de D. José Ramón Mélida, d'avoir donné
leur état civil et leur droit de Musée à nombre de
ces figures que leur étrangeté même et leur originalité, que surtout leur compromission avec les élu-
cubrations éhontées d'un faussaire rendirent si longtemps et à si bon droit suspectes. Il fallut au savant
illustre une rare pénétration d'analyse pour reconnaître en la plus complète, et non la moins mystérieuse, de ces femmes écrasées de vêtements et de
parures d'une déconcertante nouveauté l'œuvre maîtresse d'un art encore inconnu, où se mélangent à
doses inégales les éléments étrangers avec les éléments indigènes, où déjà s'élabore obscurément
tout l'avenir de l'art espagnol. Il fallut à notre ami
Engel toute sa vaillance de pionnier pour suivre au
cœur de pays malaisés la plus délicate des enquêtes,
pour pénétrer les secrets de la collaboration dé-
loyale infligée par un malin horloger aux très anciens imagiers de son pays, toute la netteté de son
jugement et la pureté de son goût pour abattre tous
les monstres, tous les hybrides, tous les êtres falots
dont le pullulement grotesque étouffait les vieilles
statues très légitimes. Il fallut à l'érudit plein
d'adresse et de goût qu'est M. Mélida, un courage
méritoire et un esprit bien délié pour faire parler
clairement, loyalement les archives obscures du
Musée archéologique. J'ai pu apporter à l'œuvre
d'épuration nécessaire mon modeste concours. Dé-

sormais la question d'authenticité semble réglée, et bien réglée.

L'histoire n'est pas unique; elle est presque banale : dans un humble canton perdu de la province d'Albacete, aux confins de la province d'Alicante, non loin de la pittoresque Almansa, où la valeur de Berwick conquit le trône d'Espagne aux Bourbons, au flanc d'une colline brûlée, des paysans voulaient dresser un barrage pour retenir des eaux rares et précieuses; tout près du rio éphémère, sur une petite éminence, des coins de pierres équarries émergeaient des buissons courts. On creusa le sol pour dégager ces matériaux de fortune, et voici qu'aux simples blocs d'appareillage étaient mêlées des figures merveilleuses, des femmes au visage majestueux et grave, chargées de lourds vêtements sacerdotaux, et des hommes drapés à l'antique, comme les Saints dont les images sculptées ou peintes ornent l'humble église du village prochain. Les fouilleurs improvisés entassent et emportent tous ces débris; peu à peu la rumeur se répand des miracles du *Cerro de los Santos*; la renommée des *Saints* parvient aux petites villes voisines, les artistes du cru sont en émoi.

L'un d'eux, un horloger d'Yecla, que son métier même veut habile de ses doigts, que son adresse à tailler des têtes de cannes rend orgueilleux, visite et

fouille encore le vieux sanctuaire ; il trouve à foison
de nouvelles sculptures, il s'enthousiasme pour ces
images, que leur barbarie d'ébauches désigne à l'imitation facile. Il s'essaie à restaurer celle-ci, puis à
copier celle-là, puis s'enhardit à des créations originales. On ne sait quel instinct, ou quelque souvenir
d'histoire fantaisiste, peut-être quelque vague jugement exprimé devant lui le fait rêver d'Orient et de
Grèce, et ce sont l'art égyptien et l'art grec, mal vus
et mal compris dans quelque vieux manuel démodé,
qui l'inspirent. De comiques assemblages se dessi-
nent en son imagination excitée. Dans la pierre
tendre des mêmes carrières où s'approvisionnaient
les sculpteurs antiques, il taille à grands coups les
fantastiques images dont les éléments ennemis hur-
lent d'être accouplés ensemble. Les saints notoire-
ment apocryphes se mêlent alors aux bons et vieux
saints ibériques, et la légion devient si confuse que
le faussaire lui-même ne tarde pas longtemps à tout
confondre. Lorsque les Académies et les Musées
se sont émus, lorsque les savants sont enfin venus
étudier la découverte, lorsqu'ils examinent, lorsqu'ils
achètent les saints, tous les saints, pour les transporter dans la capitale, l'horloger les trompe sans
scrupule. Sa mauvaise foi n'est pas douteuse, mais
son orgueil est surtout coupable, puisqu'il donne,
quand il pourrait la vendre, telle ou telle de ses créa-
tures dont il est sans doute le plus satisfait.

Quoi qu'il en soit, le mal était grand ; les acheteurs

de la collection entière s'étaient tristement four-
voyés, et leur excuse ne peut être que dans la nouveauté soudaine d'un art à demi barbare révélé brusquement.

Le mystificateur, du reste, fut rudement puni ; son
imagination maladive s'hallucina, sa raison s'égara,
et il alla traîner sa vieillesse démente dans un hôpi-
tal.

Mais dès le premier jour une suspicion légitime a
été jetée sur les saints du Cerro. Sur eux, comme sur
leurs frères bâtards, la critique n'a jeté longtemps
qu'un regard de mépris et de défiance. Alors même
que M. Léon Heuzey, par ses études pénétrantes,
M. Engel, par ses enquêtes et ses fouilles, M. Mélida
par l'analyse des documents officiels, ont établi sans
conteste que, s'il y a dans la collection beaucoup de
sculptures modernes, il y en a beaucoup d'absolument authentiques, l'hésitation et le doute subsistent quand il faut désigner les unes et les autres. Telle
figure que nous croyons avoir de bonnes raisons
de légitimer, un autre archéologue, et des mieux
renseignés, la condamne sans un regret. La discus-
sion pour longtemps encore, sinon pour toujours,
reste ouverte.

Mais il n'importe ; on ne peut le nier, le *Cerro de
los Santos* est désormais le lieu saint de l'archéologie hispanique ; il y faut aller en pèlerinage. Nous
y convions ceux qui de l'antique Ibérie aiment les
ténèbres et le mystère, ceux qui de l'Espagne mo-

derne aiment les lieux inexplorés que tait Baedeker
et que Cook ignore.

J'ai lu quelque part décrit le supplice de la télè-
gue, où risque d'avoir les reins rompus l'infortuné
voyageur de la steppe sibérienne; j'ai plus d'une fois
souffert le supplice de l'araba me secouant aux routes
turques d'Anatolie. Qui donc maudira la tartane,
qui par deux fois me meurtrit malement au rude
pays de Montealegre? La tartane, est-ce un léger et
rapide esquif au vol glissant de mouette au ras des
plaines qui ondulent comme de molles vagues?
Non, mais un chariot exécrable dont la caisse
étroite et dure, mal assise sur un essieu trop large,
tremble et gémit et ballotte et grince, lamentable-
ment heurtée aux pierres et aux ornières d'un chemin chaotique. Une triste haridelle, flottant entre
deux brancards trop écartés, tirait de son épaule
saignante la machine disjointe, et le cocher tous les
cent pas poussait à la roue, ou réparait d'un brin de
ficelle quelque cuir trop tiraillé du harnais craquant.
Le passager, pauvre loque cahotée, sentait comme
autant de blessures tous les à-coups de la marche
saccadée, tous les chocs aux rocs soudains, tous les
raclements aux bords des ornières inégales, toutes
les chutes dans les trous et les fondrières sournoises.
D'ailleurs il ne faut pas espérer échapper à l'épreuve

douloureuse par la saine fatigue d'une promenade pédestre : l'hiver, boue profonde ou pluie, ou vent glacial qui sur ces hauts plateaux souffle en rafale ; l'été, soleil ardent sur la terre en poudre ; le feu des rayons dardés droit à travers l'air embrasé vous rejette captif à l'ombre de la bâche de roseaux...

O belles routes de France, où le plus humble locatis du plus humble aubergiste de hameau glisse doucement sous le dôme des ormeaux ombreux ! O modestes chemins communaux de mon pays, bonnes chaussées plates et lisses, et si mollement roulantes... *O ubi campi?*

Encore si dans le cadre arrondi de la tente, qui découpe un tableau de ciel et de terre au-devant de la tartane, le paysage apparaissait ou riant ou gracieux, ou majestueusement pittoresque ! Hélas ! sur le sol jauni que la sécheresse fendille en ce juillet torride, pas une maison, pas un arbre, pas un buisson ne coupe le désert monotone. Seul notre équipage lamentable détache sèchement son ombre grêle. Et parfois seulement un affleurement de rocher pelé bossue d'une tache plus grise la teinte plate de la plaine. Le soleil, vers midi, devient plus lourd et plus cruel ; le cheval chemine la tête plus basse ; plus de mouches pompent la sanie de son épaule sanguinolente ; la plaine s'endort dans une torpeur plus désolée... Dans l'engourdissement qui me gagne, je rêve aux siècles lointains, presque préhistoriques, dont je vais visiter les vestiges, et je me demande si j'ai vraiment le droit de les appeler barbares, ceux qui taillaient les saints dont je gagne si péniblement le sanctuaire. Leur pays était-il alors plus sauvage, leurs chemins plus raboteux, leurs chars plus branlants, leur vie et leurs mœurs étaient-elles plus rudes? Pour deviner, pour comprendre l'originalité de ces peuples morts, est-il autre méthode que d'ouvrir les yeux à ce soleil qui m'aveugle, de respirer cet air brûlant, de me mêler enfin quelques jours aux habitants de ce village perdu dont je vois maintenant les maisons basses et blanches s'aligner à l'horizon dans un éblouissement cru de lumière?

Montealegre, quel nom trompeur! Rien ne rit ni ne sourit dans les deux larges rues ravinées qui dévalent en côtés d'angle à partir de l'église massive qui les domine. Les maisons mesquines, uniformes, percées à peine de jours étroits, descendent régulièrement le long d'une pente douce. Sans style, sans forme rare, sans parure, elles offrent leur nudité plate, que rien n'égaie, aux morsures du vent d'hiver comme aux brutales caresses du soleil. Quand je vins là d'abord, au mois caniculaire, il pleuvait comme du feu. Tantôt à droite, tantôt à gauche, suivant l'heure, l'ombre portée des bâtisses s'abattait durement sur le sol en une étroite teinte bleue. Pas un passant avant le crépuscule, pas un mouvement, pas un bruit; boutiques closes, comme les maisons; la chaleur a tué la rue, et c'est une impression pénible de vide morne qui offusque les yeux, blessés déjà par les clartés trop vives et les réfractions aveuglantes.

Cependant, ne plaignons pas trop les habitants du village brûlant. Impression de tristesse, si l'on veut, mais non de souffrance ni de pauvreté. Pas plus qu'aux jours où s'édifiait l'église, vaste et haute, où se rangeaient dans les coffres des prêtres riches les chasubles et les capes de soie et d'or, dans les armoires sculptées les orfèvreries somptueuses et tout le trésor que les rigueurs des temps n'ont pas encore complètement ruiné et dispersé; pas plus qu'aux jours où les seigneurs de Montealegre élevaient le riche *palacio* familial, les villageois d'aujourd'hui ne sont vraiment déshérités. Au bas de la colline aride s'étale la *huerta* fraîche que d'abondantes fontaines verdissent et fécondent, et sur les hauteurs d'alentour le soleil verse à des vignobles vigoureux l'espoir des vendanges luxuriantes.

Aussi, par le village, quand renaît la vie dans la claire tiédeur des soirs, point de visages moroses; d'un logis à l'autre s'échangent les visites aimables. Autour du voyageur, dans la *posada* rustique où s'active l'hôtelier affable, s'improvise la *tertulia* familière et se nouent les amitiés franches. Les cigarettes s'échangent, l'outre circule, gonflée de vin généreux, la *bota*, dont il faut savoir happer à la régalade le mince filet rubicond; les cœurs s'ouvrent, les langues se délient.

Alors ce sont des souvenirs et des récits, et des

discours sur le *Cerro*, auquel chacun s'intéresse ;
sur les saints, dont quelques rares débris subsistent
encore dans le village même, dans le *corral* du
curé, dans le *patio* du palais ; sur les idoles de cuivre, sur les *toritos* trouvés en nombre autour des
ruines et qui servent de jouets aux petits enfants, sur
les savants de Madrid, qui vinrent examiner et acheter les statues, sur l'habile horloger d'Yecla.

Il faut prêter une oreille attentive à ces conversa-
tions si souvent inutiles et confuses : d'un mot peut
jaillir une lumière, un geste révèle une piste à suivre.
Il faut aussi dans ces pays rudes se montrer complaisant à parler aux braves gens qui font accueil à
l'archéologue en voyage, exciter la curiosité du
paysan qui quelque jour peut-être, comme le laboureur de Virgile, courbé sur sa charrue, « admirera
des ossements énormes dans une tombe brusquement éventrée. » Il faut leur redire les gloires antiques de leur patrie, dont tous ont l'orgueil légitime
au fond du cœur ; il faut l'aimer soi-même, ce sol
aux secrets émouvants, et d'une voix sincère proclamer hautement cet amour. Ainsi se préparent
peut-être les trouvailles futures, et s'épargnent bien
des vandalismes inconscients. La tâche est douce
parmi ces Espagnols de race, dont le sang maure
n'a pas troublé le sang latin, dont l'âme fraternelle
vibre sonore aux accents français, quand de ce peuple et de ce pays de noblesse et d'éclat tout séduit,
même ses défauts, tout charme, tout passionne

En long cortège, les amis nouveaux m'accompa-
gnent sur la route du Cerro. La tartane roule
plus clémente dans les ornières sablonneuses de la
plaine, à travers le *llano* que domine le sanctuaire
vénéré de *Notre-Dame de la Consolation*. L'église
pauvre et nue qui renferme l'image miraculeuse de
la patrone de Montealegre eut jadis sa splendeur; il
reste dans le *camarin* un riche dallage de faïence que
décorent en teintes douces des chasses bondissantes
parmi des paysages riants et de brillantes architectures. Comme Notre-Dame a remplacé sans doute
quelque antique divinité païenne, tout autour de sa
vieille demeure restent des murs plus vieux encore.

D'ailleurs, par tout le llano, sous l'alluvion montante, une ville est enfouie. C'est l'ibérique *Ello*,
peut-être, dont l'historien ne peut séparer le nom de
de celui du *Cerro de los Santos;* c'est la très primitive cité dont les ruines appellent la pioche du
Schliemann que l'Espagne attend.

Là, chaque sillon du soc dans les chaumes dorés
ramène au jour un débris précieux. Comme des
pommes de terre, selon l'expression savoureuse des
indigènes, les fragments de sculpture sont semés.
Les corps et les têtes de taureaux ou de monstres
ailés, sphinx ou griffons, pullulent parmi les pierres
dispersées des édifices détruits. C'est tout un monde
enseveli qui veut ressusciter, et si l'on en juge par
les trouvailles de hasard dont notre Louvre a recueilli le meilleur, un monde très vieux et très sin-

gulier, façonné rudement par d'humbles tailleurs de
de grès, au petit bonheur de modèles de tout âge et
de tout pays rassemblés pêle-mêle dans leurs ateliers
barbares.

L'imagerie phénicienne a pénétré dans ces cantons
lointains, émerveillant ces artistes naïfs à la fantaisie
de ses animaux ailés et cornus; et l'imagerie grecque
aussi les a ravis, éveillant en leurs âmes primitives
on ne sait quel sentiment profond de beauté pure.
N'est-ce pas en des pays aussi reculés, dans les monts
d'Andalousie, à Carmona, à Osuna, que furent exhu-
més de tombeaux des peignes d'ivoire carthaginois,
décorés d'une étrange faune exotique? N'est-ce pas
tout près d'Ello que fut trouvé le Centaure de Rol-
los, cette œuvre originale et vigoureuse d'un bron-
zier grec archaïque? N'est-ce pas de Montealegre
même que provient un fin Silène de bronze, aujour-
d'hui au Louvre, délicatement modelé par un artiste
ingénieux et subtil dans toute l'audace de sa laideur
impudique?

Qui nous rendra la vision de la ville ibère, avec
ses rues, ses maisons et ses édifices, et la décoration
imprévue de son art composite? Qui fera revivre la
cité morte dans tout le mouvement de sa civilisation
primitive, où sans doute s'alliaient comme en sa
sculpture, pour en former une originalité curieuse,
les éléments d'Orient et de Grèce aux purs éléments
indigènes?

Du moins, les découvertes du *Cerro de los Santos*
ont éclairé d'un rayon le mystère. Nous pouvons suivre les fidèles d'*Ello* marchant vers le temple proche, objet de vénération particulière.

❊

Qu'on n'attende pas pour le sanctuaire, que l'abondance des statues retrouvées proclame riche et somptueux, l'extrême beauté d'un site rare. Le *Cerro* n'est
pas une haute acropole d'où le regard embrasse un
vaste et noble horizon, mais sur la première pente
d'une basse colline que côtoie un ruisseau maréca-
geux, au bord d'une large plaine triste, une modeste
éminence étalée en plate-forme. Aucun signe aujour-
d'hui ne semble motiver le choix du lieu, ni une
source, ni une grotte, ni un rocher. Sous le ciel inva-
riablement bleu la plaine est morne, le *Cerro* désolé.
De l'édifice lui-même plus rien, qu'une double muraille rampant à travers quelques blocs équarris :
l'envahissement d'une ruine dévastée et mourante
par la broussaille courte et sèche; puis çà et là quelques trous poussés jusqu'au roc, sans nul souci de
science, par des fouilleurs improvisés et cupides. En
contre-bas reste un tronçon de digue, bien inutile
en cet été brûlant, et qui certainement recèle encore
en sa masse mal agrégée plus d'une tête de statue,
plus d'un fragment précieux. Et le regard, qui s'est
porté là-bas, bien loin, à l'horizon, vers la dentelure

bleue du mont Arabi, revient aux sables tout proches
où serpente une eau rare, où, parmi les joncs et les
moellons dispersés de la digue traînent encore épars,
abandonnés et méprisés, rongés, informes et lamentables, quelques torses de statues.

Certes, la déception est grande. Est-ce donc là le
temple fameux ? Une ruine menue et mesquine au
bord d'une plaine morte ! Dans le paysage, nul pittoresque qui charme, nul sublime panorama qui
émeuve ; rien pour le voyageur étranger que le ciel
éblouissant de lumière transparente sous la flamme
d'un soleil implacable.

Peut-être le pays n'était il pas jadis aussi triste et
monotone, ni si désert. Les cerros pouvaient être
couverts de bois, et les arbres des bois entretenir
dans les plaines verdoyantes une fraîcheur féconde ;
des colons plus nombreux en des fermes moins espa-
cées pouvaient animer de leurs travaux des cultures
plus fertiles peut-être ; mais il se peut concevoir
aussi dans cet occident d'Espagne, immuable en sa
vie lente comme l'orient d'Asie, il se peut concevoir
la même désolation brûlante il y a vingt siècles et
de nos jours, la même pauvreté de la plaine et de
la montagne, le même silence dans le même abandon.

D'ailleurs la vulgarité plate du pays, la monotone
banalité qui, sans doute, passa de la terre aux
hommes, n'expliquent-elles pas la force et le succès
des influences étrangères, et cet amalgame d'Espagne, d'Asie et de Grèce qui caractérise les œuvres

du *Cerro* comme leurs sœurs plus humbles de la *Consolation*? Et puisque aussi bien rien à peu près du présent ne nous intéresse, arrêtés sur la terrasse du sanctuaire en ruines, réveillons en rêve le passé ; rendons au temple reconstruit l'ornement de sa glorieuse sculpture.

Ce n'était pas un luxueux édifice, où l'invention d'un architecte original s'était donné carrière, mais un très simple bâtiment oblong, sans décor, à ce qu'il semble, de fronton ni de frise. Un ou deux chapiteaux à volutes ioniques, quelques rangs d'oves, voilà des restes très humbles, mais très précis de colonnes et de corniches dont les modèles assurément furent grecs ; et nous sommes en droit d'imaginer quelque modeste temple *in antis*, contrefaçon des trésors archaïques de Delphes ou d'Olympie.

Du moins, quelle que soit la divinité qui régna pendant de longs siècles dans l'étroite chapelle, nous devons l'évoquer puissante et bienfaitrice au témoignage des œuvres d'art, qui, dans le sanctuaire et tout autour, sur la terrasse, pressaient leur foule pieuse. Les statues et statuettes de pierre, les figurines de bronze, les vases sacrés peut-être, mille offrandes somptueuses ou pauvres, œuvres de praticiens en renom ou naïves ébauches, voilà vraiment la richesse du temple, qui parait d'art et de piété la nudité de l'architecture.

Comme il plairait, dans ce monde bigarré de figures sculptées, de retrouver la divinité mystérieuse pour qui s'exprimaient toutes ces gratitudes ? N'est-ce pas son image, cette femme de pierre qui trône aujourd'hui loin du temple natal, au Musée de Madrid, grave, hautaine et somptueuse, figée dans la raideur de sa pose hiératique ? A elle surtout vont les regards ; de sa majesté barbare surtout l'impression est émouvante ; de son costume et de ses bijoux opulents la richesse étonne ; de l'art qui la créa le style et la technique éveillent surtout la curiosité de qui la contemple. Ne cherchons pas ici la beauté parfaite qui laisse l'admiration muette ; c'est un troublant assemblage de raffinement et de barbarie.

Debout sur un socle sans apprêt, bien droite et portant bien en face le regard de ses grands yeux, la *Sainte* soutient à deux mains devant sa taille le vase aux libations. Rien n'apparait du corps auguste, que la figure et les mains. Les formes des bras et des jambes, comme celles des épaules et du buste, sont enfouies sous l'entassement des robes talaires étalées en cloche et du grand châle à pans plissés, qui s'entr'ouvre pourtant sur un riche pectoral barré de tresses et de pendeloques. Le visage aux yeux largement ouverts, à la bouche impassible, s'encadre dans les ornements d'un lourd bandeau brodé, d'où tombent parmi deux flots de cordelettes à pendeloques deux énormes et riches rondelles. Sur le front s'étale hors du bandeau une frange bien régulière de cheveux, et le long des joues, le long du cou, jusque sur la poitrine, descendent de longues et raides papillottes symétriquement tordues en spirale. Le vêtement est magnifique, la parure est opulente; l'attitude, le geste sont imposants; l'expression calme a de la noblesse.

Mais ne cherchons en cette image si nouvelle ni subtilité d'invention ni raffinement de technique. Lourde est la silhouette des membres empâtés sous les étoffes; raides sont les plis aplatis et cassés, trop symétriques et monotones, du manteau drapé sans élégance; et sans pureté de dessin, sans finesse de modelage sont le nez, la bouche et le menton. Le ciseau, conduit d'une main pesante, taille péniblement le grès peu plastique; ni pour les délicatesses de la chair, ni pour la richesse des bijoux et des habits sacrés il n'a la moindre caresse de virtuosité. Même, çà et là, la simplicité se change en maladresse puérile et, par exemple, les doigts chargés de bagues sont informes et monstrueux; le plus novice apprenti du plus provincial atelier en répudierait aujourd'hui la coupe barbare.

Cependant, pour qui sait voir, l'œuvre s'impose; c'est vraiment une œuvre d'art. Le souvenir de la Grèce archaïque s'éveille invinciblement à l'aspect des longues tuniques traînantes, du grand péplos aux plis empesés à la mode ionienne; quelque reflet

de la beauté de la Coré d'Anténor a passé dans les
traits forts de ce calme visage et dans ce corps immobile d'idole. Tout le luxe de l'Ionie et de l'Orient
asiatique se retrouve dans la somptuosité des parures, le bandeau avec ses cordelettes et ses disques,
le pectoral avec sa passementerie touffue, les grosses bagues de la main gauche. C'est de la Chaldée
même que vient sans doute le geste rituel, « l'offrande du breuvage, prélude de la libation et particulièrement du sacrifice. » Et pourtant cette femme
ainsi présentée, ainsi vêtue, ainsi parée à la grecque, à l'orientale, c'est une Espagnole avant tout,
par les faiblesses même des imitations qui se trahis-
sent, par l'accentuation et l'abus des éléments étrangers qui se combinent en elle, par la surcharge et
l'exagération des ornements et des bijoux, surtout
par une originalité malgré tout évidente de traits et
de caractères bien à elle, en un mot par le style, qui
ne se peut confondre ni avec celui de la Chaldée, ni
avec celui de la Phénicie, ni avec celui de la Grèce.
Un style, un style original, voilà qui suffit pour
permettre de prononcer le mot d'art. Quand ce style
est, comme ici, très nouveau, très surprenant et
digne d'étude subtile, c'est une joie pour l'esprit d'en
sonder le problème imprévu.

La statue est noble, osons dire belle, malgré ses
défauts de rudesse ; elle est imposante et vraiment
divine, d'une divinité très étrange, comme il convient à l'idole que vénérait un peuple encore enfant.

4·

Mais est-elle pour cela seul l'icône même du temple ?
N'est-ce pas pour elle une ambition téméraire que de
prétendre l'élever au rang suprême ? C'est que ni sa
taille, ni son attitude, ni le luxe et l'ampleur de ses
atours, ni sa beauté d'art ne l'isolent dans le groupe
des figures où ne s'est point exercée l'ingéniosité du
faussaire. Elle est la plus complète et la mieux conservée, elle n'est point l'unique, et d'autres même la
surpassent par la singularité du type et des attributs, ou le choix et l'ajustement du costume et des
joyaux. Si elle n'est point une déesse, c'est une prêtresse au moins, en riche tenue de sacrifice et de
cérémonie, dont cette image perpétue le souvenir et
la piété dans le temple qu'elle honora.

Ce sont des prêtresses aussi, ses compagnes et
ses sœurs aînées ou plus jeunes, ces femmes sur la
tête de qui s'échafaudent les diadèmes, les tiares ou
les mitres, dont la poitrine se couvre de colliers et
de pectoraux, de béliers parmi les flammes, d'astres
symboliques à face humaine. Quelques-unes, toutes
mutilées, quelques têtes aussi d'un travail plus habile et plus soigné l'emportent par l'invention heureuse du type plus personnel, par la fermeté plus
pure du dessin et la franchise plus souple du modelé
comme par l'élégance des atours. Plus d'ailleurs
l'artiste s'est révélé praticien expert, plus son outil
se montre adroit à suivre l'effort de la pensée plus
inventive, plus aussi, par un phénomène étonnant
mais certain, plus fréquents et plus sûrs naissent les

souvenirs de l'Asie et de la Grèce, et plus vif encore apparaît le génie de la jeune Espagne.

Telle, sous la hauteur démesurée de sa mitre orientale, le front large et pur sous un riche bandeau, le robuste ovale de ses joues bien encadré par les cheveux symétriques, telle nous sourit naïvement à la manière éginétique, ou pour mieux dire comme ses cousines, les charmantes corés de l'Acropole d'Athènes. C'est vraiment un charme, l'harmonieux profil du nez mince et des lèvres fines, je ne sais quelle grâce ébauchée de jeunesse en fleur.

Telle autre porte haut et fier son noble visage; son voile, qui s'accroche à la cime d'un grand hennin pointu et va s'élargissant jusqu'aux épaules, amplifie sa beauté matronale, et malgré la parure plus simple de son front et de ses cheveux sa majesté grave nous impose le respect.

Telle autre encore, plus fastueuse, le sculpteur a compliqué pour nous séduire la richesse de sa parure : sa tiare monumentale s'échancre au front sur un serre-tête abondamment brodé, dont la bordure, continuée le long des joues, s'aplatit en oves régulières ; sous le voile, attachés aux oreilles sans doute, saillissent deux larges disques précieux.

Quelques-unes par l'originalité curieuse du type, d'autres par leur beauté, d'autres par leur laideur même, toutes par l'étrangeté des modes qui les parent, nous intriguent et nous captivent. Que dire de leur nombre, qu'on ne peut calculer ? Aussi serrée

s'en rangeait la foule sainte sur l'étroite esplanade
du *Cerro* que celle des vainqueurs olympiques dans
le bois sacré de l'Altis. C'était, dans le triste décor
de ces collines et de cette plaine sauvage, sous ce
ciel de feu, une floraison touffue d'êtres merveilleux,
que jetait dans ces solitudes perdues l'effort pieux
de rudes ouvriers.

A côté de ces statues si compliquées et si riches,
des figures viriles, plus nombreuses peut-être encore,
font contraste par la simplicité du type et la sobriété
du costume. Si deux personnages très antiques
sont coiffés de calottes à retroussis, si deux ou
trois guerriers portent un casque, ce sont des exceptions qui restent rares; à l'ordinaire la tête est nue.
Nul souci d'élégance : la barbe est rasée, les cheveux sont coupés courts. Pour tout vêtement les
plus anciens de ces Ibères ont adopté une tunique
longue et un grand manteau; de plus récents se
drapent à la grecque dans une ample étoffe qui
moule le torse, dégageant un bras ou une épaule, et
fait écharpe sur la poitrine. C'est l'himation classique des statues de grands hommes aux meilleurs
siècles de la Grèce. du Sophocle du Latran, de l'Es-
chine de Naples, du Démosthènes du Vatican. Un
seul luxe dénote en cet accoutrement emprunté le
goût instinctif de la race : les bras, près de l'épaule,

sont encerclés d'ordinaire de lourds bracelets en spirale, et quelquefois aussi apparaît la mode d'un collier semblable au torques de nos aïeux gaulois.

Avouons-le, la maladresse des sculpteurs est trop grande à disposer ces draperies flottantes où les Grecs s'enveloppaient avec tant d'élégante noblesse; on sourit à la vue de ces plis sans souplesse, aplatis et toujours les mêmes. Certes, même lorsque le temple était dans toute sa gloire, ce n'est pas sans fatigue que l'on devait passer en revue ce chœur monotone de figurants de pierre.

Heureusement, parmi la foule des têtes dont un trop grand nombre sont mauvaises ou médiocres, quelques-unes se détachent et nous surprennent par une originale beauté. Comme certaines têtes de femmes rappellent heureusement des têtes archaïques d'Athènes, quelques têtes viriles nous remémorent celles que modelèrent avec un art si parfait les maîtres grecs du ve siècle.

Sans doute il ne faut point chercher ici l'observation précise de Myron, la vigueur sobre de Polyclète ou la divine élégance de Phidias, et ce mélange de nature et d'idéal, cette exécution large et sûre où triomphe le génie classique. Les yeux plats et mal dessinés, les oreilles bouffies, allongées et difformes, les cheveux maladroitement plaqués au crâne en mèches irréelles, voilà des traits qui nous éloignent singulièrement des chefs-d'œuvre impeccables. Mais à négliger ces détails, l'impression d'ensemble persiste ; une gravité mâle du visage tranquille, une simplicité forte des lignes et du modelé, un désir raisonné, un soin voulu d'interpréter la vie pour dégager la beauté pure de la matière incertaine, voilà des caractères qu'on ne peut nier, car ils s'imposent. Nous savons à quels modèles, à quels maîtres les sculpteurs du *Cerro* les doivent.

Que si ces artistes n'ont pas pu s'affranchir de toute maladresse et de toute convention et s'attardent dans une routine d'atelier très vieux et très glorieux, blâmons-les certes, mais sans nous plaindre ; car ces traditions conservées sont d'un intérêt bien vif pour qui sait y retrouver la survivance de très antiques procédés. C'est ainsi que M. Léon Heuzey, par exemple, reconnut une très vieille pratique chaldéenne dans la facture des mèches de cheveux rangées en lignes de grandes virgules symétriques, et que par suite une fois encore s'impose à l'historien l'évidence de cette double influence dont l'une éveilla, dont l'autre vivifia l'art indigène de l'Espagne naissante.

D'ailleurs, parmi tant de fragments et de débris, ne nous attachons, si l'on veut, qu'aux œuvres maîtresses ; laissons dans l'ombre toute la lignée décadente, tous ces ex-voto laids et banaux qui s'accumulèrent dans l'enceinte du temple jusque sous l'empire romain sans doute. Il suffit pour immortaliser un art et une école de quelques morceaux inspirés. Et ce n'est plus désormais au *Cerro de los*

Santos qu'il faut chercher quelque sœur à la majestueuse prêtresse qui en fait la gloire, pour révéler avec elle, mieux qu'elle encore, le jeune et déjà radieux génie de la race, c'est à Elche, la ville des palmes.

Pourtant si le *Cerro* est épuisé, songeons qu'il n'est qu'un point dans une vaste contrée pleine de ruines vierges. Tout autour, dans les montagnes proches surgissent les acropoles redoutables où les fiers Bastitans dressèrent leurs rudes cités. C'est, près de *Jumilla*, la vertigineuse forteresse de *Coimbra*, repaire d'aigles, nid de vautours, où juché sur les hautes falaises à pic, en plein ciel éclatant, parmi les monceaux des murailles et des maisons écroulées, le voyageur s'effare au spectacle d'une nature tragique, et s'émeut au souvenir des civilisations qui conquirent ces rocs barbares. C'est l'*Amarejo de Bonete*, où les ruines s'étagent en gradins comme s'étageaient les tours colossales d'Assyrie, où le pied foule par centaines les tessons décorés de rinceaux et de végétations bizarres, témoins imprévus d'une céramique ibère aux origines mystérieuses. Ce sont *los Castillares*, ruines épiques, entassement de rocs gigantesques au cœur d'une sierra formidable, trait d'union entre la préhistoire et l'histoire ; *las Grajas*, grand village de bergers au flanc de

pâturages rupestres, et tous ces *Villares*, ces *Castillares*, ces *Despoblados*, tristes restes d'une vie qui fut
active dans un pays aujourd'hui sauvage et mort.
C'est *Meca* surtout, la merveille, dont la sublime falaise, creusée de grottes légendaires, oppose son audacieuse ligne pure aux découpures tourmentées du
Mugron d'Almansa; *Meca*, l'acropole sourcilleuse,
d'où le regard s'abîme au-dessus des larges plaines
sans ombre jusqu'à l'horizon des monts bleus, où les
pas errent inlassables des édifices éparpillés en tas de
pierres aux maisons découpées dans le sol, des citernes comblées de mystérieux débris aux chemins
creux taillés en plein dans la roche montagneuse,
couloirs d'ombre et de traîtrise, tandis que le soleil,
éternel souverain de la solitude, éclate dans l'azur
éblouissant.

C'est là qu'il faudrait jeter hardiment la sonde,
au cœur des cités mortes où pour la première fois, il
y a tant de siècles, fut secouée la rudesse native des
durs enfants de l'Ibérie au large souffle fécondant
qui sur les flots de la grande mer orientale portait
le génie de l'Asie et de la Grèce.

BIBLIOGRAPHIE. — José Amador de los Rios. *Al-
gunas consideraciones sobre la estatuaria durante la
monarquia visigoda*, dans *El Arte en España*, t. II
(1863), p. 13-18. — *Memoria sobre las notables exca-*

vaciones hechas en el Cerro de los Santos, publicada por los P. P. ESCOLAPIOS de Yecla (R. Padre Carlos Lasalde). Madrid 1871. — Paulino SAVIRON Y ESTEVAN *Revista de Archivos, Bibliotecas y Museos*, 1ra serie 1875, p. 125, 161, 193, 229, 245. — Juan de Dios DE LA RADA Y DELGADO, *Antigüedades del Cerro de los Santos en termino de Montealegre, Discursos leidos ante la Real Academia de la Historia el dia 27 de Junio de 1875* (Cf. *Museo Español de Antigüedades*, VI (1875) p. 249: VII (1876), p. 595) y *Contestacion de* D. Aureliano FERNANDEZ — GUERRA Y ORBE. — E. CARTAILHAC, *Les Ages préhistoriques de l'Espagne et du Portugal*, p. 301-303, Paris, 1886. — Emil HÜBNER, *Arqueologia de España*, p. 236 et s., Barcelona, 1888. — Léon HEUZEY, *Statues espagnoles de style gréco-phénicien*, dans les *Comptes Rendus de l'Académie des Inscriptions et Belles Lettres*. 1890, p. 125 ; *Revue d'Assyriologie et d'Archéologie orientale*, II (1891) et *Bulletin de Correspondance hellénique*, XV (1891) p. 608. — Pierre PARIS, *Sculptures du Cerro de los Santos*, dans *Bulletin hispanique*, 1901, p. 113. — Pierre PARIS, *Essai sur l'Art et l'Industrie de l'Espagne primitive* (1903) t. I, p. 40, p. 162-258. — José Ramón MÉLIDA, *Las esculturas del Cerro de los Santos, Cuestion de Autenticidad*, extrait de la *Revista de Archivos, Bibliotecas y Museos*, Madrid, 1906.

III

ELCHE

III

ELCHE

« Là s'éleva la ville d'*Herna* ; maintenant y coule
entre des rives dépeuplées l'*Alebus* sonore. » Ainsi
parlait au ivᵉ siècle de notre ère, en son vieux poème
géographique, Festus Avienus, compilateur des anciens périples grecs. *Herna*, c'était peut-être, au
vᵉ siècle avant Jésus-Christ, la ville qui devint la
Colonia Julia Illici Augusta, puis la moderne *Elche* ;
l'*Alebus*, c'est certainement, avec un nom modifié à
peine, l'étrange *Vinalapo*.

Si le fleuve parfois, en quelques rudes hivers
exceptionnels, peut encore rouler des flots bruyants
à travers la campagne illicitane et menacer le vieux
pont souvent secoué jadis par ses brusques crues
tumultueuses, il est, d'ordinaire, bu par les ardents
soleils ou ruiné par les saignées des *acequias* fécon-
dantes, réduit à un mince filet glissant de flaque en
flaque saumâtre. Son large lit, encadré de berges
hautes, n'est plus qu'un ravin de pierres et de poussière, parfois hélas! d'immondices, et rien n'est

triste comme cette ruine d'un fleuve au nom reten-
tissant.

Mais par bonheur les rives du Vinalapo ne sont
plus désertes. Elche, pressant ses blanches maisons
au pied de sa grandiose cathédrale, s'épanouit lumi-
neuse et pure au cœur de sa verdoyante palmeraie.
Toutes les gloires de l'Orient couronnent la Jérusa-
lem espagnole. Quand le promeneur s'attarde aux
jours caniculaires sur la grande place désertée,
le soleil l'éblouit des mêmes feux cruels qui brûlent
les déserts syriens ; qu'il s'égare dans le dédale des
rues étroites où sommeille ici le silence des maisons
closes, où bruit ailleurs la vie des boutiques obscures, c'est l'ombre claire et douce et la fraîcheur
calmante des cités d'Asie, c'est le parfum subtil des
quartiers solitaires, et la senteur épicée des bazars.

Puis, au sortir de la ville, comme une tache de
gaieté verte au centre de la plaine morne et grise
que cernent des collines sans arbres, voici l'enlève-
ment des palmiers sveltes découpant leur chevelure
immobile sur l'azur éclatant ; voici, sous l'ombre
féconde des dattiers, enlacé au réseau des *acequias*
murmurantes, le foisonnement des amandiers pâles
et des grenadiers tachés de sang ; voici, en un mot,
l'évocation inattendue, mais qui s'impose, des verdoyantes oasis.

Mais Elche l'orientale n'a pas seulement, pour séduire et captiver, l'éblouissement de son ciel, le
charme exotique de sa ville et de son jardin. C'est la

patrie de la *Dame d'Elche*, merveille de l'Espagne
antique.

La route poudreuse qui se dirige, droite et blanche,
vers *Santa-Pola*, vers la Méditerranée prochaine,
longe bientôt le tertre où furent à l'époque romaine
bâtis quelques édifices et quelques villas : ce tertre,
c'est l'*Alcudia*, d'où fut exhumé le chef-d'œuvre.

Fiers des origines lointaines et de la splendeur
ibérique ou romaine de leur ville, c'est avec amour
que les meilleurs des fils d'Elche ont toujours étudié
son histoire et recueilli jusqu'aux plus humbles débris de son passé. A parcourir pas à pas, au long
d'inlassables promenades, la vaste surface plate et
nue de la *loma*, que périodiquement égratigne la
charrue ou la pioche, à scruter sans cesse des yeux
et de la main la coupe des talus fréquemment éboulés,
à tenter la fortune des fouilles rapides aux sites
où le hasard ou l'instinct leur signalait des ruines
certaines, D. Aureliano Ibarra, D. Pedro son frère
ont patiemment réuni des collections précieuses, où
dominent les monnaies, les tessons ornés de céramique indigène ou romaine, les lampes d'argile, les
menus objets de bronze, mais où brillent aussi des
pièces rares, statues de marbre ou statuettes de
bronze.

Le Musée archéologique de Madrid possède main-

tenant les plus précieuses de ces épaves antiques,
parmi lesquelles se distingue une fort jolie figurine
de bronze, du meilleur style grec : un jeune homme
assis qui, sans doute, va poser sur sa tête une couronne; il est élégamment drapé dans une chlamyde
qui laisse nu tout le flanc droit. Les yeux sont in-
crustés d'argent, et ce n'est point le seul détail intéressant de technique, si l'on note d'abord que le personnage et le rocher qui lui sert de siège, fondus à
part, peuvent se séparer, et surtout, fait rare sinon
unique, que le bronze a été coulé sur une armature
interne en fils de fer.

Une petite tête de femme en marbre vaut moins
par la beauté du visage que par l'extrême grâce de
la coiffure savante, où s'entremêle aux longs cheveux,
habilement ondulés en bandeaux et relevés en chi-
gnon, une riche couronne de laurier et de chêne, où
brille au-dessus du front un superbe joyau à pende-
loque de perles.

Trois mignards amours sculptés dans un marbre
à transparence d'albâtre sont des œuvres de rapide
industrie ; style banal, lourde facture; mais ils sont
amusants, ces Cupidons bouclés, joufflus, potelés,
en leur pose assez juste de bébés dormant sur une
peau de lion, dans une jonchée d'attributs comiques,
arc, carquois, massue et torche, tout l'attirail déjà
rococo du dompteur des monstres et du tyran des
cœurs.

D. Aureliano Ibarra a donné de ces sculptures de

fort bonnes images dans son livre d'*Illici* ; il y a joint de magnifiques mosaïques, dont fut pavée plus d'une grande salle de thermes ou de villa ; des jeux habiles et richement variés d'ornements polychromes, grecques, méandres, rinceaux, rosaces, feuillages et fleurs, s'y marient ingénieusement à de simples sujets où s'esquisse la figure humaine, un Centaure, une Néréide, l'enfant Éros, ou Galatée. Mais l'incurie, ainsi qu'il arrive trop souvent en Espagne comme ailleurs, a laissé s'enterrer à nouveau ou se détruire pour toujours ces témoignages du luxe passé.

Quoi qu'il en soit, tous ces monuments sont pour l'histoire de l'art d'un intérêt secondaire. Leurs qualités ne les distinguent pas de toutes les œuvres de production courante, habiles, mais banales et froides, recueillies d'un bout à l'autre du monde romain. D'après leur témoignage pourtant, la colonie d'Illici fut un centre de civilisation élégante, où vécurent en des villas confortables des gens de goût distingué.

Par bonheur, un coup de fortune, une trouvaille telle que l'histoire de l'archéologie espagnole n'en signale pas de plus illustre, a exalté la gloire d'Elche et le nom de l'*Alcudia*.

Le 11 août 1897, comme j'arrivais à Elche, attiré par les fêtes qui, tous les ans, se célèbrent en l'honneur de Notre-Dame de l'Assomption : « Avez-vous

reçu ma lettre? me dit au débotté mon ami D. Pedro
Ibarra, le plus passionné des antiquaires illicitans,
depuis que son frère regretté, D. Aureliano, n'est
plus. — Non ; mais quelle nouvelle m'annonçait-
elle, que je vous vois tout ému ? » Perico, — c'est
ainsi que l'appellent affectueusement ses compatriotes, — pour toute réponse tira de sa poche une
photographie haute de quelques centimètres seulement, mais très nette et très fine, comme l'admirable
lumière du royaume de Murcie en donne même aux
opérateurs novices. Le visage de mon ami rayonnait
d'orgueil. « Hé bien ? » me disaient ses yeux en
une interrogation pressante. « D'où vient ce buste ?
fis-je avec calme. — De l'Alcudia. — Qui l'a trouvé?
— Le 4 août, un ouvrier de mon parent le docteur
Campellos. » Et sans plus songer à me demander
mon avis : « Voyez, continua-t-il en soulignant du
geste chaque détail de l'image — un admirable buste
de femme drapée dans un grand manteau, coiffée
d'une mitre opulente, le visage encadré d'énormes
roues en couvre-oreilles, le sein chargé de lourds
colliers — voyez le chef d'œuvre de l'art romain à
Elche, Apollon! De part et d'autre de ses joues,
ces roues symboliques sont les roues de son char
divin ! »

La conviction de D. Pedro était si pleine et si sincère (il ne l'a pas tout à fait perdue encore) que je
remis à plus tard le souci de le détromper. Aussi
bien n'était-ce point le lieu ni le moment de faire du

pédantisme ; il fallait voir. et. comme j'y étais déjà
décidé, agir.

Chez le docteur Campellos, dans la lumière adou-
cie d'une salle basse, la Dame d'Elche m'apparut,
non pas belle d'une beauté classique, non plus
séduisante de grâce, car ses traits ne sont ni réguliers
et purs, ni charmants, mais mieux que belle et plus
que gracieuse ; elle était l'idéal enfin retrouvé des
artistes ibères méconnus. Déesse ou reine par la
hautaine majesté du port et du visage, par les draperies austères et les pesantes parures, ou, par l'audace
d'un franc réalisme, simple grande dame portraitu-
rée au naturel en la splendeur de ses atours, qu'importait? Le chef-d'œuvre se révélait, à moi le premier, certain, éblouissant : il fallait le conquérir.
Mon plan se faisait, tandis que j'admirais en silence.

Une heure après, la photographie que m'avait
montrée Perico était partie pour le Musée du
Louvre, et je préparais prudemment l'achat que je
rêvais.

L'aventure était périlleuse ; le docteur Campellos
était riche ; sa maison était garnie de tableaux, de
gravures, d'œuvres d'art, sa bibliothèque abondante
et choisie ; il avait le renom justifié d'amateur. Sa
femme était la fille d'Aureliano Ibarra ; en elle, je le
savais, a passé l'âme de son père. Mon ami Perico
lui-même, en l'occurrence, enthousiasmé de la merveilleuse trouvaille, et fort écouté toujours de la fille
de son frère, ne pouvait que me desservir, en dépit

de son dévouement coutumier. Dans l'hospitalier logis de la Plaza Campellos, c'était depuis sept jours une longue théorie de curieux ; les casinos, les *tertulias* du soir chantaient la gloire du buste; à la maison, à la boutique, à l'atelier, tous les confectionneurs d'espadrilles, c'est-à-dire tous les Illicitans, en parlaient en poussant l'alène dans les semelles de corde. Sa photographie brillait en belle place dans le *comedor* de l'Hôtel de la Confianza, suprême honneur et consécration suprême. Le buste devenait vraiment l'idole de la ville.

Chose plus grave, déjà, par les soins de Pedro Ibarra, on connaissait à Madrid, on connaissait à Londres, à Berlin, la découverte sensationnelle. Arriverais-je à temps? Le conservateur du Musée archéologique national de Madrid, D. Juan de Dios de la Rada y Delgado, auteur d'un livre important sur les sculptures du *Cerro de los Santos*, pouvait-il ne pas convoiter cette sœur incomparablement plus noble et plus belle des statues de son Musée? L'illustre professeur de l'Université de Berlin, Emil Hübner, le maître incontesté de l'archéologie hispanique, l'intime ami et le correspondant attitré des Ibarra et du docteur Campellos, ne prétendrait-il pas lui aussi conquérir de haute lutte le chef-d'œuvre impossible à méconnaître? Sept jours pleins s'étaient écoulés depuis la découverte, et je ne pouvais espérer de réponse, même télégraphique, avant cinq jours, sans compter que les vacances étaient commencées. Sans doute, d'autres avaient eu déjà le temps d'agir, et d'ailleurs ne devais-je pas redouter encore les règlements, nécessaires peut-être, mais peu pratiques de nos Musées? Serais-je autorisé à saisir l'occasion propice, ou resterais-je empêtré dans le réseau des formalités routinières, victime des Comités, des Commissions et des Bureaux?

Par bonheur, au département des Antiquités orientales veillait un savant dont puissante est l'autorité, féconde l'initiative, M. Léon Heuzey. Lui, qui établit victorieusement l'authenticité des sculptures du *Cerro de los Santos*, verrait mieux encore que moi, sans aucun doute, ce que vaut désormais dans l'histoire ce monument unique, apprécierait l'art du chef-d'œuvre; avec M. Edmond Pottier, son disciple et collaborateur ami, il trouverait, en ce cas urgent, la voie droite et rapide à travers les ornières de la forme.

Cependant, ému d'impatience sous une apparente tranquillité, chaque jour j'allais contempler la merveille et m'affirmer dans les bonnes grâces de l'aimable vieillard de qui dépendait son sort.

Enfin un télégramme arrive... J'ai des instructions, je puis tenter la chance. Délibérément, je m'ouvre à Perico de mes projets; j'en étais sûr, il les accueille fraichement. Eh quoi! priver Elche, priver l'Espagne d'un pareil joyau! Si on l'en croyait, on conserverait Apollon dans une niche dorée, comme *Nuestra Señora de l'Asuncion* dans la cathédrale, pour l'honorer d'un culte solennel. Mais laisser prendre au dieu la longue et périlleuse route de l'exil! Lui qui recueille jusqu'aux plus humbles tessons de l'Alcudia, avec une ferveur dévote, ni pour argent ni pour or en monceau ne céderait le trésor unique au monde.

Pourtant, en ami complaisant, D. Pedro m'accompagne chez le docteur. L'accueil, dès l'ouverture, est décourageant. Le docteur Campellos se récrie : jamais, je dois l'entendre, jamais il ne vendra rien à un Musée, et cela pour des raisons personnelles ; d'ailleurs sa femme aime le buste, elle veut le garder. D'ailleurs encore, que dirait Elche, que dirait l'Espagne? C'est question de patriotisme... Je discute. Pour la gloire d'Elche, pour la gloire de l'Espagne, pour celle du docteur Campellos, le buste au Louvre, quelle fortune inespérée! Le buste dans le premier Musée du monde, dans le plus illustre, dans celui que visitent le plus grand nombre d'étrangers, où il entre plus d'Espagnols peut-être, bon an mal an, qu'au Musée archéologique de Madrid, où bientôt, aux jours de l'Exposition Universelle, défilera vraiment l'univers! Le docteur et sa femme s'intéressent... J'insiste. Sans doute, c'est du patriotisme de réserver le buste à Elche ou à Madrid ; mais c'est un patriotisme étroit. Il y en a un plus large, mieux entendu, plus noble, celui qui sait étendre le nom d'une ville, d'un pays au delà des frontières, qui veut faire rayonner jusque dans la capitale moderne des arts le génie trop oublié des plus lointains aïeux. De ce patriotisme, le docteur Campellos, admiré de ses concitoyens pour son talent, aimé pour ses bienfaits, donnera le louable exemple.

Vains efforts! Non pas tout à fait pourtant, car le docteur se plaint maintenant que je le prends de court, qu'il n'a pas eu le temps de s'informer, de fixer la valeur du buste, d'interroger Londres, Berlin... que rien ne presse. Or, tout me presse au contraire ; ici, vraiment, le temps c'est plus que de l'argent ; je ne puis laisser l'adversaire attendre des renforts ; s'il lui en vient d'Angleterre ou d'Allemagne ou d'Amérique, je suis perdu. Hélas! l'adversaire s'entête ; il écoute avec patience mes arguments, mais il ne cède pas.

Je me lève ; la bataille est bien perdue. Mais sur le seuil une inspiration me vient ; je me retourne : « Mais, docteur, vous ne m'avez pas demandé combien vous offre le Louvre. » Le docteur hésite, puis, curieux, d'une voix molle : « Combien? » Moi, je n'hésite pas ; je tire de ma poche la dépêche tout à l'heure reçue, et la lui montrant : « Tenez, docteur, je joue cartes sur table, lisez! Le Louvre me donne pour instructions — voici la clef de notre langage convenu — d'offrir tant et de monter jusqu'à tant. Eh bien, franchement, la première somme offerte est trop faible ; vous toucherez la seconde, et, songez-y, vous serez payé dans huit jours, non en pese-

tas, mais en francs et le change est à 70 pour cent !
Est-ce dit ? — Revenez demain... »

Demain, *mañana*, le grand mot des Espagnols,
celui qui a toujours fait leur force, et qui les perd
aussi ! De quoi sera fait demain pour moi, et que
sortira-t-il des *palabres* de ce soir, quand à la *tertulia*
du bon docteur chacun des familiers aura prononcé
sur l'affaire son discours en trois points ?

Le lendemain, j'arrive à l'heure dite ; pas de docteur ! il visitait ses malades ; la *señora* absente ou
invisible... J'entre pourtant, peu fier de l'échec certain, et m'établis dans la salle basse où trône le buste
pour me rasséréner à la vue impressionnante du
chef-d'œuvre.

Le docteur rentre ; il sait que je suis là, et pourtant monte l'étage sans s'arrêter. Un quart d'heure
se passe ; la *señora* daigne descendre, m'entretient
amicalement du soleil et de la chaleur, sans nulle
allusion à ce qui se passa hier, sans souvenir,
semble-t-il, du rendez-vous. Je prolonge l'entrevue
en prenant une dernière photographie de la *Dame
d'Elche*, que juste en ce moment anime de vie troublante un ardent rayon de soleil... et je vais prendre
congé, la mort dans l'âme.

Mais voici que l'heureux dénouement se brusque :
« Voudriez-vous voir le docteur ? — Oui, sans doute.
— Venez alors. » Le docteur entend mes pas,
s'avance au haut de l'escalier : « Bonjour, Monsieur,
lui dis-je, vous acceptez ? — C'est bien peu, mais si

ma femme consent... » Séance tenante, l'accord est
rédigé, signé, paraphé. L'affaire est faite.

Huit jours après, grâce au concours de M. Léon
Paris, qui avança la somme convenue, grâce à la générosité de M. Noël Bardac, qui fit au Louvre ce royal
présent, à la décision de MM. Heuzey et Pottier, qui
hardiment me soutinrent et firent à Paris toutes les
diligences, j'embarquais à Alicante le précieux colis
qui devait arriver sans encombre (1).

Dirai-je son arrivée triomphale ? la surprise, l'admiration, l'enthousiasme qu'excita la vue d'une
beauté si neuve et si singulière, les doutes aussi et
les soupçons qui l'accueillirent, les discussions des
problèmes que soulevaient son âge, son origine, sa
restitution, sa valeur d'archéologie ou d'art, la natio-

(1) La découverte de la « Dame d'Elche » n'a pas toujours
été fidèlement relatée; le rôle que j'ai joué dans l'achat
du buste a plus d'une fois été dénaturé. Le chef-d'œuvre tien[t]
désormais une telle place dans l'art antique, il est un tel ornement du Musée du Louvre que les moindres détails de son histoire ont de l'importance et de l'intérêt. J'ai donc cru devoir,
après douze ans, raconter avec une fidélité de procès-verbal
le détail de mes négociations avec le docteur Campellos. Je le
fais d'autant plus volontiers que mon récit, s'il établit en ce
qui me concerne que j'ai été bien servi par la fortune, est surtout à l'honneur du regretté docteur dont l'esprit, quoi qu'on
en ait pu dire, s'est alors montré si clairvoyant et si libéral.

nalité, l'école de son auteur ? La controverse n'est pas close ; il est trop tôt pour écrire en lignes définitives ce curieux chapitre d'histoire.

Quelque part, en Angleterre, me dit-on, peut-être en France, l'antiquité de la *Dame d'Elche* reste suspecte. Elle n'a pas de raison de l'être. Mais on hésite encore sur l'étiquette à coller au socle du chef-d'œuvre. Est-ce bien une sculpture espagnole de style gréco-phénicien, comme l'affirme la pancarte officielle du Louvre ? Est-ce l'œuvre d'un artiste grec établi dans une ville heureusement hellénisée de la côte ibérique ? Et quel qu'en soit l'auteur, espagnol ou grec, à quelle date a-t-il vécu et travaillé ? Est-il un adepte attardé jusque dans le ive ou le iiie siècle des formes un peu archaïques encore du ve siècle débutant ? Est-il un sculpteur indigène, tout imprégné d'idées et de souvenirs orientaux, qui n'a reçu que tard dans son pays lointain, et par une série longue d'intermédiaires, l'influence des grands génies de la Grèce ? Quand d'autres trouvailles auront été faites, qui permettront de grouper autour de la *Dame d'Elche* quelques frères et quelques sœurs dignes d'elle, alors seulement l'accord pourra se faire entre les critiques.

Nous avons pu espérer quelque temps que l'*Alcudia* livrerait de nouveaux trésors. Nous avons souhaité vivement y faire des fouilles, et c'est en 1905 seulement que nous avons abouti, grâce à l'amitié libérale des héritiers du regretté docteur Campellos.

Mais notre attente a été trompée, et nous doutons que d'Elche, à moins d'un hasard providentiel, nous vienne encore la lumière.

Certes, ce n'est pas en vain que mon jeune collaborateur Albertini a remué jusqu'au sol vierge l'étendue de la *loma* fameuse ; il n'a pas en pure perte supporté le rude soleil de juillet qui m'avait en deux jours abattu. Car, à défaut d'œuvre importante de la statuaire illicitane, il a recueilli tout un lot très original de poteries peintes qui sont elles aussi, une révélation.

On savait, par des trouvailles éparses, que la céramique de l'Espagne primitive offrait un exemple curieux de décoration très antique, dont les premiers modèles se rattachent peut-être c'est actuellement un grave sujet de controverse à l'industrie mycénienne ; qu'en cent lieux divers, disséminés par toutes les provinces de la Péninsule, se retrouvent en foule les tessons peints de motifs géométriques ou de plantes, d'animaux même, plus rarement il est vrai, copiés sur nature ou stylisés. Elche même, parmi ces stations nombreuses, semblait à quelques indices un centre privilégié de cette industrie florissante. Sur plusieurs débris récoltés par Aureliano Ibarra et passés au Musée de Madrid, apparaissent les images, bien mutilées par malheur, de grands oiseaux, de poissons rares, de carnassiers fantastiques, s'ébattant au milieu d'une flore étrange, de rinceaux et de volutes. Tous ces dessins, tracés d'un pinceau rapide et sûr de lui, éveillent l'idée d'une imagination riche, malgré les conventions un peu trop couramment acceptées, d'une technique adroite, d'un réel sentiment de la ligne et du motif ornemental. C'était le résidu d'ateliers où de rares pièces de luxe, d'invention brillante et de souple métier, voisinaient avec des produits plus communs et trop souvent monotones.

Les fouilles de 1905 ont mieux prouvé que les céramistes d'Elche étaient de vrais virtuoses. Surtout, ils paraissent amusés, plus que leurs émules des autres villes, aux caprices d'une fantaisie qui se joue à côté du réel. Sous leur pinceau, la feuille s'allonge en ondulations ou s'enroule en spirales, le bourgeon se gonfle en excroissances quadrillées ; la fleur, plus rare, se distend, ou se réduit au contraire à d'humbles rosettes clairsemées. Les animaux chimériques triomphent ; les grands cygnes combatifs, à longs becs de cigognes, étalent et agitent leurs ailes diaprées, et crispent leurs pattes à six doigts contre des lièvres monstrueux, au nez en boule, qui tirent la langue, ou contre de grands fauves farouches, à mâchoires longues de crocodiles. Entre les griffes, sous les ventres, parmi les végétations envahissant le vide, dont l'artiste a l'horreur, de gros poissons courbent leurs dos ronds, où pointent de courtes nageoires. C'est un pittoresque fouillis d'images disparates enchevêtrées. Voici encore, pas trop souvent, apparaître le cheval de guerre ou de

chasse, reconnaissable, quoique irréel ; et voici
l'homme, enfin, le guerrier ou le chasseur en armes,
à pied ou à cheval, et le prêtre peut-être, en procession, tenant des palmes. Ce sont des images nouvelles, pour la première fois retrouvées tout au
moins.

Mais hélas ! que ces images sont informes et naïves,
aussi grossières, toutes, que ces horribles idoles de
bronze dont j'ai dû naguère dresser le triste catalogue. La figure humaine, voilà l'obstacle où s'est
brisé le talent sans force de nos peintres de vases.
Comme ils ont mal suivi l'exemple des sculpteurs,
qui, eux, se mirent vaillamment et avec bonheur à
l'école de la Grèce ! Comment la vue de la Dame
d'Elche, si elle se dressait en quelque temple ou portique, offerte à l'admiration de tous, ne les a-t-elle
pas inspirés ?

C'est que les ouvriers, pendant plusieurs siècles
qu'a persisté la vogue de leur fabrique, se sont satis-
faits à trop bon compte des créations anciennes. Ils
n'ont cherché sincèrement ni formes ni thèmes nouveaux. Ils se sont endormis au rythme monotone de
leurs mouvements appris ; ils ont travaillé de mémoire, sans autre souci que de maintenir les traditions de leur virtuosité.

Puis, et cela n'est pas moins grave, car c'est une
faute de goût, ils se sont laissés aller aux amusements
d'une stylisation facile. Les plantes, les animaux et
même l'homme se sont dénaturés sous leur pinceau

rapide. Les feuilles se sont étirées et assouplies en
arabesques, et, peu à peu, les queues de lièvres se
sont contournées en vrilles, les nageoires de poissons
en rinceaux, les langues de carnassiers se sont
aiguisées en feuilles d'iris, les oreilles de bêtes
appointées en feuilles de laurier. L'homme semble
parfois s'être vêtu de morceaux de plantes, et de
façon générale le même système de lignes conven-
tionnelles sert à représenter les choses les plus
diverses, le corps squameux d'un poisson, les ailes
emplumées d'un oiseau ou son ventre, l'enveloppe
craquelée d'un bourgeon, le poil d'un lapin, le pelage
d'un fauve, la robe d'un cheval. Pas un de ces décorateurs trop habiles n'observe la nature, ne s'efforce,
par un retour naïf à la vérité, de renouveler, tout
au moins de rajeunir son fonds de formes et de
motifs.

Aussi, quand il veut dessiner la figure vivante de
l'homme, l'ouvrier d'Elche n'obtient qu'une ébauche
ridiculement enfantine et niaise, car l'objet est le
plus difficile, le plus décevant qui puisse tenter un
artiste, en la multiplicité ondoyante de ses aspects,
et notre céramiste n'a jamais cherché, n'a jamais
appris à voir, de ses propres regards curieux, le
monde réel.

Si, pourtant, un d'entre eux, un seul, en un jour
d'inspiration heureuse, a brisé la routine, et tel grand
vase dont la panse, sur la couche d'un léger enduit
blanc, s'orne d'une double guirlande de vigne vierge,

n'aurait pas déshonoré la fabrique d'un fin céramiste
d'Athènes.

Quoi qu'il en soit de ses défauts, qui d'ailleurs ne
sont pas vulgaires, la céramique des Ibères prend
de plus en plus sa place parmi les céramiques de
l'antiquité, et cela grâce aux fouilles de M. Albertini. C'est un honneur nouveau pour Elche. On
peut, on doit en critiquer le progrès lent, la maîtrise
superficielle, mais on en aime le décor touffu, riche
jusqu'à l'abus, bigarré, pittoresque, et, jusque dans
sa routine, original.

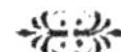

Au fait, ne sont-ce pas ces mêmes qualités, avec
moins de défauts, qui donnent au buste du Louvre
son prix inestimable ? Pourrons-nous dire que le
style du chef-d'œuvre, puisque c'est à lui qu'il faut
toujours revenir, est pur comme le style d'un marbre de Phidias ou d'un bronze de Polyclète, même,
si l'on veut d'un marbre d'Anténor ? Non, car les
hésitations de la critique viennent justement de ce
que l'œuvre est, au fond, composite, qu'en elle
s'unissent et se fondent des éléments divers, dont il
est malaisé de retrouver la nature et le dosage.

Pour certains, elle est vraiment espagnole, sans
aucun doute possible, par l'originalité du type, la
singularité de l'accoutrement, la forme et la splen-

deur du diadème à pendeloques et du pectoral, la surcharge évidente des ornements, et surtout par on ne sait quelle indéfinissable beauté hautaine et mystérieuse, moins de lignes que de sentiment, dont le reflet éclaira dans tous les temps les chefs-d'œuvre de l'art comme de la nature espagnole, qui par exemple donna jadis leur grandeur triste aux altières princesses de Vélasquez. Faut-il pour cela nier ce que le sculpteur doit d'une part aux traditions de l'Orient, des pays où régnèrent et règnent encore les modes des mitres lourdes, des amples vêtements somptueux, des joyaux trop opulents, et d'autre part à la Grèce archaïque, même à la Grèce classique, éprise de vérité tout à la fois et d'idéal, maîtresse incomparable de goût et de technique savante ? Si même, ainsi que le soutiennent des admirateurs fervents, le buste est parti d'un ciseau grec, car seul un Grec, disent-ils, a pu concevoir une œuvre aussi parfaite, et l'exécuter avec une telle maîtrise qu'il fait rentrer dans l'ombre tous les humbles praticiens indigènes, si le buste est grec, du moins le modèle est espagnol ; c'est le portrait d'une noble Tartessienne d'Herna, idéalisée certes par le génie grec, mais copiée aussi par un artiste soucieux de vérité dans la réalité vivante de ses traits et de ses parures nationales.

Quoi qu'il en soit, entrant au Louvre, je l'avais bien prédit, le buste a porté loin, a porté haut la gloire de sa ville. Après plus de dix ans le chef-d'œuvre ne perd rien du charme énigmatique qui ravit ses premiers dévots ; l'enthousiasme ne s'est point éteint avec le temps qui passe. Telle je vis et j'admirai la *Dame d'Elche* dans la maison du docteur Campellos, telle je l'admire encore dans le Palais fastueux.

Droite, grave et un peu raide, les yeux pleins de mystère, ses lèvres roses serrées et sensuelles, les joues et le menton volontaires, vraiment reine ou vraiment déesse, elle trône, soutenant sans fléchir le poids orgueilleux de sa grande mitre rouge, de son bandeau à triple rang de perles, des larges roues à pendeloques qui encadrent son fier visage. Sur ses épaules un peu voûtées le vaste manteau presque sans plis s'étale, et sur la poitrine chaste s'arrondit à triple étage le luxe des colliers.

L'artiste a-t-il sculpté une statue entière ou un simple buste ? Félicitons-nous peut-être que le buste seul nous reste, car rien ainsi ne vient distraire le regard des regards de la Dame qui l'attirent ; l'attention, l'étonnement se concentrent sur ce visage étrangement fermé, étrangement vivant aussi, mélange audacieux de vérité nette et de rêve. Carmen, a t-on dit, ou Salambo... L'une et l'autre, peut-être, car l'une et l'autre aussi, tout énigme et tout mystère, la fille fantasque et héroïque de Séville et la princesse de Carthage toute frémissante de voluptés contenues. l'Andalouse et la Punique, accusent sur le fond de leurs éblouissants pays, en un relief vif et précis, l'image claire, matérielle, de leur beauté.

Certes, il eût été bien émouvant de voir mieux qu'en rêve le buste, dressé sur *l'Alcudia*, s'illuminer aux rayons de l'ardent soleil qui l'a vu naitre. Mais l'Alcudia n'en a pas moins, tout appauvrie de son précieux joyau, l'attrait des ruines qu'elle garde encore dans le cadre ondoyant de sa palmeraie. Le champ où reposa de longs siècles la Dame d'Elche a son charme de mystère, comme les champs où fut Troie, et c'est un plaisir encore de parcourir la vaste *loma* mélancolique, aux heures lourdes où dans le soleil d'or, sur les amandiers grêles, chantent éperdument les cigales.

Le sol, que sillonnent les tranchées des fouilles, garde le souvenir des édifices détruits, et l'histoire de la ville morte s'inscrit à travers l'esplanade en traits de vieilles murailles, en taches de pavements et de mosaïques. Ici furent les Thermes, et là les riches villas romaines ; là, témoin précieux d'un culte rare, une *Proseucha* de Juifs. La modeste synagogue, construite avec les débris de quelques édifices romains, pavée d'une indigente mosaïque que décorent de barbares inscriptions grecques, puis des vestiges de constructions arabes, montrent que

pendant de longs siècles persista la vie en ces
plaines privilégiées.

Mais ce sont d'autres charmes encore qui appellent et retiennent le touriste et l'artiste. Elche doit
aux Arabes, sans doute, la gloire de sa forêt de
palmes, sa richesse et sa poésie d'oasis. Par le bienfait de ces plantations hardies, qui donnèrent à la
ville déplacée les arbres les mieux adaptés à son
sol et à son ciel, les plus élégants aussi et les plus
pittoresques ; par le bienfait des irrigations savantes,
où s'apaise et se répand en fécondes eaux murmurantes la violence torrentueuse du *Vinalapo*, Elche
fut faite, Elche est restée le séjour du repos heureux dans l'enchantement de la lumière et de la verdure, vraiment le paradis délicieux de l'Espagne.

Dans l'Elche chrétienne encore, depuis le lointain Moyen-Age, s'est accru le trésor précieux du
passé, dont le présent garde avec ferveur le souvenir et le culte fidèle.

Que ceux que n'effraie pas le mois d'août redoutable en la fournaise alicantine choisissent pour visiter Elche la fête de Notre-Dame de l'Assomption.
Dans toute l'Espagne éprise encore des pompes
splendides qui depuis des siècles enthousiasment sa
foi catholique, des spectacles déroulés dans l'ombre
illuminée des églises, et des processions ondulant

par le dédale des rues brûlantes dans le soleil et les musiques, qui surchauffent la piété sensuelle du peuple, nulle pompe, nul spectacle, nulle procession, nulle fête n'égale en éclat, en émotion, en beauté rare, antique et lointaine, la fête de la patronne d'Elche.

D. Pedro Ibarra a raconté poétiquement la venue de la vierge miraculeuse à Santa Pola, le port illicitan, telle qu'il en a lu la légende dans ses vieux livres :

« C'est le matin. La fraîche brise qui mollement agite la surface des flots va se calmant peu à peu. Dans le ciel scintillent quelques étoiles dont les faibles rayons perdent leur lumière à mesure que s'éclairent les hautes régions de l'espace... La plage des Tamaris estompe dans les ombres du lointain horizon la basse et onduleuse silhouette de ses vastes grèves.

« Déserte, ai-je dit... Non ; une forme vague, un être humain se promène lentement sur le rivage... Tout à coup l'homme s'arrête. C'est un gardien de la côte. Il observe attentivement un point de l'horizon, où quelque chose attire son attention. Le silence est absolu. Il semble que la vie soit suspendue dans l'univers. Là-bas, où regarde le guetteur, s'aperçoit confusément un point lumineux qui grandit par intervalles. Il s'avance : impossible bientôt d'en supporter l'éclair. On dirait que le soleil s'est trompé de route. Le globe de feu est si près qu'on en peut facilement distinguer la forme. Il est formé de cercles concentriques de nuances resplendissantes, de mille couleurs variées, dont les irradiations se perdent dans l'infini. Au milieu de cette auréole de gloire apparaît un objet de forme quadrangulaire soutenu par des être ailés pareils à ceux que Fra Angelico et Murillo ont peints dans leurs tableaux. Des chœurs d'esprits angéliques font entendre une harmonieuse et très douce musique...

« La vision a disparu. Sur la tranquille plage des Tamaris ne se voit plus que le garde-côte prosterné en adoration. Sur le sable humide et caressé tendrement par le flot adouci apparaît un magnifique joyau d'art, un coffre de bois précieux décoré de riches métaux, brillant aux rayons joyeux du soleil levé qui, dans toute sa majesté, inonde le firmament.

« Le garde se baisse. Probablement le sommeil, la faiblesse ou l'humidité ont engourdi ses sens. Mais qu'y a-t-il donc dans cette caisse que les vagues ont déposés sur la plage? Sans doute les restes de quelque naufrage. Il se dirige vers l'objet, s'arrête, le retourne. C'est un coffre en forme de nef. Il s'arrête encore, regarde attentivement le couvert de cet étrange meuble. Écrits en caractères brillants comme la flamme, et très lisibles, il voit ces mots : *Soc para Elig*, je suis pour Elche... Étonné, indécis, le garde appelle ses compagnons qui poussent des exclamations de surprise; à leur tour, ils retournent le coffre, et voient qu'il n'est point fermé. Ils l'ouvrent et la stupéfaction se peint sur leurs visages.

Ils restent comme pétrifiés devant la merveille qui leur est révélée. Dieu Saint ! dans ce précieux écrin, doucement inclinée, repose une très belle image de la reine des cieux, de Marie de l'Assomption. Son divin visage est légèrement bruni ; ses yeux brillants et expressifs sont légèrement voilés par des cils très noirs ; parfait est l'arc de ses sourcils. Son nez est délicat, sa bouche fine et rose ; ses précieuses mains nacrées, ces mains qui ne se lassent point à nous combler de grâces. Ses riches habits sont semés de pierres précieuses. Sa couronne resplendit, ornée des douze étoiles symboliques. Enfin tout, tout est un vivant portrait de celle qui est le vénérable trésor illicitan, de celle qui est notre mère, de celle qui éternellement règne et régnera dans nos cœurs. »

Sainte Marie de l'Assomption fut depuis la protectrice de la ville. Pour elle fut bâtie la grandiose cathédrale où elle trône, vêtue de robes magnifiques, et parée de rares bijoux, dans un riche et mystérieux *camarin*.

Le temps, l'incurie, quelque vice d'une coupole trop lourde, ont compromis la stabilité de l'édifice ; pour un temps, l'image sainte a dû s'éloigner de son sanctuaire. Mais bientôt sans doute, dans l'église que restaure une foi généreuse, revivront au 15 août les fêtes et les cérémonies traditionnelles où renaît tout le Moyen-Age en l'ardeur de sa piété populaire, la pompe de ses processions enthousiastes, l'ingénieuse naïveté de ses spectacles sacrés.

Comme tous les ans depuis des siècles, et suivant
des rites à peine altérés, l'église se transformera en
théâtre, et l'on y jouera l'opéra mystique en langue
limousine où la Vierge meurt et ressuscite aux sons
de musiques vieillottes, au milieu des Apôtres atten-
dris. Son âme divine, incarnée sous la forme d'une
élégante poupée, fera une ascension glorieuse dans
une grenade d'azur et d'or, et, soutenue par des
Chérubins aux grandes ailes, disparaîtra dans la
coupole entr'ouverte en un tumulte d'acclamations
délirantes. Son corps précieux — l'image miraculeuse de Santa-Pola — reposera trois jours sur un
lit d'argent massif, offert aux invocations et aux
actions de grâces. Chaque matin seulement, durant
ces trois jours, quand par les rues ardentes s'amas-
sera la foule impatiente, quand à tous les balcons,
fleuris des plus jolies Illicitanes, éclateront les couleurs nationales, safran et pourpre, or et sang, la
Vierge, étendue sur une riche civière, endormie dans
ses chapes étincelantes, ayant sur son masque d'argent infiniment pâle et triste l'éclair d'un rayon
triomphant, la Vierge parcourra lentement les rues
et les places, adorée à genoux, parmi les chants
d'allégresse confiante.

. . . .

Palmeria, rêve d'Éden en une âpre terre de feu,
cité blanche qu'égayent au sommet des tours et des
dômes les bleus *azulejos* criblé d'étincelles d'or, pa-

trie de la Dame de l'Alcudia, temple de Notre-Dame
de l'Assomption, Elche, glorieuse et poétique Elche,
ville d'élection, douce à mes yeux enchantés, chère
à mon cœur reconnaissant...

Bibliographie. — Aureliano IBARRA Y MANZONI, *Illici, su
situacion y antigüedades*, Alicante, 1880. — Javier
FUENTES Y PONTE, *Memoria historico-descriptiva del
Santuario de Nuestra Señora de la Asuncion en la
Ciudad de Elche*, Lerida, 1887. — Pedro IBARRA Y
RUIZ, *Historia de Elche*, Alicante, 1895. — Léon HEU-
ZEY, *Le buste d'Elche et la mission de M. Pierre Paris
en Espagne*, dans *Comptes-Rendus de l'Académie des
Inscriptions*, sept. 1897. — Pierre PARIS, *Buste espa-
gnol de style gréco-asiatique trouvé à Elche*, dans
Monuments et Mémoires de la Fondation Piot, t. IV,
fasc. II (1898). — Pierre PARIS, dans la *Revue de l'Art
ancien et moderne*, 1898, I, p. 98. — Pierre PARIS, *La
Dame d'Elche*, dans *Revue Philomatique de Bordeaux
et du Sud-Ouest* (1899). — Pierre PARIS, *Essai sur l'art
et l'industrie de l'Espagne primitive*, I, p. 479 et s. (*La
Dame d'Elche*); II, *La Céramique*, passim. — Paul JAMOT,
Buste antique de femme trouvé à Elche, dans *Gazette
des Beaux-Arts*, 1898, II, p. 239. — J. Ramón MÉLIDA,
Revista de Archivos, Bibliotecas y Museos, 1897, p. 440.
— Id., *Las Esculturas del Cerro de los Santos*, Madrid,
1905, p. 42 et s. — E. HÜBNER, *Die Büste von Ilici*,
dans *Jahrbuch des Kaiserlich-Deutschen Archæologis-*

chen Instituts, 1898, p. 114. — Théodore REINACH, *La tête d'Elche au Musée du Louvre*, dans *Revue des Études Grecques*, 1898, p. 47. — Eugène ALBERTINI, *Fouilles d'Elche*, dans *Bulletin hispanique*, 1906, p. 333 et s.; 1907, p. 1 et s., p. 110 et s. — Pedro IBARRA Y RUIZ, *Antigua basilica de Elche*, dans *Boletin de la R. Academia de la Historia*, 1906, p. 115.

IV

CARMONA ET LES ALCORES

IV

CARMONA ET LES ALCORES

« Villa por villa, Carmona en Andalucia ! »

Oui, si j'avais à choisir parmi tant de villes en-
chanteresses, moi aussi, comme ses fiers habitants,
j'élirais Carmona l'andalouse !

Tout plait et tout sourit dans la blanche cité qui
perche et se niche en un pittoresque repli des Alcores. Le radieux soleil qui miroite en reflets dorés
aux azulejos des clochers et des coupoles caresse
les maisons claires au bord des rues doucement ani-
mées, et se joue sur les pavés unis et propres. Carmona, pourvue d'eaux abondantes, entretenue avec
amour par une édilité modèle, prompte à tous les
progrès de l'hygiène et de la science, coquette et sen-
sible aux attraits des modernes atours, mais fidèle
pourtant au passé dont les nobles monuments restent
ses plus précieux joyaux, Carmona séduit le passant
et le retient par mille charmes ou vifs ou subtils,
charme du ciel et du paysage, charme de la ville
assise au trône de sa montagne et charme des vastes

horizons de la plaine, charme poétique des choses
où s'émerveillent les yeux artistes, charme des êtres
hospitaliers et bienveillants, charme aussi des vieux,
des plus vieux souvenirs, ceux des temps primitifs
et ceux des temps romains, que deux hommes de
science et d'action ont fait revivre.

Ils ont droit à la reconnaissance de leur ville, à
l'admiration des historiens de l'Espagne antique,
ces amis que je me plais à nommer et à louer, Juan
Fernandez Lopez, George Bonsor.

Le premier, comme a dit l'illustre Juan de Dios
de la Rada y Delgado, qui les suivit à l'œuvre, « un
pharmacien aussi modeste qu'instruit, le second un
artiste jeune et enthousiaste, qui, des bords bru-
meux de la Tamise, était venu à Carmona à la recherche d'inspirations, de types et de paysages pour
ses tableaux. »

D. Juan Fernandez, pur citoyen de Carmona,
hérita de longues générations l'amour de la cité na-
tale. La passion des études et des recherches archéologiques lui vint au contact de l'original Francisco
Mateo Gago, antiquaire et professeur d'hébreu à
l'Université de Séville. Avec son frère, D. Manuel,
et trois amis, en 1880, il fondait un journal, *la Se-
mana*, où paraissaient divers articles relatifs à l'his-

toire de Carmona, et se signalait par d'heureuses fouilles à l'Alcazar de la Vega.

Mais déjà il avait rencontré George Bonsor, avec lequel il s'était lié d'amitié; en 1881, il s'associait avec lui pour des explorations de plus haut mérite encore.

George Edward Bonsor tient de son père, ingénieur originaire de Nottingham, sa nationalité anglaise; mais nous avons quelques droits à le revendiquer un peu comme un des nôtres, puisque sa mère était Française, puisqu'il a fait une partie de ses études aux lycées d'Albi et de Montauban. Frais émoulu des Écoles des Beaux-Arts de South Kensington et de Bruxelles, il voulut visiter l'Espagne et surtout l'Andalousie, où son père avait construit d'importantes usines. Cet ingénieur, cet homme d'affaires avait des goûts de pur artiste. Carmona, ses monuments mauresques, surtout la Porte de Séville, de forme élégante et si légère, avaient jadis vivement frappé ses regards. Son fils aime à rappeler avec émotion et m'a raconté à moi-même que, comme il était à Séville, en 1880. une lettre de son père lui conseilla la visite de la cité prochaine. Il vint et fut conquis; Carmona est depuis lors sa patrie d'adoption. Il partage son affection et sa vie entre le Musée qu'il y fonda de concert avec M. Fernandez, et le castillo voisin de Mairena, dont il est récemment devenu le seigneur et dont il a relevé pour les animer d'une vie nouvelle les rudes et fortes tours.

A Mairena, M. Bonsor est l'archéologue des Alcores. C'est là qu'il faut visiter sa collection particulière, collection très précieuse, dépouille des stations primitives et des antiques sépultures où les premiers aïeux dormirent pendant de longs siècles.

Sur toute la chaîne accidentée des collines hautes, qui depuis le rio Guadaira jusqu'au rio Corbon bordent l'immense et plate *vega*, s'élèvent les grands tertres-acropoles, sièges des plus antiques villes disparues, la *mesa de Gandul*, la *tablada de Viso*, et s'égrainent les *motillas* plus modestes qui signalent les nécropoles, à *Alcaudete*, à *Bencarron*, *Santa Lucia*, l'*Acebuchal*, *Santa Marina*, la *Cruz del Negro*, et tant d'autres.

La Table de Gandul, le plateau de Viso, Carmona, c'étaient les cités indigènes qu'occupèrent peut-être pendant une longue période des colons venus de l'Afrique punique, et qui plus tard — la chose est certaine du moins pour Carmona — devinrent d'importantes cités romaines. Mais, pour connaître ainsi qu'il conviendrait les ruines qui se cachent on ne sait à quelle profondeur sous la terre de Gandul ou de Viso, ou sous les maisons de Carmona, il faudrait des fouilles longues et très dispendieuses que ni M. Bonsor ni la Société archéologique de Carmona n'ont pu songer à entreprendre.

Entre ces villes, au pied des Alcores, partout où la sierra se vallonne en *puertos* ouverts aux flancs des hautes collines pour laisser passage aux eaux des sources trop rares, et de-ci de-là sur les terrasses plus fraîches et les champs en pente douce se dispersaient les fermes et les menus hameaux. Pas à pas M. Bonsor a cherché les traces des maisons à la surface du sol, retrouvé les pierres, les tuiles et les tessons de céramique qui, depuis les premiers occupants jusqu'aux colons de Rome, ont marqué les établissements des cultivateurs de blé de la *vega* ou des cultivateurs d'olives de la montagne. Mais, malgré tous ses soins d'observation attentive, M. Bonsor n'a que rarement réussi à retrouver le plan précis d'une de ces maisons de laboureurs ou de presseurs d'huile. Heureusement il n'est pas bien téméraire de se figurer la ferme antique pareille au cortijo d'aujourd'hui, et la vie dans les Alcores très semblables à celle que M. Bonsor a décrite avec saveur.

Je m'imagine qu'ils sont les vrais descendants, les vrais héritiers des vieux paysans d'autrefois les paysans d'aujourd'hui qui poussent leurs charrues de forme millénaire dans l'immense plaine à blé. Cinquante ou soixante paires de bœufs alignés, se mouvant d'un pas égal et lent, tracent rigoureusement droits des sillons de plusieurs kilomètres, tandis qu'un *capataz* à cheval excite et surveille le labour. Puis c'est la moisson en pleine canicule : l'armée des coupeurs s'épand sur la mer blonde des épis, à l'infini, et les pailles ardentes tombent au tranchant des courtes faucilles dont luit l'éclair sous le soleil de feu. Puis c'est l'aire jonchée des gerbes d'or, que foule et brise le galop harassé des chevaux liés en ligne. Dans la brûlure des poussières et de la balle en nuages les jeunes gens demi nus et ruisselants, à grands cris, à grands coups de lanières, harcèlent la troupe bondissante qui se débat et fuit en cercle.

Et plus tard, en novembre et décembre, alors que la saison s'est faite plus clémente, quand le soleil apaisé caresse de ses rayons adoucis, mais chauds encore, les feuillages où dort l'olive noire, les familles s'affairent dans les vergers à la cueillette des fruits mûrs. Les femmes, pour l'œuvre d'agilité garçonnière, ont revêtu des costumes virils, pantalon de gros drap brun descendant jusqu'aux genoux, bas blancs ou bleus, blouse de coton, foulard de couleur croisé sur la poitrine ; un chapeau à vastes bords, qu'elles ont tressé elles-mêmes en fibres de *palmito*, abrite leur tête et leurs épaules. Les hommes, les femmes, les enfants, sur les arbres, sous les arbres, pourchassent les baies glissantes qui se cachent, ou réunis à l'heure des repas autour du foyer improvisé où ronronne la marmite, se groupent en pittoresques tableaux.

Pourtant les demeures des vivants de jadis ne se dérobent pas absolument à la curiosité savante. M. Bonsor a retrouvé sur une terrasse de l'*Acebuchal*

(*acebuche*, olivier sauvage) la maison probable d'un colon. C'est une cour pavée de galets, et tout autour quatre petites chambres dont les murs sont en pierres sèches. Les tessons d'amphores puniques et les débris de poteries décorées de zones peintes, qui furent recueillies dans ces diverses salles, semblent indiquer une époque récente.

Mais l'Acebuchal fut occupé dans des temps plus anciens; il y reste un témoin dont la découverte et l'étude font le plus grand honneur à notre ami.

C'est la *Roche aux sacrifices*. Figurons-nous, assez haut en remontant la colline, une colossale table de pierre, mesurant 12^m40 sur 11^m70, à laquelle est adossée du côté de la plaine une construction quadrangulaire de 9 mètres de long sur 6 de large. Les parois sont formées de grands blocs cyclopéens à peine épannelés. L'intérieur était comblé d'abord, jusqu'à 1^m50, par une terre où dominait la poterie punique; cette couche était contemporaine de la demeure du colon. Puis, sous un lit de grosses dalles, jusqu'au sol naturel qui se trouvait à 4 mètres de profondeur, était un lit de terre noire, de cendres, de pierres brûlées, d'ossements d'animaux, d'outils en pierre taillée et en pierre polie, de poteries préhistoriques. Cette couche de débris, passant sous les murs cyclopéens, se montrait ainsi antérieure à cette construction. Quant à la roche, sa surface supérieure est en plateforme légèrement inclinée vers la plaine: dans les bords s'encastraient, pour

unifier le niveau, des blocs aplanis. On accédait
au-dessus de la dalle par une pente douce. Tout ne
porte-t-il pas à affirmer que sur la roche étaient
immolées des victimes destinées ensuite à des festins
religieux ? Le sang coulait suivant l'inclinaison de
la table et se perdait dans la terre voisine aux temps
les plus reculés, plus tard dans la terre de l'enceinte,
au milieu des résidus des sacrifices et des reliefs des
repas qu'on y balayait.

Peut-être ces sacrifices et ces banquets étaient-ils
des rites funéraires. La roche se trouve en pleine
nécropole, et dans ces lieux sauvages les demeures
des morts nous sont bien mieux connues que celles
des vivants. M. Bonsor s'est fait l'explorateur infatigable et subtil des tombeaux, et son succès l'a largement payé du soin qu'il a pris d'en sonder le
mystère.

Les premières sépultures, situées d'ordinaire sur
la pente des rochers, en vue de la plaine, ne se
dissimulent pas sous un tertre. Les morts étaient
placés accroupis dans des fosses, et, mêlés à leurs
os, on rencontre des armes en pierre polie, des
outils en silex, des tessons de très rudimentaires
poteries.

A la même civilisation, sans doute, se rapportent
les silos du *Campo Real*, le champ de foire de Car-

mona, et de quelques autres stations des Alcores. Là les habitants de très antiques villages, selon M. Bonsor, avaient coutume d'enfouir dans les caves de leurs maisons ce qu'ils pouvaient recueillir des squelettes de leurs morts abandonnés sans doute longtemps aux bêtes de proie. Mais M. Déchelette est d'avis, et cette théorie est vraisembleble, que ces prétendues caves ne sont que des silos creusés simplement pour un usage funéraire. Au-dessus des restes humains s'entassaient les armes et les outils de pierre ou d'os, les menus objets d'argile et les résidus de cuisine, en particulier des os à moelle coupés dans leur longueur, mais pas un seul objet métallique. La céramique a donné des restes de grands plats de terre micacée, quelquefois polis après la cuisson, des plats profonds, enfumés, ayant de petites cornes en guise d'anses, des tessons de grands récipients ornés de chevrons peints en rouge.

La nécropole de l'*Acebuchal* n'appartient pas seulement à la préhistoire ; elle est d'un intérêt encore plus nouveau et plus vif. Là, parmi les oliviers greffés, qui depuis 1838 ont remplacé les oliviers sauvages, les lentisques, les chênes nains et les ronces inextricables, des indigènes mis en fréquents rapports avec les colporteurs venus d'Afrique, peut-être même des colons puniques, brûlèrent et enterrèrent leurs morts dans des fosses qu'ils recouvraient de dalles et surmontaient d'une *motilla* de terre. La fosse contenait, avec les restes du bûcher, des cendres et des os calcinés disposés en couches ou enfermés dans une urne, et, parmi des débris divers, bijoux d'or ou de cuivre, fioles à parfums, assiettes, tessons d'amphores, des objets de pure décoration carthaginoise.

M. Bonsor, avec une méticuleuse patience, a recueilli ou noté jusqu'aux moindres fragments, tel un œuf d'autruche formant une coupe aux bords dentelés, et dans lequel on trouva une poudre rouge, tels de petits morceaux d'os et de plaques d'ivoire où l'on voit gravés des poissons, des gazelles et des bouquetins, des lions, des griffons et même une tête d'homme. Il faut remarquer surtout les débris d'une plaque oblongue en ivoire, creusée en son milieu d'une sorte de godet rond. Ce godet était flanqué de deux tableaux dont l'un est en partie conservé, et que décoraient, découpés à jour, un lion et un bouquetin passant devant des palmiers.

L'hésitation est impossible : cet œuf d'autruche, ces ivoires sont de fabrication et d'importation punique ; on les croirait plutôt sortis des cimetières de Carthage que des *motillas* andalouses.

D'ailleurs, ce n'est pas une exceptionnelle fantaisie d'exotisme qui les a réunis par hasard dans quelques tombes de l'*Acebuchal*. Ce n'est pas non plus le fond de la balle de quelques mercantis africains morts en terre de Bétique, ni le souvenir de deux ou trois colons fidèles au pays natal. Les découvertes ont appelé les découvertes : à *Bencarron*, sous un grand tumulus à incinération, à *Puerto Judio, Santa Marina, la Harinera,* à *Alcantarilla,* sous des *motillas* plus ou moins hautes, surtout à *Cruz del Negro,* dans une vaste nécropole à incinération, M. Bonsor a retrouvé toute la même pacotille d'œufs d'autruche, de coquilles et d'ivoires gravés.

C'est, dans sa précieuse collection, un lot de rare importance, et la publication qu'il en a faite en 1898 dans son mémoire sur les *Colonies agricoles préromaines de la vallée du Bétis,* marque une date capitale. On y voit paraître, dessinés en traits menus et précis, tous les animaux et les monstres que j'ai énumérés à propos des trouvailles de l'*Acebuchal,* auxquels il faut joindre de grands lièvres, des taureaux, des oiseaux, des chevaux, des guerriers et des chasseurs, toutes les figures chères aux imagiers phéniciens.

L'attention se porte avant tout sur une tablette d'ivoire recueillie à *Bencarron,* où l'on voit un guerrier barbu, de type sémite, casqué d'un grand casque à cimier en brosse, armé de la lance et du bouclier, qui se défend à genoux contre un lion ; derrière lui un griffon ailé, un génie bienveillant et protecteur sans doute, lui soutient le bras avec sa patte levée. Un pareil tableau avait-il trait à des croyances ou des rites funéraires ? On ne sait qu'en dire, pas plus qu'on ne peut expliquer nettement la présence parmi les cendres des morts, dans des

fosses de la *Cruz del Negro*, de nombreux peignes
gravés en ivoire, non pas même de vrais peignes,
mais des peignes de *substitution* dont les dents sont
simplement simulées.

Les sépultures de l'*Acebuchal* réservaient d'ailleurs
à M. Bonsor d'autres surprises. Sous quelques *motillas*, le rite de l'inhumation remplaçait celui de
l'incinération. Les squelettes se sont retrouvés
presque entiers dans les fosses, que garnissait le
même mobilier funéraire. Mais l'étonnement est
grand d'apprendre que quatre de ces tombeaux, si
l'on en croit M. Bonsor, sont des tombeaux de
lapidés. Dans trois d'entre eux les fosses, de forme
irrégulière, sont creusées dans le roc ; le crâne du
mort était complètement aplati sous une grosse
pierre ; dans le quatrième, les maxillaires seuls
avaient souffert. Les pauvres gens ainsi tués, ou
tout au moins achevés dans leur tombe, ont expiré
dans d'horribles angoisses, et tel d'entre eux, tout
ramassé sur lui-même, les membres contractés, les
mains cachant son visage, a gardé dans la mort la
terreur de son agonie. Sont-ce des suppliciés, sont-
ce les victimes de quelque tragique et sanglant
sacrifice, ou tout simplement des malades qu'une
coutume barbare voulait arracher aux suprêmes dou-
leurs ? C'est un mystère aussi obscur peut-être que

celui qui couvre encore la découverte si fréquente
dans les sépultures préhistoriques de crânes percés
d'un grand clou. Mais il faut ajouter que M. Déchelette, dont l'autorité de préhistorien est devenue
grande, s'élève contre ce qu'il appelle le « roman
des lapidés » ; pour lui, l'écrasement du crâne n'est
qu'un accident fortuit, dû à la pression des terres
et des pierres superposées aux corps enfouis. C'est à
M. Bonsor de se défendre, s'il n'accepte pas les
remarques de son critique.

Si l'on en croit les témoignages de toute la pacotille punique, et si l'on compare les mobiliers des
diverses tombes et *motillas* des Alcores, on reconnaît qu'aux peuplades primitives qui occupèrent par
exemple le *Campo Real* de Carmona, succédèrent
sinon des colons africains, comme le veut M. Bonsor, du moins des indigènes qui, jusqu'à l'époque de
la conquête romaine empruntèrent aux Africains
beaucoup de leurs mœurs et de leurs coutumes, et
s'approvisionnèrent amplement à leur commerce.
Les Tyriens, fondateurs de Cadix, seraient d'ailleurs,
au dire de M. Bonsor, les premiers importateurs de
l'industrie phénicienne dans la vallée du Bétis.

Suivant la nature et le style des objets retrouvés
il peut paraître aisé, en principe, d'établir la chro-
nologie des différentes sépultures de la période que
nous appellerons commodément punique, et M. Bonsor l'a tenté. Mais la place reste trop largement
ouverte à l'hypothèse, tant l'industrie phénicienne

semble avoir végété dans la routine et la convention.

La question, d'ailleurs, est loin d'être simplifiée par ce fait qu'aux objets importés par les Tyriens ou les Carthaginois se trouvent mêlés, dans les stations des Alcores, des objets d'autre origine.

Une céramique indigène fut fabriquée en même temps qu'arrivait la céramique étrangère. C'est celle que M. Bonsor a datée des derniers temps de l'occupation carthaginoise et appelée gréco-punique, car il y reconnaissait les éléments d'une décoration inspirée par les peintres grecs aux peintres de Carthage. Je crois avoir prouvé qu'il faut l'appeler ibérique, car elle n'est ni grecque ni punique, mais seulement imprégnée de très antiques influences grecques, peut-être même mycéniennes, et d'influences carthaginoises. Elle ne prit point, semble-t-il, dans les Alcores, l'importance qu'elle eut dans d'autres régions, et l'on sait que peu à peu les débris s'en retrouvent dans toute la Péninsule; mais elle abonda pourtant « sur les sites des villes préromaines des Alcores, sur les plateaux de *Tablada* et de *Gandul*, sur les hauteurs de l'*Alcazar* à Carmone, dans le bas de l'*Acebuchal*, à *Entremalo* et à la partie supérieure des grands tumulus à plate-forme, tels que ceux d'*Alcaudete*, de *Parias* et de *Vientos* ». Le style non plus ne s'en développa point avec l'aisance et la richesse qu'on trouve ailleurs. M. Bonsor n'a pas recueilli de vases ni de tessons du genre de ceux qui foisonnent à Elche par exemple, peints de figures touffues de plantes, d'animaux ou d'hommes. Les potiers des Alcores, comme ceux d'*Almedinilla* ou d'*Orihuela*, se sont arrêtés aux motifs linéaires, sans inventer du reste aucune combinaison nouvelle, et les produits de leurs fabriques durèrent longtemps, sans s'altérer à peine que dans le sens de la pauvreté, jusqu'à l'époque romaine. La nécropole romaine de Carmona a donné des vases de formes très simples, ornés tout bonnement de zones et de lignes de diverses couleurs, parmi lesquelles le rouge domine.

Ce qui paraît, d'autre part, assez étrange, c'est que ces potiers ibériques, qui ont subi l'influence des importations africaines, n'aient rien emprunté à des modèles non moins intéressants à coup sûr, dont des spécimens assez nombreux ont été recueillis autour des tombeaux de l'*Acebuchal*, je veux parler des vases que M. Bonsor a d'abord appelés celtiques, mais qu'il a reconnus depuis comme remontant à la dernière phase du néolithique.

La collection qu'en possède M. Bonsor est le vrai trésor du châtelain de Mairena.

Non pas qu'elle soit unique ; on connaît l'importante trouvaille de *Ciempozuelos*, près de Madrid, et l'on a maintes fois signalé la décoration de ces plats

et de ces coupes sans pied qui ont enrichi le musée
de l'Académie de l'Histoire; on sait comment les
parois d'argile sombre sont creusées de dessins purement rectilignes, triangles, chevrons, quadrillés,
zigzags, où s'incruste une pâte blanche. Mais les
récipients de l'*Acebuchal* sont plus abondants et de
formes plus variées. Un grand cratère à forme de
calice a 34 centimètres de hauteur et 44 centimètres
d'ouverture, les plateaux de plus de 30 centimètres
ne sont pas rares; mais on voit aussi, parmi des
assiettes et des patères de moindre diamètre, de
petits gobelets à boire hauts seulement de 6 centimètres.

La décoration porte surtout sur la face extérieure
et la tranche épaisse ; malgré la monotonie, elle ne
laisse pas d'être assez riche dans la juxtaposition ou
l'enchevêtrement de ses dessins anguleux, et les zones
ornées laissent assez de fond libre pour éviter le
papillotement des courtes lignes brisées et pointil-
lées. Surtout les incrustations blanches éclairent
heureusement la terre polie et sombre, qu'égaient à
peine, par places, des coulées rouges. Ce sont les
produits d'une industrie très avancée dont la technique a toute sa maîtrise, dont le style est devenu
pour ainsi dire classique. On s'en convainc à comparer les vases de *Ciempozuelos* et de l'*Acebuchal*
avec les vases de pâte et de forme analogues que l'on
a trouvés, par exemple, dans les nécropoles d'*Orihuela* ou dans les cryptes portugaises de *Palmella*. A

Orihuela, les bols, les assiettes, les calices sont lourds, assez épais et de terre impure, mal cuite ; la surface ne porte aucun ornement ni gravé ni peint. A *Palmella*, les formes sont plus fines, les surfaces mieux équilibrées et polies, le décor est abondant et touffu, mais moins riche et simplement imprimé en creux ou au pointillé, sans incrustation crayeuse.

Quoi qu'il en soit, bien que l'origine n'en soit pas douteuse, l'on ne peut pas, à l'examen des gravures et des incrustations de figure si caractéristique, ne pas comparer ce style au style celtique. On sait que l'art importé par les envahisseurs venus du Nord a laissé beaucoup de souvenirs par toute la Péninsule, et surtout des bijoux et toutes sortes d'objets métalliques. Mais pourquoi les indigènes ont-ils si peu tiré parti, pour leur industrie particulière, de cette décoration originale qui dut pourtant les frapper ? A peine ose-t-on dire que peut-être le géométrique de la céramique ibère s'intéressa à celui des Celtes, mais rien ne me semble autoriser jusqu'à présent l'historien à parler d'un art ou d'une industrie celtibérique. Serait-ce que le style celtique, abstrait et froid, si loin de la nature et de la vie, ne pouvait charmer les races ardentes de l'Ibérie, bien plus aisément séduites, par affinité d'instinct et de goût, aux inventions variées et pittoresques des dessinateurs d'Orient ?

M. Bonsor écrivait en 1897 : « Des recherches faites dans le champ de foire de Carmona avaient amené, quelques années auparavant, la découverte d'un groupe de tombes romaines. Je les fis ouvrir pour y voir une peinture que l'une d'elles renfermait et que je désirais copier. Cette peinture représentait un banquet funèbre ; on y voyait les convives couronnés de feuillage, à demi étendus sur le *triclinium*, buvant dans des rhytons ; un serviteur se présente, à droite, avec deux plats de figues ; à gauche, un nouveau convive s'avance, un bâton couvert de verdure d'une main et tenant une couronne de l'autre... L'impression que je ressentis en entrant dans cette chambre funéraire aux parois couvertes de peintures me décida à consacrer la plus grande partie de mon temps aux recherches archéologiques. C'est alors que je proposai à mon ami M. Fernandez, de Carmona, de nous associer pour l'achat des terrains de la nécropole romaine voisine, terrains que nous explorons depuis lors. »

J'eus, en 1904, l'heureuse fortune de visiter M. Bonsor à Carmona, et les jours où je fus son hôte ami en l'originale maison du Musée restent à ma mémoire parmi les plus ensoleillés de mes voyages andalous. Seul l'artiste qui plus tard sut acquérir et habiter la merveilleuse ruine seigneuriale de Mairena del Alcor, et posséder au vrai ce château en Espagne que tant d'autres ont vainement rêvé, que dis-je, ce château fort : seul le peintre épris de toutes les poésies de la terre bétique, poésie des souvenirs et poésie des réalités vivantes, pouvait concevoir et construire, en pleine cité des morts, la demeure à la fois mélancolique et riante où tout l'art du passé s'unit harmonieusement à tout l'art moderne, où les heures coulent sereines entre les molles nonchalances que veut le climat endormeur et les joies douces des études préférées.

C'est, au sortir du faubourg qui prolonge la ville en places et rues claires et silencieuses, à l'angle arrondi du chemin du *Quemadero* et de la *vereda* du *Carmen*, au bord d'une antique voie romaine, et dominant le champ des Oliviers et le champ des Carrières, au cœur même de la nécropole, une élégante et simple habitation. Le confort britannique s'y éclaire et s'égaie de la chaude lumière andalouse, et près du sobre logis du maître où règnent les raffinements du progrès, les collections d'antiquités reposent dans de vastes salons dignes d'elles, en bel ordre luxueux. Les fondateurs du Musée les soignent et les surveillent avec tendresse, et c'est un charme d'entendre de la bouche même de ceux qui l'ont ressuscité, l'histoire de chaque objet précieux ou rare.

Autour du Musée, la nécropole s'est transformée en un verdoyant jardin ; des allées bordées de fleurs se déroulent d'une entrée à l'autre des cryptes funéraires, et si parfois remontent des sombres bords ceux qui trouvèrent ici leur avant-dernière demeure,

Sous quelques *motillas* du Champ des Carrières et de ses alentours, quelques fosses, depuis longtemps violées et pillées, conservent le souvenir incomplet de sépultures antéromaines; mais c'est de l'époque romaine que datent certainement les principaux hypogées. Si quelques tombeaux, où se constate la pratique de l'inhumation, peuvent nous faire reculer jusqu'à la période républicaine, le plus grand nombre, où s'abritaient des urnes funéraires, nous fait descendre à l'époque impériale.

Du premier type, la principale crypte est celle de Postumius. Une cour, où l'on descendait par un escalier latéral à cinq mètres de profondeur, précédait le caveau sépulcral qu'un peintre, C. Silva(nus) — il a signé son œuvre — a décoré de fleurs, de dauphins et d'oiseaux. Une fosse oblongue, depuis longtemps violée, par malheur, avait reçu le corps, dont il ne restait que quelques ossements. Plus tard, on tailla sept niches dans les parois pour y déposer des urnes cinéraires, et quatre niches encore furent creusées dans le sol de la cour. Mais ce qu'il y a de plus notable, c'est justement cette cour-vestibule où reste ménagé, dans un angle, le bloc qui servit d'autel aux sacrifices, où encore, dans un canal latéral rempli de terre, avaient été cachés de beaux vases de verre.

Les tombeaux à incinération sont d'ordinaire de plan assez simple. Le fond d'un puits quadrangulaire, où parfois on descend par des marches,

parfois au moyen de trous percés dans les parois,
communique avec une petite chambre à plafond plat
ou voûtée. Dans des niches symétriquement creusées
autour de la chambre, toujours en nombre assez
restreint, étaient disposées les urnes ; une sorte de
banc, où se plaçaient les offrandes et quelquefois
aussi des urnes qui n'avaient pu trouver place dans
les niches, régnait tout le long des parois. Telle
fut la tombe du *Banquet Funèbre*, que M. Bonsor
nous décrivait tout à l'heure ; telle est la tombe des
Sept Niches, telle aussi la tombe de la *Colombe*, la
plus intéressante, car la voûte en est décorée d'une
naïve et maladroite, et pourtant gracieuse peinture
à la détrempe : des rinceaux d'olivier à fruits rouges,
entremêlés d'oiseaux multicolores, et, au centre, se
détachant sur un fond rouge encadré de vert, un
oiseau blanc, quelque vague colombe. Dans les
murs, où sont simulés des panneaux de couleur,
s'enfoncent onze niches soulignées de cartouches à
inscription. Mais les noms des hôtes funèbres ont
disparu, s'ils ont jamais été écrits.

Si l'on pouvait voir dans toute leur fraîcheur les
peintures dont on relève à peine les traces sur
l'enduit de stuc, la tombe aux *Trois Portes* serait
plus intéressante encore à étudier, car elle a trois
caveaux au lieu d'un, très régulièrement disposés
en croix autour d'un petit couloir, chacun ayant
sept niches très semblables. On y accédait par un
escalier de cinq marches. Seule la tombe *aux*

Colonnes peut lui être comparée pour la richesse
et la réelle beauté architecturale du plan. Le caveau
est une vraie salle hypostyle, de forme presque carrée. On accède par un petit escalier à un étroit
couloir qui débouche à l'angle gauche de l'hypogée.
A chacun des quatre coins s'enfonce une niche à une
ou à trois places, que flanquent trois niches acces-
soires moins profondes. Tandis que dans la paroi
de la porte s'ouvre un petit caveau accessoire, au
milieu des trois autres se découpent des niches
semi-circulaires à deux cases qui semblent de petites
exèdres. Les prétendues colonnes sont de gros
piliers carrés, taillés dans la masse rocheuse, qui
soutenaient une petite voûte en coupole aujourd'hui
complètement effondrée. La crypte est étroite et
basse, mais en ses dimensions restreintes, avec ses
supports trapus et robustes, elle laisse l'impression
juste de force et de mystère qu'on demande aux chapelles souterraines.

Ces chambres et ces niches rappellent évidemment
les columbaria d'Italie. M. de la Rada, qui les a
décrites, leur donne assez souvent ce nom expressif.
Mais la disposition est tout autre de ces caveaux
exigus et sombres, de ces niches peu nombreuses,
rarement creusées en rangs superposés, et de ces
nids véritables qui ont valu leur nom aux colom-
biers funéraires. Dans la nécropole de Carmona,
d'ailleurs, l'imitation des coutumes romaines est
bien moins précise que le souvenir des rites orien-

taux. « Les tombes de famille de Carmona, » a dit justement M. Bonsor, « semblent avoir conservé tout le caractère des tombes phéniciennes de Sidon, de Malte et de Sardaigne. » L'idée orientale de cacher la dépouille mortelle au fond d'une crypte à peine accessible par un puits bien dissimulé n'est pas romaine et ne semble pas ibérique ; elle vient d'Orient ; elle fut chère aux Phéniciens. Les habitants de Carmona ont heureusement combiné les rites nouveaux empruntés aux conquérants venus de Rome avec ceux que déjà ils tenaient en partie des colons venus de Tyr et de Carthage.

Les morts, dont les cendres reçurent asile dans ces hypogées assez modestes en somme, furent consumés au bûcher commun, à l'*ustrinum* public dont l'emplacement n'a pas été retrouvé, peut-être parce qu'il était éloigné du cimetière. Mais les riches, qui jusque dans la mort gardaient honneurs et privilèges, étaient brûlés tout auprès de la crypte même de leur famille, dans une cour ou vestibule découvert qui la précédait.

Nombre de tombes de Carmona sont disposées pour cette cérémonie funèbre. Ce sont les plus belles et les plus curieuses. Parfois l'aménagement est assez simple ; c'est le cas de la tombe de l'*Ustrinum*. Par un puits profond de 2^{m}5o, on descendait à la mode ordinaire jusqu'à l'entrée de la chambre sépulcrale, et jusqu'à l'entrée plus étroite d'une fosse parallèle à cette chambre. C'est la fosse du bûcher. Elle a 1 mètre de long, 90 centimètres de large et 2 mètres de profondeur. Au fond court un rebord large de 20 centimères, haut de 55, destiné à appuyer les bois de façon à laisser par dessous une assez épaisse couche d'air. Les parois, toutes noircies par la fumée, portent les traces d'un long et fréquent usage.

L'ustrinum a pris souvent plus d'importance. L'hypogée de *Prepousa* n'a guère plus de 2 mètres de côté ; six niches seulement s'ouvrent dans ses parois ; mais il est précédé d'un patio carré de 4^{m}5o de côté, où se creuse une fosse longue de plus de 3 mètres. Là, dans un angle, s'élève un autel de pierre ; une porte ouvre sur une rue voisine. Partout, sur le sol, subsistent des traces de feu.

Un troisième type de monument est plus compliqué et plus original encore. Il vaut la peine de décrire deux des plus remarquables de cette série, le *Columbarium et Triclinium*, comme l'ont désigné les fouilleurs, et surtout la tombe de l'*Éléphant*.

La première se compose d'un enclos à peu près rectangulaire, creusé dans le roc. On y descend par un escalier de quelques marches dans un *patio* à ciel ouvert où se voit un autel de pierre. et, dans un angle, un puits profond de 25^{m}6o et flanqué d'une auge de déversement. En arrière du patio, sur lequel elle s'ouvre largement, se place la chambre funéraire, primitivement couverte : sur les parois se développent deux rangs superposés de niches. Mais, ce qui frappe surtout, c'est que l'intérieur de la salle est disposé en un véritable *triclinium* taillé en plein roc, surhaussé au-dessus du sol. Les trois lits, disposés selon la formule classique, sont exactement parallèles aux murs garnis de niches, et encadrent la table. Trois marches permettent de monter de la cour au *lectus imus*, et, détail significatif, entre la table et les lits est creusée une petite rigole qui servait sans doute à l'écoulement du liquide des libations, car il est certain que cette véritable salle à manger était destinée à des banquets funèbres, dont l'importance apparaît exceptionnelle à Carmona. Tout était prévu dans cet édifice de plan inattendu pour qu'on y pût célébrer tous les rites du festin, et près du puits où se recueillait l'eau pure on voit la cuisine où se préparaient les gâteaux funéraires.

La tombe de l'Éléphant tire son nom d'un éléphant de pierre que l'on y retrouva précipité au fond d'un puits. Voici, d'après M. Bonsor, les traits saillants de cet ensemble unique :

« On descend [au triclinium de l'Éléphant] par un escalier au bas duquel on trouve, à droite, la grande niche où se plaçaient les statuettes des Lares, et devant laquelle devait nécessairement passer toute personne qui entrait.

« Un chemin mesurant 1 m. 85 de largeur, de niveau inférieur aux côtés, traverse la cour dans sa longueur. A droite de ce passage, en entrant, s'élève un *triclinium* qui devait servir aux repas funèbres pendant l'hiver ; il est exposé au soleil : de l'autre côté, on aperçoit le *triclinium* d'été, à l'ombre du mur de l'enclos. Pour les temps froids et pluvieux il y avait un troisième *triclinium,* au bout du passage, dans une chambre creusée entièrement dans le roc et éclairée par une espèce de lucarne au-dessus de l'entrée.

« Le mieux conservé de ces trois *triclinia* est celui d'été, du côté sud de la cour. La table, ainsi que les trois couches inclinées, sont massives, taillées dans le sol du rocher et recouvertes de stuc. Cette table mesure 1 m. 26 de longueur et 0 m. 60 de largeur ; sur trois de ses côtés se trouve un petit canal qui sépare la table de la couche, et dans lequel les convives, sans avoir à bouger de place, pouvaient verser leurs libations. Ce petit canal... a environ 0 m. 15 de largeur et 0 m. 20 de profondeur. On devait le vider après chaque repas et en verser le contenu sur le sol de la chambre funéraire ou sur les urnes mêmes. Plusieurs de ces chambres présentent, à cet effet, une petite cavité au milieu du sol...

« Une toiture en treillis couvrait probablement le *triclinium* d'été de l'*Éléphant ;* celle-ci était soutenue par des colonnes de pierre dont la base existe encore. La vigne ou les plantes grimpantes qui s'étendaient sur ce treillage auraient été plantées dans un long fossé, creusé dans le roc, en dehors de l'alignement des colonnes et qu'on retrouva plein de terre végétale.

« Au-dessus d'un bain attenant au *triclinium* d'été, on aperçoit, dans une grande niche ouverte dans la paroi de la cour, une figure humaine sculptée en haut relief, de grandeur naturelle. Elle est assise, vêtue d'une robe à grands plis, et tient un vase de la main droite à la hauteur de la poitrine. La tête manque malheureusement, et l'action du bras gauche n'est plus reconnaissable. Cette figure serait une réminiscence de l'époque punique; elle nous rappelle des stèles trouvées à Carthage, que le R. P. Delattre fait remonter aux derniers temps de la période punique ou au début de l'occupation romaine en Afrique.

« Quelques mètres plus loin, du même côté de la cour, se trouve une autre niche, plus profonde, qui couvre l'orifice d'un puits. Un conduit creusé dans la paroi met en communication les deux niches; on y versait l'eau tirée du puits; elle allait sortir au bas même de la mystérieuse figure assise, et coulait dans le bain.

« Outre ces deux niches et l'entrée du *triclinium* souterrain, on voit, autour de la cour, plusieurs autres ouvertures donnant accès dans diverses petites chambres toutes creusées dans le roc. Celles-ci sont au nombre de quatre: on devine assez facilement à quel usage elles étaient destinées. Il y a d'abord la cuisine, dont la voûte est trouée en guise de cheminée, avec sa table et son banc massifs; le vestiaire, où l'on gardait les habillements; l'office, dans lequel on enfermait les vases et autres ustensiles du service des *triclinia*, et enfin la tombe proprement dite, avec ses six petites niches pour y déposer les urnes cinéraires. »

Triclinium d'été, *triclinium* d'hiver, *triclinium* à l'abri du froid et de la pluie, cuisine, office, vestiaire, sans parler du bain attenant au *triclinium* d'été, voilà toute une installation que la décoration sculptée, à défaut de la peinture effacée, révèle d'ailleurs somptueuse, dont je ne crois pas qu'il subsiste autre part un exemple, et dont la visite vaut à elle seule le voyage de Carmona.

⁂

Cependant il y a mieux encore, et tout récemment M. Fernandez, continuant avec un succès constant l'exploration du champ des Carrières, ou plutôt les très antiques carrières abandonnées qui occupent une partie de la nécropole, a fait une belle découverte.

Peut-on vraiment appeler *monument monolithe*, comme le voudrait l'habile explorateur, une salle à coupole ovoïde flanquée de trois chambres irrégulières, que l'on a taillées hardiment dans la masse rocheuse ? Doit-on reconnaître dans cet ensemble, de plan assez étrange, un *temple phénicien destiné à des sacrifices*, ou tout au moins faut-il admettre que cet *intéressant monument souterrain est un reflet fidèle de la civilisation préhellénique* ? Je suis plus

porté à croire que cet hypogée n'est qu'un nouveau
panthéon de famille, conçu par un architecte indé-
pendant et original. Si l'on n'y a plus trouvé d'urnes
funéraires, ni les restes du mobilier habituel des autres tombes, c'est qu'il n'a pas cessé, au cours des
siècles, d'être visité et diversement utilisé. Les couches successives de terre qu'en a retirées M. Fernandez contenaient des tessons de céramique antique
indigène et de céramique romaine, des débris de
marbre, une grande quantité d'os d'animaux, et aussi
des monnaies modernes en quantité, dont beaucoup
du règne de D. Pedro I de Castille. Surtout il y a
lieu de faire état de la décoration polychrome, qui,
tout altérée qu'elle soit, n'en paraît pas moins analogue à celle des autres hypogées, et principalement
de deux statues de marbre, une matrone — plutôt
qu'une vestale — sévèrement drapée et d'exécution
assez élégante, et un très médiocre enfant nu. Ces
œuvres, de style romain en ce qu'il a de banal et de
courant, ont servi sans doute à décorer l'entrée, ou,
pour mieux dire, le vestibule des salles funéraires.
Enfin la fouille récemment terminée de l'édifice a
déblayé un *patio* intérieur quadrangulaire attenant
à la galerie d'accès. Les côtés en sont formés par un
portique à colonnes corinthiennes non plus mono·
lithes, mais à tambours cannelés. Au centre se voit
un *triclinium* taillé dans la masse du roc.

Mais, même si ce n'est là qu'une crypte d'époque
romaine que sa destination ne distingue point des

autres, la structure en est d'un intérêt très neuf, car
la coupole, de figure ogivale, est taillée de telle sorte
qu'elle semble posée directement par terre, et
soutenue par de vigoureuses nervures très épaisses
et très saillantes qui jaillissent elles-mêmes du sol
comme d'inébranlables arcs-boutants. Je ne crois
pas qu'une disposition semblable ait été remarquée
encore, même dans un édifice construit à l'air libre
avec des matériaux assemblés. A plus forte raison
est-elle étrange et surprenante dans une crypte creusée en grotte, où de tels contreforts sont absolument
inutiles; on ne peut songer qu'à une imitation pittoresque d'un monument jusqu'à présent inconnu,
qu'à la reproduction illogique et fantaisiste de formes
architecturales ailleurs mieux employées. Mais, cela
dit, on admire l'impression de force et de mystère
qui résulte de cette combinaison inattendue, et l'on
ressent assurément, sous cette voûte puissante et
sombre, un émoi religieux.

Quelle que soit la disposition des tombes, et pour
si variés que soient les objets qu'on y a recueillis,
tous ces objets sont d'époque romaine. Les cendres
et les restes des os mal consumés étaient enfermés
tantôt dans des coffrets de pierre, à forme de très
humbles sarcophages, où l'on inscrivait simplement
le nom du mort et quelquefois son âge, tantôt, mais

plus rarement, dans des urnes d'argile ou de verre ; mais alors, pour les protéger, on les enfermait dans une boîte de plomb. Par exception, les petits enfants très jeunes étaient ensevelis dans une amphore « ouverte dans sa longueur », dit M. Bonsor, « et qui était enfouie en pleine terre, dans le voisinage de la tombe ». Un peu plus grands, les corps d'enfants à qui leur âge ne permettait pas encore de participer aux rites crématoires étaient tout simplement déposés « dans des cavités creusées à cette intention dans le banc massif de la tombe, ou dans une petite chambre attenante. Celles-ci étaient remplies de terre et recouvertes de dalles ».

A côté des coffres ou des urnes, dans les niches funéraires, sur les bancs qui longeaient les parois des hypogées, dans les puits, dans la terre des *patios*, comme dans les fosses à incinération, les vases divers, de terre cuite et de verre, les objets métalliques se sont rencontrés en abondance, malgré le pillage ancien des tombes. Ce sont de jolis vases rouges, dits sagontins, des fioles à parfum, des bols et patères à libations, très communs, en terre jaune, ou plus riches, peints de bandes rouges et blanches, des lampes d'argile plus ou moins ornées. Ce sont des miroirs de bronze argenté, ronds ou carrés, avec ou sans manche, mais tous, par malheur, sans dessins gravés ni reliefs ; quelques monnaies impériales, de Tibère, de Claude, de Vespasien, Constance et Valentinien, et des monnaies de villes, *Colonia Patricia*,

Gades, *Italica*, *Emerita*. Ce sont des colliers de perles en pâte de verre ou en ambre.

Rien de tout ce mobilier n'a grande valeur d'art. Ce ne sont pas non plus des œuvres belles, cette figure d'applique en bronze qu'il n'est peut-être pas très juste d'appeler Bacchante endormie, et qui me semble, en son attitude raide et banale, en sa médiocre anatomie, la maladroite imitation locale de quelque Ariane grecque ou romaine. Non plus ce *lloron*, ce petit pleureur de pierre, dont le sujet est intéressant, dont le style est barbare, ou cette femme, si mutilée par malheur, sculptée en haut relief dans la paroi du *patio* de l'Eléphant, et qui paraît à M. Bonsor une réminiscence punique. Seul l'éléphant a un peu de mérite, malgré la lourdeur de sa masse trop confuse; et certains traits de nature, comme ses grandes oreilles, signe distinctif de sa race africaine, témoignent quelque effort d'observation et de goût. Je ne parle pas des statues trouvées dans l'hypogée de M. Fernandez, car elles ne sortent pas de la médiocrité banale des sculptures d'exportation romaine. Cependant on peut regarder avec plaisir, au Musée, une tête de jeune femme en marbre, que M. Bonsor et son ami ont recueillie, bien qu'elle ne provînt pas de la nécropole, et dont la simplicité grave aussi bien que le type et l'habile technique font un morceau de choix; c'est un portrait sans doute, et un excellent portrait.

En somme, l'art et l'industrie de Carmona romai-

ne nous apparaissent médiocres. Les découvertes de
la nécropole n'en sont pas moins admirables, évoca-
trices des rites et coutumes funéraires de la Bétique,
comme les fouilles des *motillas* ont évoqué les successives civilisations préromaines.

A parcourir la chaîne vallonnée des Alcores, à
suivre le labyrinthe des allées qui ondulent autour
des tombes du Campo de los Olivos ou du Campo
de las Canteras, autant que les yeux sont charmés
des tableaux proches et des radieux horizons, l'esprit
s'émeut au souvenir des hommes qui là vécurent
aux champs leur vie rude de paysans, ou à la ville
leur vie riche de bourgeois ou de marchands, dont
les cendres ou les corps reposèrent sous les tertres
rustiques ou dans les cryptes de famille, dont les
ombres furent honorées de sacrifices propitiatoires
sur la roche sanglante de l'*Acebuchal* ou de riches
banquets dans les *triclinia* de Carmona.

Grâce à MM. Bonsor et Fernandez, qui ont retrouvé et déblayé leurs demeures souterraines, ces
morts revivent d'une vie désormais immortelle, celle
que donnent la science et l'histoire.

Je les voyais renaître, images nettes et précises,
tandis que mon hôte, en érudit cicérone enthousiaste,
me guidait par les cryptes fraîches dont il connaît
tous les recoins, dont il a sondé tous les secrets.

Et je sentais aussi flotter tout près de moi dans l'ombre bleue le fantôme de Postumius et de Silvanus, le fantôme de Prépousa et de Cyparé, les jeunes femmes aux doux noms grecs, tous les défunts familiers de la nécropole, au cours d'une nuit délicieuse dont la douceur enchante encore ma mémoire.

C'était sur la terrasse du Musée, aménagée en belvédère; aux doctes entretiens succédait la songerie muette. Par milliers et milliers les étoiles d'or clouaient sur nos têtes les voiles de l'azur profond et pur. A l'extrême horizon de l'ouest, aux derniers bords de la *vega* transparente, tel un faible rayonnement d'aurore naissante, se reflétait au ciel l'illumination électrique de Séville ; autour de nous la nécropole dormait ; à nos pieds serpentait le dédale des sentiers clairs, que les puits des hypogées trouaient de taches sombres. Les parfums de la nuit s'exaltaient dans le mystère du silence, et la poésie des tombes montait sans tristesse à nos rêves dans l'âme odorante des roses...

———

BIBLIOGRAPHIE. — Juan de Dios DE LA RADA Y DELGADO, *Necropolis de Carmona*, Madrid, 1885. — George BONSOR, *Les Colonies agricoles pré-romaines de la vallée du Bétis*, dans *Revue Archéologique*, t. XXXV (1899).

— Adolfo FERNANDEZ CASANOVA. *Monumento subterra-
neo descubierto en la Necropolis Carmonense*, dans
Boletin de la real Academia de la Historia, t. 48,
(1906), p. 374 ; Id., *Ibid.*, t. 49 (1906), p. 133, *Descu-
brimientos arqueologicos efectuados en la ciudad de Carmona*. — Id., *Ibid.*, t. 50 (1907) p. 388, *Nuevos descu-
brimientos en Carmona*.

V

OSUNA

V

OSUNA

Blanche et sèche au bord de la vaste plaine nue que ne réussit pas à verdir l'eau somnolente et vaseuse du Salado, triste et brûlée au flanc de sa colline aride, s'élève la célèbre Osuna.

Elle est bien déchue de sa longue splendeur, l'antique ville ibérique devenue colonie romaine, la vieille cité andalouse que son Université rendit fameuse, qu'orna l'opulence généreuse d'une grande famille ducale.

« Jadis, » si l'on en croit un vieil historiographe épris d'un religieux amour pour sa noble patrie, « Osuna était ornée de magnifiques places et de larges rues peuplées d'édifices aussi beaux que somptueux, qui l'embellissaient au plus haut point ; elle s'étalait de grandiose façon en son ampleur naturelle ; ses rues s'égayaient et s'adornaient de cinq très copieuses et belles fontaines publiques, dont les eaux salutaires suffisaient largement à la multitude des habitants. »

Aujourd'hui de mornes faubourgs poussiéreux et

vides étendent plus loin vers la plaine les lignes
raides de leurs rues désertes, bordées de maisons
basses. C'est sans nulle émotion de beauté ni de pittoresque que le touriste chemine de la gare vers la
ville, heurtant ses pieds endoloris aux plus incohérents pavés qui soient au monde. A peine, par intervalles, sollicite un peu de curiosité la haute façade
de quelque noble palacio, architecture prétentieuse
et tourmentée, mêlant avec surabondance des ornements trop riches et lourds, disant l'opulence sans
la mesure et l'effort ambitieux sans le goût. Sur les
places trop nues s'égouttent mélancoliquement les
fontaines épuisées ; des églises sans nombre bordent
de leurs pauvres portails vulgaires et froids la ligne
des maisons aux murs plats. Partout s'abât sur la
ville mourante une lourde torpeur d'ennui.

Mais si par un chaud midi d'été le promeneur a le
courage de tenter l'escalade de la ville haute, à travers le dédale scabreux des ruelles tortueuses, jusqu'à l'esplanade que couronne la grandiose cathédrale, comme vite s'efface devant un panorama
splendide l'impression de tristesse cruelle, comme
s'évanouit au pied de l'édifice admirable le souvenir
des architectures inélégantes ! La ville, étageant
d'abord au raide flanc rocheux de la colline, puis
étalant au bord de la plaine le moutonnement de ses
maisons tassées autour des églises lourdes, garde
sous le soleil sa mélancolie de province endormie.
Mais sur la campagne, à l'infini, comme sur un

immense Sahara resplendissant en une gloire d'éclatante lumière, s'étend le regard ébloui. C'est une mer d'or qui poudroie sous un azur incorruptible, mer silencieuse où seulement palpite à la surface l'air surchauffé qui vibre et monte, mer calme, mer déserte, mer uniformément enflammée, qu'à peine, jusqu'au lointain rivage des collines verdoyant au bord de l'horizon, quelques vergers d'oliviers gris froncent et moirent d'irisations métalliques.

Les yeux blessés d'abord un peu par ces flots de soleil violent, habitués bientôt à ce rayonnement clair, errent enchantés de la ville à la plaine, et de la plaine aux monts, dans un infini de transparence pure. Puis la Cathédrale, sommet hardi de la ville en pyramide, conquiert par le contraste de sa structure simple et puissante avec la recherche maniérée des palacios. Le portail Renaissance qui donne accès à la grande nef est un chef-d'œuvre d'ornementation délicate, riche sans excès, savante sans pédantisme, et ce portique de goût classique prépare à l'église austère, décorée sans surcharge, claire et fraîche, où resplendit un tragique crucifiement de Ribera. Partout, sous la voûte sévère, règne le goût pur d'un vrai siècle d'art, et l'impression franche et bonne s'accuse avec bonheur alors qu'on pénètre dans la crypte inattendue où, tout autour d'une précieuse chapelle, les puissants ducs d'Osuna ont creusé leur panthéon.

Autant que l'histoire d'une race illustre dont les

grandiloquentes épitaphes clament encore sous la
terre la noblesse et la richesse, nous appelle et nous
émeut le mystère de l'autel enfumé que décorent de
naïfs tableaux venus d'Allemagne, et du chœur surtout, du chœur en miniature, dont les menues stalles
de bois sculpté sont un poème exquisement fleuri de
rinceaux et d'arabesques. Là s'accroche, s'étire,
voltige, s'accroupit une spirituelle faune de griffons et
de chimères, là sourit ou grimace tout un monde de
monstres et de grotesques. C'est le triomphe d'un
ciseau délicat et léger qui se joue et caresse, l'harmonieux caprice d'un art sain et joyeux ; et les robes
graves des chanoines qui passant et repassant depuis
trois siècles ont poli, satiné, patiné le bois luisant,
donnèrent aux reliefs estompés un charme doux de
très belles vieilles choses.

Près de l'église, le vieux palais des ducs n'est plus
qu'une ruine confuse. La fameuse Université est
morte, et seulement aux heures des repos tapageurs
les rares élèves d'un pauvre collège branlant ré-
veillent l'écho du cloître. Aussi, malgré la beauté
noble de la Collégiale, n'est-ce point la ville moderne, en sa déchéance funèbre, qui vaut au nom
d'Osuna son éclat. Son illustration est toute archéologique.

Si l'on en croit des historiens dont la piété filiale
égale seule la naïveté, la naissance d'Osuna remonte

au déluge, ou peu s'en faut. Le prince Ibéros était l'arrière-petit-fils de Noé ; c'est lui qui nomma l'Espagne Ibérie, et baptisa aussi le fleuve de l'Èbre. De son temps naquit Abraham « qui connut déjà cette ville illustrissime ; et cela est absolument certain, parce qu'à cette époque elle fut prise par les sujets du dit prince, et 371 ans plus tard fut fondée Rome ». C'est une noble antiquité, que ne met pas en doute D. Antonio Garcia de Cordoba, respectable Corregidor, auteur de ce livre curieux : *Historia, antigüedad y excelencias de la Villa de Osuna* (1746). Voici d'ailleurs une variante non moins intéressante de cette mirifique histoire : « Pyrrhus, fils d'un roi de Grèce qui vint à Cadix, y vécut et y fonda le temple d'Hercule, et exista 342 ans après Ibéros, se maria en l'an 607 après le déluge avec Ibéria, fille du roi Hispan. Or, visitant la province et chassant les ours dans la région de notre ville, il la fonda et lui donna le nom d'Urso, 640 ans après le déluge, et 1073 ans avant Jésus-Christ. » Voilà qui est précis, « et il est juste de proclamer que la très illustre ville a vu de son trône se lever les tours superbes de Séville, de Grenade, bien plus, de Rome elle-même. »

Quoi qu'il en soit, Ursao ou Urso, la ville des ours, fut aux temps si mal connus encore que nous appelons ibériques une importante cité, et même, les fouilles l'ont prouvé, une cité d'art.

Sans doute Urso dut être guerrière pour défendre

le haut plateau où elle s'étala, dominant le vaste cirque bordé par les sauvages sierras des *Alcores* à l'ouest, de *Moron* au midi, d'*Estepa* à l'est, et commandant les routes qui serpentent tout le long du *rio Salado* et du *rio Blanco*. Du sommet de son promontoire elle surveilla les caravanes qui circulaient de Séville à Grenade et de Cordoue à Malaga. Son histoire, si quelque heureuse fortune nous la révélait, nous conterait mainte prouesse de ses rudes habitants contre les peuplades rivales, contre les envahisseurs venus du Nord ou du Midi, et son rôle apparaîtrait d'importance dans les guerres civiles ou étrangères, comme plus tard dans les luttes épiques de César et des Pompéiens. Mais ce que nous enseignent d'heureuses trouvailles de hasard ou de fouilles, c'est que sur le plateau couvert aujourd'hui de céréales ou d'oliviers se dressait à l'époque de l'indépendance ursonienne plus d'un édifice construit et décoré avec art.

Il n'en faut point chercher les restes dans les ruines qui se sont retrouvées par intervalles au cours des derniers siècles, à droite et à gauche de la *vereda* de Grenade, cette route que les pas de plus de cent générations, les roues de milliers et de milliers de chars ont lentement gravée dans la roche tendre. Comme de presque toutes les villes d'Espagne qu'ils ont conquises ou colonisées, les Romains ont fait d'Osuna une ville romaine. Ce sont les restes du théâtre romain que le vieil Escacena, d'une main ignorante, saccageait il y a sept ans, sous prétexte de fouilles, sur le *cerro de la Quinta*, dans le *solar de Blanquel*. Les fondations de la scène et de l'orchestre, qui eussent si bien permis de lire le plan de l'important édifice, furent brutalement brisées et bouleversées, malgré la masse de leurs assises énormes. D'élégants et riches chapiteaux corinthiens, aux feuillages affinés par de savantes applications de stuc poli, furent arrachés durement du sol et abandonnés sans soin, sans protection dans les décombres. Cent fragments d'inscriptions curieuses, en particulier des plaques marquant des places réservées ou louées, des monnaies, de menus objets de toute sorte, des débris intéressants de sculpture, même un joli torse d'éphèbe et une élégante tête de femme, furent recueillis en désordre, et emportés on ne sait où.

Puis, au dessus du théâtre, c'est le grand puits qu'entraînés par une soudaine passion d'archéologie MM. Carlos Perea et Gutieres Cavallo déblayèrent à grands frais, et non sans succès, puisque, au fond du vaste gouffre hardiment taillé dans le roc jusqu'à plus de quarante mètres, l'eau fraîche et pure s'est retrouvée, attendant que quelque pompe plus perfectionnée sans doute, mais moins ingénieuse peut-être que la machine hydraulique romaine, la rende, abondante et salutaire, aux fontaines anémiques d'Osuna ; puisque dans les débris amoncelés au-dessus de l'eau abandonnée se conservaient de précieux marbres : les fragments trop mutilés d'une grande statue d'un Légat des Baléares, le torse d'une belle Vénus, surtout deux têtes colossales, blanches et pures comme au sortir de l'atelier, une Minerve casquée, de bon style classique, puis un homme, peut-être le Légat des Baléares, et, s'il en est ainsi, portrait heureusement idéalisé, dont la vigueur et la simple franchise, aussi bien que le type, rappellent le Doryphore de Polyclète.

Ce sont, enfin, de-ci de-là, sur le bord de la *vereda*, le long des murs de pierres sèches, des *vallados*, piqués d'aloès géants, les silos, les citernes, les réservoirs de toute sorte, que l'avidité de fouilleurs improvisés, en quête de trésors, creusa et dépouilla, sans autre gain que de rares monnaies ou des mottes de terre grasse desséchée où des grains de blé s'enchâssent encore, comme les amandes dans le nougat.

Toutes ces ruines, tous ces débris, dont la destruction ou la dispersion lamentables font regretter si vivement qu'une exploration systématique n'ait pas été tentée, disent assez quel fut le renouveau d'importance et de richesse que valut à Urso l'établissement de la *Colonia Julia Genetiva*.

Les Pompéiens s'agitaient dans une convulsion d'agonie sous les coups de César; la guerre civile brûlait autour de Munda ses derniers feux qu'animaient encore le souvenir du Grand Pompée et la molle défense de ses fils. Les Osuniens firent cause commune avec Gnaeus; une troupe de leurs soldats se laissa enfermer avec les défenseurs d'Ategua, et quand tomba cette ville héroïque, Osuna n'en resta pas moins fidèle au vaincu qui lui promit quelques cohortes de secours. Vaine sauvegarde! Après la défaite de Munda vint certainement celle d'Urso. C'est en vain que Gnaeus tenta la résistance : « La situation de cette ville, dit le chroniqueur de la guerre hispanique, et ses nombreuses fortifications en rendaient le siège malaisé. En outre, il n'y avait de l'eau que dans la ville de Munda; il eût été impossible d'en trouver à huit milles à la ronde. Il fallait chercher à plus de six milles les matériaux nécessaires pour construire les tours et les terrasses. Pompée, pour en rendre l'attaque plus pénible, avait fait couper et porter dans la place tout le bois des environs. Nos gens étaient forcés de tout faire venir de Munda, dont il s'était emparé récemment. » Néanmoins, la ville fut prise ou se rendit. Mais sans doute sa défense avait montré à César l'importance stratégique de la place, car, sans lui tenir rigueur, il décida d'y établir la Colonie dont il fut le parrain.

Si les vétérans ne s'installèrent qu'après sa mort, du moins le dictateur donna-t-il lui-même sa loi à l'établissement nouveau, et cette loi, par une heureuse fortune, s'est en grande partie retrouvée. Les tables de bronze sur lesquelles la charte de *Genetiva* fut gravée sont un des plus illustres monuments de l'épigraphie et du droit romain.

« En 1608, raconte D. Antonio Garcia de Cordoba, un Osunien labourant ses terres au lieu dit *la boca del Sabinal*, à une demi-lieue de la ville, découvrit un trou dans lequel il y avait une petite construction en briques, et là dedans une plaque de bronze où étaient gravés divers règlements donnés à la cité par le Sénat et le Peuple Romain, en langue latine. » Ce premier bronze d'Osuna est à jamais perdu. A n'en pas douter, il contenait le préambule de la Loi de la Colonie, puisqu'il y était question du Sénat et du Peuple.

Deux cent soixante-trois ans plus tard, en 1871, un laboureur découvrit par hasard trois tables portant des articles de la même loi, à partir de l'article XCI. En 1872, l'illustre D. Manuel de Berlanga en eut connaissance et en reconnut la grande valeur historique; en 1873, elles allaient rejoindre dans le riche musée des marquis de Casa-Loring les non moins célèbres tables de Malaga, Salpensa et Bonanza.

En 1875, nouvelle découverte; deux autres bronzes, contenant les articles LXI à LXXXII de la loi, étaient déterrés dans le *garrotal* de Postigo, à l'angle même de la *vereda* de Grenade et du chemin de San-José. L'année suivante, elles étaient achetées par le Musée archéologique de Madrid, où les rejoignaient bientôt les tables de la collection Casa-Loring.

Ouvrons ici une assez longue parenthèse. Ces derniers bronzes auraient pu prendre la direction du Louvre. Ceux qui avaient alors mission d'enrichir nos collections nationales ont laissé échapper l'occasion d'une précieuse conquête. Ceux qui furent mêlés à cette affaire sont morts, et quelques documents du dossier que j'ai pu copier sont trop instructifs pour que j'hésite à les faire connaître.

Voici comment M. Giraud a raconté l'histoire : « Le bénéficiaire de la découverte est un marchand d'antiquités fort intelligent, fort avisé de la ville même d'Osuna, M. Francisco Martin Ocaña, qui demanda un prix très élevé de sa trouvaille au riche et généreux acquéreur des deux premiers bronzes, le marquis de Loring... Le marquis de Loring ne voulant pas céder aux exigences de M. Ocaña, ce dernier offrit au gouvernement français l'achat des bronzes nouveaux. M. Wallon, qui tenait alors le portefeuille de l'Instruction publique, s'empressa de nommer une commission chargée de vérifier l'importance et d'assurer l'exécution d'un marché qui se couvrait d'un certain mystère. La commission constituée le 21 août 1875 fut d'avis d'acquérir, s'il se pouvait, pour notre Musée un aussi précieux débris d'antiquité; mais comme de raison elle conseilla au ministre d'agir avec prudence dans cette négociation, et d'envoyer sur les lieux un agent habile, chargé d'examiner les bronzes et d'en ménager l'achat, avec l'assistance de notre légation en Espagne.

« Cette mission délicate fut très bien remplie par un jeune élève de nos écoles publiques, qui fit le voyage d'Osuna, vit les bronzes de ses yeux, en constata l'authenticité, en copia même quelques lignes, mais ne put décider M. Ocaña à s'en dessaisir au prix offert par le gouvernement français. Ainsi que nous l'avions pressenti dans la commission, la France ne fut pas la seule à recevoir les propositions qui avaient ému notre zèle. L'Allemagne aussi fut provoquée à cette acquisition, mais elle ne réussit pas mieux que nous à triompher de l'hésitation et des exigences de M. Ocaña.

« Heureusement pour l'Espagne, ces négociations prolongées avaient donné l'éveil au gouvernement du roi Alphonse XII qui crut la dignité espagnole engagée dans la question, et qui, enchérissant avec décision sur les offres étrangères, obtint, au prix de 30,000 pesetas, l'abandon de l'antiquaire d'Osuna. »

Certes, c'était une idée malheureuse de convoquer cette commission ; il faut, en des occurrences semblables, mettre le moins de monde possible dans le secret, agir, décider vite. Ceci est plus grave : voici la lettre qui partait du Louvre le 14 juin 1875, en réponse à une lettre de Francisco Martin Ocaña, datée du 7 :

Direction des Musées nationaux, Palais du Louvre.

« Monsieur,

« J'ai reçu la lettre en date du 7 de ce mois, par laquelle vous m'informez que vous seriez disposé à céder au Musée des Antiques du Louvre deux tables de bronze trouvées à Ossuna et qui vous appartiennent. Je vous remercie de cette ouverture et je viens vous demander, pour y donner suite, si vous pourriez envoyer à Paris les deux objets dont il s'agit, afin que je puisse les examiner. Vous voudrez bien aussi me faire savoir le prix que vous en désirez.

« Recevez, etc.

> « Signé : F. Ravaisson-Mollien,
> Conservateur des Antiques au
> Musée du Louvre. »

Nouvelle lettre à la date du 28 août. Celle-ci émane du Ministère de l'Instruction publique, des Cultes et des Beaux-Arts, bureau des Travaux historiques et des Sociétés savantes; elle est signée : Pour le ministre : Le secrétaire général, Jourdain. En assez mauvais castillan, mais en castillan — cela mérite louange — le secrétaire général informe qu'il *reçoit seulement à cette date la lettre adressée en juin au directeur du Musée du Louvre;* il demande des détails sur la mesure des objets, leur état de conservation, le nombre de lignes d'écriture, et s'informe du prix demandé ; enfin il annonce que « *el señor frances Graux* », récemment envoyé en Espagne, doit aller à Osuna pour examiner les deux *lapidas* (*sic*) et faire un rapport, et qu'ensuite..., etc.

Trois jours après, 21 août, lettre autographe du Conservateur des Antiques, disant que le Louvre n'ayant pas de crédit suffisant, le ministre fait chercher les moyens de suppléer à cette insuffisance en combinant les ressources de notre Musée avec celles d'un autre établissement public, et demandant un second exemplaire de l'empreinte, ou bien une photographie.

On pense peut-être que déjà le *monsieur français* était en campagne.., Charles Graux, philologue et fureteur de manuscrits, avait sans doute d'autres soucis. Assurément, puisque Giraud l'affirme, il alla à Osuna ; ce ne fut, dans tous les cas, qu'à la fin de novembre, car voici la traduction de la lettre écrite par lui à Ocaña, de Salamanque, le *14 décembre 1875*.

« Cher Monsieur, j'ai reçu aujourd'hui la réponse de M. le ministre de l'Instruction publique à la lettre que vous m'avez remise pour lui *il y a trois semaines*. Il ne veut pas payer vos bronzes 5,000 douros. Vingt mille francs (français), si vous voulez, mais pas un centime de plus.

« Le ministre ajoute que vous lui fassiez part de votre décision immédiatement, c'est-à-dire, en langage humain, *le plus promptement possible*. J'espère que vous voudrez bien me répondre, comme je vous ai répondu, dans trois semaines au plus tard.

« Comme je n'ai pas reçu encore de nouvelles de ma mission en Espagne, je soupçonne maintenant qu'on va me rappeler à Paris pour le 15 du mois prochain. »

Et voilà terminée la mission osunienne de Charles Graux !

Je me contenterai maintenant d'analyser sans commentaire la correspondance d'Ocaña avec Ernest Curtius, personnage officiel, et Emil Hübner, officieux, écrivant au nom de l'Allemagne.

1° E. Curtius, Director del Anticuario de los reales Museos. à D. Francisco Martin Ocaña — Berlin, 15 juin 1875 (en espagnol).

« Le musée de Berlin ne recueille pas les inscriptions. Pourtant il veut bien entrer en pourparlers au sujet des deux tables de bronze qu'on lui offre. Mais il faut d'abord en apprécier la valeur et pour cela en connaître le contenu. Le moyen le plus simple est d'exécuter un estampage (selon le procédé qui est minutieusement décrit). En attendant ce calque, et pour gagner du temps, Ocaña est prié de faire connaître son prix. »

2° Du même au même, 30 juin.

« L'estampage d'une des colonnes du texte est arrivé. Il résulte du texte que vos tables font partie de la loi municipale de la colonie romaine d'Osuna, loi donnée par César, déjà connue par les trois tables qui, des mains de D. Francisco Caballero Infante, de Séville, sont passées à celles du marquis de Casa-Loring à Malaga. Les plaques de cette loi étaient divisées en cinq colonnes, de sorte qu'à chacune de vos plaques il en manque probablement deux. La loi entière, selon un calcul approximatif, doit avoir occupé dix tables à cinq colonnes. Les marquis de Casa-Loring possédant, semble-t-il, la septième entière et les deux tiers de la neuvième, les vôtres, si elles se suivent, doivent être la cinquième et la sixième, moins la dernière colonne de chacune. Les quatre premières n'ont pas apparu encore, non plus que la huitième, une partie de la neuvième et la dixième. »

Il est donc clair que les plaques d'Ocaña ne sont qu'un petit fragment du monument qui, s'il était entier, serait certainement plus important.

Cependant le Musée est disposé à acheter, et s'entendre sur le prix sera facile. Mais comme il s'agit d'une somme considérable, il faut s'adresser à divers personnages, au Kronprinz, protecteur du musée, et peut-être même à l'Empereur. A 20,000 francs, l'affaire irait vite. D'ailleurs — ici il faut citer textuellement — « *me alegro de poder asegurarle que,*

en consideracion de la fina atencion de Ud. en ofre-
cer unos monumentos de su propiedad particular a
este museo, el Sr. Ministro, cuando terminado feliz-
mente el negocio, tendra gusto en ossequiarle pro-
poniendo a Ud. al Emperador para la condecora-
cion correspondiente de una de las reales ordenes. »
Enfin, pour mieux faire connaître le monument,
prière d'envoyer un calque des cinq colonnes. « Le
premier est parfaitement venu, mais, en le pliant, il
faut avoir soin que le pli ne tombe pas au milieu
d'une ligne d'écriture, mais plutôt dans le vide laissé
entre deux lignes. » Qu'Ocaña ne s'effraye pas du
prix de l'estampage, ni du volume du paquet à envoyer à Berlin ; pour faire face à ces frais, voici un
billet de vingt francs. Surtout que l'*encuadernador*
à qui l'on s'adressera de préférence pour l'estampage se serve bien de la brosse et n'ait pas peur de
percer un peu le papier, cela n'étant pas nuisible. »
On envoie d'ailleurs un rouleau de papier pour l'estampage, avec l'enveloppe qui pourra servir pour le
retour à Berlin.

Bien entendu, enfin, on ne publiera pas un seul
mot du texte avant que l'affaire ne soit conclue.

3° E. Hübner au même, 16 décembre.

Hübner répond à Ocaña, qui s'inquiète, que l'affaire n'est pas terminée. Lui-même, Curtius, Mommsen insistent ; mais la direction du Musée résiste,
les fonds de ce Musée n'étant point destinés à des

acquisitions de ce genre, et la loi d'Osuna étant incomplète. Cependant on réussira, car le moment est favorable. « Je connais parfaitement les chefs du Musée Britannique à Londres, et je suis persuadé qu'ils n'achèteront pas vos bronzes. Les Anglais ne veulent pas dépenser leur argent à des inscriptions latines qu'ils n'entendent guère ; ils n'achètent que des œuvres de l'art grec, statues, etc. Et, en France, si même on le voulait, on ne pourrait les acheter faute d'argent ; de plus, la plus grande partie de la loi est déjà publiée en allemand. Croyez-vous que les Français voudraient se mettre à notre remorque, nous leurs ennemis ? Je ne le crois pas. » Le gouvernement allemand n'aura pas de concurrent sérieux. Il sera donc profitable à Ocaña de conclure avec ce gouvernement pour le cas où de nouveaux monuments de cette espèce seraient découverts, ce qui est fort possible. De toute manière, il faut profiter de l'occasion ; s'il fixe un prix trop élevé, plus d'espoir d'achat pour ces tables ni pour les futures.

4° Du même au même, 8 mars 1876. (En réponse à une lettre d'Ocaña du 30 janvier.)

Hübner a tardé à répondre parce qu'il a fallu beaucoup travailler pour vaincre les obstacles opposés à une acquisition qu'il désire si vivement, ainsi que Mommsen et Curtius. L'opposition vient du Directeur général des Musées, comte de Usedon. Mais la conclusion est proche ; il ne manque que l'approbation de l'Empereur. Il est heureux de pouvoir écrire que dans quelques semaines les propositions d'Ocaña seront officiellement acceptées.

5° Du même au même, 30 juin 1876. Réponse à une lettre du 20 mai.)

Maintenant tous les obstacles sont vaincus. On a obtenu un ordre impérial autorisant le ministre à acheter les bronzes au prix fixé par Ocaña. Sous peu arrivera l'avis officiel pour la cession des documents, et le paiement. Hübner remercie très vivement Ocaña « au nom de la science, pour sa discrétion et la fermeté avec laquelle il a maintenu son offre libérale et désintéressée. Il va sans dire qu'il faut encore garder une discrétion nécessaire, pour ne soulever ni jalousie, ni difficulté quelconque ».

Le roi Alphonse XII ravit inopinément la victoire que Berlin emportait sur Paris. Si l'enjeu était d'importance, on en jugera en lisant le texte de la loi d'Osuna et les savants commentaires tant français qu'allemands qu'elle a suscités depuis plus de trente ans.

Les tables d'Osuna sont un monument unique ; elles laissent bien loin derrière elles les documents analogues de Malaga et de Salpensa, qui sont d'ail-

leurs d'époque postérieure. Si elles étaient complètes, elles nous montreraient dans ses plus menus
détails la constitution et l'administration civile et
religieuse d'une de ces colonies militaires que les
Romains établissaient en pays conquis pour être les
citadelles avancées et toutes-puissantes de leur domination.

Toute mutilée qu'elle nous est parvenue, la loi est
encore bien instructive. Nous y voyons apparaître le
Sénat colonial des décurions, qui doivent être domiciliés à Urso et choisis parmi les plus dignes, sous
le contrôle des *Duumvirs*. Ce sont eux en revanche
qui surveillent les *Duumvirs* s'il s'agit d'envoyer une
ambassade. Ils ont seuls le droit de nommer un
sénateur romain ou un fils de sénateur *Patron* de la
colonie, mais il faut que celui-ci réunisse les trois
quarts de leurs suffrages. En récompense, ils ont le
privilège de sièges réservés aux jeux publics, aux
jeux scéniques, et d'y recevoir parmi eux les magistrats ou les représentants des magistrats du peuple
romain, juges, sénateurs, fils de sénateurs, le *praefectus fabrum*, le Gouverneur de la Bétique. Voici
maintenant les magistrats municipaux, entourés de
leurs officiers et serviteurs de toute espèce ; voici le
Praefectus coloniae, les *Duumvirs*, chacun avec ses
deux licteurs, son ordonnance, ses deux secrétaires,
ses deux huissiers, son expéditionnaire, son crieur
public, ses aruspices, son trompette ; et voici les
édiles, assistés chacun de quatre esclaves publics,

d'un crieur, d'un aruspice et d'un trompette. Les *Duumvirs* et les *Édiles* sont revêtus de la robe prétexte, comme les magistrats romains, tandis que leurs esclaves, par exemple, ne portent que le *limus*, jupon bordé de pourpre ; ils brûlent des torches de cire.

Les privilèges des *Édiles* et des *Duumvirs* sont grands, en première ligne l'exemption de service militaire, à moins de *tumulte* italien ou gaulois. Nous ne savons pas au juste quels sont les produits de leurs charges, mais nous connaissons ceux de leurs officiers et serviteurs. Les scribes des *Duumvirs* touchent chacun 1,200 sesterces, leur *aruspice* en gagne 500, et celui de l'*édile* 100 seulement. Les huissiers reçoivent 400 sesterces, le crieur 300, ainsi que le copiste et le trompette.

A ces avantages correspondent des devoirs, et minutieusement est réglée la comptabilité de chacun et la reddition de ses comptes.

L'un des plus impérieux soucis de ces magistrats et de ces fonctionnaires, c'est le culte religieux de la colonie, et nul autre texte, avant celui d'Osuna, ne nous avait instruits sur cet important sujet. Comme la religion faisait véritablement partie de la politique romaine, c'est le Sénat colonial qui surveille le culte public. Dans les dix jours qui suivent leur entrée en charge les *Duumvirs* doivent déclarer aux *Décurions* le nombre et la date des jours de fêtes, la nature des cérémonies et des sacrifices, et les *Décurions*

ratifier ces propositions par décret. De même est
réglé le budget du culte, en sont fixés les revenus et
les ressources, les frais et les dépenses. Ces règlements financiers sont des plus méticuleux, non
moins que ceux qui s'appliquent aux prestations
munifiques, à la célébration des jeux publics, com-
plément indispensable ou, pour mieux dire, partie .
essentielle du culte, jeux scéniques, *triduum* en
l'honneur de Jupiter, Junon et Minerve, jeux au cirque et jeux au forum de Vénus. Les lourdes charges
de ces fêtes incombent en partie aux magistrats géné-
tivains, en partie au trésor colonial. D'ailleurs, le
culte est exercé par un collège de pontifes et un
collège d'augures qui durent être choisis, à l'origine,
par César, et, par privilège, exempts du service militaire et des charges publiques ainsi que leurs enfants,
honorés de la robe prétexte et d'une place réservée
aux jeux publics, au milieu des *Décurions*. De ces
pontifes et de ces augures, naturellement, sont aussi
déterminés les droits, les devoirs et les privilèges.

Aux règlements religieux encore, aussi bien qu'aux
civils, se rapportent les règlements relatifs au respect
des limites de la colonie, *limites, decumani, fossae
limitales*, l'interdiction de labourer, de creuser des
fossés, de clore ou de construire des bâtiments,
d'enterrer ou de brûler un mort, d'élever un tombeau *qua aratro circumductum est*, sous peine d'une
amende de 5,000 sesterces, et, pour apaiser les
mânes, d'une expiation convenable.

Sans doute toute la constitution coloniale était étudiée dans la loi avec le même luxe précis de détails. Nous n'avons conservé par malheur que des règlements épars sur la police de la ville et des champs, en ce qui concerne, par exemple, les constructions et les démolitions d'édifices, en particulier d'édifices dangereux, comme les fabriques de tuiles, redoutables foyers d'incendie, sur l'établissement des rues et des routes, des fossés et des égouts, sur l'entretien des rivières, ruisseaux, fontaines, étangs ou marais, et des canaux et aqueducs.

Mais le droit lui-même, le droit civil en particulier, tenait encore plus de place dans ce véritable code, et certains chapitres renseignent heureusement les juristes sur l'état des personnes, sur la situation des biens acquis et possédés par les colons, sur les prêts d'argent et les dettes.

Il ne manque même pas à la loi des prescriptions qui font sourire, soulevant un coin de voile sur des mœurs qu'on pourrait croire moins antiques. C'est ainsi que l'on a cru nécessaire de bien établir que tout le monde, même les magistrats et les fonctionnaires, même les femmes des colons, doit obéir aux lois et décrets. Il a paru bon de recommander aux *Décurions* de s'abstenir de voter des décrets *rémunérateurs* ou *favorables à la brigue;* qu'ils ne donnent pas, qu'ils ne promettent pas d'argent, pas même pour élever une statue; que tout candidat, *petitor kandidatus,* s'abstienne de faire des largesses, et d'offrir des banquets électoraux.

Tous ces chapitres, si pleins par eux-mêmes d'enseignements qu'on ne trouve que là, qui nous initient à la vie d'une importante cité ibéro-romaine, à une époque précisément datée, et démontent devant nous un admirable instrument de la domination et de la puissance romaine, ces chapitres aussi suggèrent les plus intéressants rapprochements avec la vieille constitution de Rome, avec les antiques lois conservées ou modifiées au cours des âges, et dont se retrouve ici plus d'un écho proche ou lointain.

D'autant plus fâcheux fut donc l'insuccès de ceux qui eussent pu si facilement acquérir les bronzes d'Osuna pour notre Louvre, alors qu'Ocaña, préférant les francs aux pesetas, simulait la fièvre pour éviter la visite et les offres de Juan de Dios de la Rada, envoyé officiel du gouvernement espagnol.

C'est avec un sentiment de tristesse que le promeneur s'arrache à ces souvenirs de la grandeur romaine, et, quittant le sol d'où furent exhumées les tables de bronze, suit la *vereda* de Grenade pour gagner la nécropole voisine.

Les chambres funéraires, taillées en pleine roche calcaire, où de longues générations d'Osuniens

reposèrent dans l'ombre sainte, sont violées depuis
des siècles. Fr. Fernando de Valdivia, dans sa *Vida
de San Arcadio Osunense* (1711), dit qu'il a visité
les *cuevas*, déjà bien connues avant lui, et décrit les
hypogées romains : « Les Romains faisaient aussi
de somptueux sépulcres, et ils ne les construisaient
pas de toutes pièces, mais ils les creusaient dans la
roche vive. Il en subsiste un si singulier que, comme
l'affirme le Dr Rodrigo Caro, c'est une des choses
les plus notables qui se puissent voir dans toute
l'Espagne. Et moi, ayant lu cela dans cet auteur, je
fus le visiter, et le trouvai tel que l'observa curieuse-
ment le susdit docteur, lequel, se plaignant beaucoup
de notre négligence, écrit en ces propres termes : Ce
sépulcre n'est pas plus estimé que beaucoup d'autres
qui se trouvent aussi là, et qui servent de bauge à
des animaux immondes. Mais il est intact, tel que
l'ont disposé les premiers possesseurs... » Rien n'est
changé depuis le Dr Caro. Les *cuevas*, ouvertes à
tous les vents, leurs entrées même brutalement élar-
gies et déformées, ont perdu jusqu'à l'aspect de
tombes, et celui qui pénètre en se courbant dans les
grottes sombres risque beaucoup d'être accueilli par
les grognements maussades de ces bêtes immondes,
vautrées en une béate obscurité de bauge fraîche.

Ce furent pourtant de somptueux panthéons,
comme disent les Espagnols, disposés et ornés avec
art. L'un d'eux subsiste encore, moins accessible aux
bandes de porcs puants, et souvent je m'y glissai

dans l'ombre, fuyant l'ardeur des midis, pour suivre sur les voûtes polies de la vaste salle centrale et des cabinets adjacents les restes d'une peinture assez bien conservée par endroits. Rien n'est très original dans l'agencement des traits qui soulignent les arcs et les retombées des voûtes, ou qui sertissent des cadres, des panneaux et des écoinçons, rien non plus dans les motifs, où l'on remarque surtout des paons et d'autres oiseaux, tous d'un dessin assez incorrect, mais relevés de tons francs et simples, le rouge, le jaune, le brun et le blanc, sur un vigoureux fond jaune. Quant aux sépultures, il n'en reste plus que des traces confuses ; mais il n'est point douteux que les corps étaient déposés sans orientation précise dans des fosses taillées en pleine pierre, arrondies aux deux bouts et plus larges du côté de la tête et des épaules que du côté des pieds. Une *cueva* explorée vers 1560 était par exception un véritable *columbarium*, car dans le mur du vestibule se voyaient des niches semblables à celles « qu'on trouve dans les fermes pour placer les cruches ».

Nombre de ces caveaux furent creusés sans aucun doute en des temps très reculés par les premiers habitants, puisque l'on y retrouve, au dire de la chronique, des objets de style ibérique, par exemple un fragment de tête de taureau sculpté en pierre blanche. L'animal cherchait à introduire sa langue dans une de ses narines. On peut aussi citer cette statue de pierre, si nettement apparentée aux *Santos* du *Cerro* fameux, « tenant de la main droite repliée sur la poitrine une sorte de vase à pied, tandis que la main gauche était posée contre la tête derrière l'oreille, œuvre de facture grossière, dit un témoin, et dont l'ensemble était *monstruoso en su configuracion* ». Mais les découvertes de nombreuses épitaphes latines ont surtout révélé des sépultures romaines, et les croix gravées sur le roc qui signalent plus d'une entrée de grotte funéraire enseignent que la nécropole ne fut pas abandonnée, loin de là, à l'époque chrétienne.

La visite des *cuevas* n'a plus qu'un attrait de tourisme, et n'émeut que par le mystère des rites à jamais oubliés qui ensevelirent tant de générations diverses, par la mélancolie des tombes violées, des ossements et des cendres dispersés. Mais qu'il est doux, à l'aurore, de monter sur la colline funéraire, où les premiers rayons du levant se jouent dans le feuillage luisant des oliviers ! A nos pieds les vergers étendent dans la pénombre nette le moutonnement des arbres sombres, et plus loin, jusqu'à *Ecija*, jusqu'à *Aguadulce*, la plaine nue se vallonne en teintes plus claires, tandis qu'à l'horizon le soleil qui se lève caresse brutalement déjà les rocs sauvages d'*Estepa*, repères toujours très aimés des bandits. L'astre monte, monte rapide ; ses feux éclatent dans les champs, sur les vergers, sur les plaines, sur les montagnes, dans tout le ciel qui flambe. C'est, aux premières heures comme au milieu du jour, le

rayonnement qui éblouit et brûle, l'incendie du sol
et l'incendie de l'air. Dans chaque frondaison d'olivier sonore bruit un grincement de cigales ; de noirs
bousiers bourdonnants volent lourdement par centaines à leurs boules immondes ; et tandis que les
moucherons et les éphémères par milliers tourbil-
lonnent leurs danses éperdues dans la lumière, les
martinets qui passent et repassent en noirs éclairs
dans le mouchettement de leur nuée tremblante les
happent avec des cris aigus.

Cependant, à travers la campagne stridente, seuls
habitants humains de ces solitudes, les petits bergers
à peau brune de Maures, dans un accoutrement sommaire et pittoresque d'enfants prodigues, guident à
leur maigre pâture des hordes demi-sauvages de
petits cochons roux.

Or, dans ces lieux déserts, où s'est abattue pour
toujours la paix heureuse des champs, se livrait, il y
a plus de deux mille ans, une rude bataille autour
d'une forteresse ibérique.

Les fouilles où M. Engel et moi retrouvâmes en
1903 les ruines de la muraille, des tours et des bastions, et tous les formels témoignages de l'attaque
et de la défense, du combat à armes blanches et à
mitraille, de l'assaut et de l'incendie, n'ont par
malheur fourni que de rares et vagues renseigne-

ments sur la date des événements dont le *garrotal* fut le théâtre. L'histoire nous dit avec précision qu'Urso fut longtemps attachée au parti des Pompéiens ; nous l'avons vue, au lendemain de Munda, soutenir l'effort de César vainqueur. César la prit cependant, cela ne fait aucun doute, et l'on sait qu'il ne la dompta qu'après une résistance désespérée, dont on peut songer que nous avons remis au jour les témoignages. Mais il serait imprudent de l'affirmer, devant ce fait inattendu que des balles de fronde, portant en grand nombre la marque de Gnaeus Pompeius, se sont trouvées en avant des murailles, ayant servi plus vraisemblablement à les attaquer qu'à les défendre. Faut-il donc supposer que le fils du Grand Pompée, lorsqu'il vint en Bétique suivre la fortune de son père, dut s'emparer d'Urso qui ne lui tint pas plus de rancune qu'elle n'en tint plus tard à César ?

Quoi qu'il en soit, vaincus et vainqueurs, les soldats indigènes, ceux de Gnaeus, ceux de César, semèrent de leurs armes les champs où périt la liberté de la ville. Gros boulets de pierre, dont certains ont jusqu'à 70 centimètres de tour, pierres roulées aux lits des torrents, servant au jet des frondes ; balles de plomb, grosses comme des œufs, ou coulées en forme d'amandes, d'olives, de simples ou de doubles cônes, arrondies ou bien à triple ou quadruple face plate, à culot plat ou creux ou à ailette, les unes lisses et sans aucun signe, les autres, plus rares, marquées en relief au nom de l'*Imperator Gnaeus Pompeius, fils de Pompée le Grand*, les autres portant des lettres romaines, des lettres ibériques ou de simples signes : voilà toute une artillerie simple d'ordinaire, ou déjà savante, où s'exerça la sagacité de véritables maîtres en balistique. De longs siècles avant la gloire de « la petite balle » les frondeurs qui se battirent pour la conquête ou la défense d'Osuna connurent l'effet des projectiles coniques à culot creux ou plat, dont les spécimens, assez rares d'ailleurs, sont les plus importants de la collection que nous avons rapportée au Louvre. La chose est-elle pour nous surprendre, quand les anciens ont célébré la virtuosité des frondeurs baléares, quand on peut être témoin, tous les jours encore, des exploits des frondeurs d'Osuna ?

Il n'est pas un Osunien qui n'ait dans sa jeunesse appris à confectionner une fronde en fils d'aloès ; les ouvriers employés à nos fouilles se plaisaient à lutter d'adresse, et du haut de notre poste élevé, les mêmes cailloux qui jadis battirent en brèche le bastion vibrèrent à nouveau dans le bleu sonore. Les jeunes porchers, poussant leurs cochons au gagnage, ramènent les égarés d'une pierre lointaine, et l'on raconte les prouesses, dignes des plus fameux trappeurs, des bergers qui cinglent à leur gré, à plus de cent mètres de distance, la corne droite ou gauche d'un bœuf écarté du troupeau. Même il est une fête populaire où deux bandes de champions renommés pour leur dextérité se mitraillent à coups d'oranges, et le jeu, souvent comique, pour n'avoir pas le danger des batailles à coups de *bellotas* de pierre ou de plomb n'est pas toujours inoffensif.

Les balles de frondes portent presque toujours les traces de la bataille; doublées, tordues, écrasées, aplaties, éraillées par les chocs, fondues au feu de l'incendie qui dévora la forteresse et les machines de siège, la plupart sont hors d'usage. C'est aussi le cas, par malheur, des autres armes que nous avons recueillies à Osuna. Celles-là même, étant de fer, ont subi par surcroît les ravages de l'oxydation, et tous les accidents chimiques. Elles ne sont plus, ibériques ou romaines, que de la poussière d'épées, de poignards, de javelots, de tridents, de massues, d'épieux, de harpons, de piques, de lances ou de flèches. Mais telle qu'elle est, la collection est précieuse, car pour beaucoup ces engins sont nouveaux.

Par exemple, à *Carche*, près de *Jumilla*, Cean-Bermudez a signalé la découverte, faite en 1774, d'*armas arrojadizas semejantes al dardo con tres puntas afiladas*; c'étaient sans doute des tridents du genre de ceux d'Osuna; mais je n'ai pas souvenir qu'on ait trouvé hors d'Espagne, même hors de nos fouilles, ces *javelots à crochet, tout en fer*, particuliers, selon Diodore, aux Lusitaniens. A peine ai-je pu trouver mention de piques analogues aux nôtres dans les fouilles du R. P. Delattre à Sainte-Monique de Carthage, et nulle part il n'est question, à ma

connaissance, des lourdes masses d'armes dont il
nous est parvenu quelques têtes et des débris de
hastes. Parmi les fers de lances, parmi les fers de
flèches, que de modèles ingénieux et nouveaux,
quelle variété de formes, de mesures, de barbelures !
Par suite, que de leçons inattendues sur l'armement
des guerriers qui dans l'héroïque *Ategua,* dans les
champs désolés de *Munda,* autour de la sauvage
Urso, heurtèrent, au hasard de leur fidélité pom-
péienne ou césarienne, leurs cohortes fraternelles !

Une arme, cependant, manque à la collection du
Louvre, et c'est celle qu'avant toutes les autres on
eût aimé à recueillir, le glaive recourbé des Ibères,
celui dont les nécropoles du Sud-Est ont livré souvent de si beaux modèles, celui que nombre de monuments figurés aussi nous font connaître, l'*ensis
falcata,* l'épée en faulx, très semblable à la *copis* hellénique, pour mieux dire et pour tout dire, le sabre
du type d'*Almedinilla.*

Est-ce que par hasard vers l'an 45, date de la
bataille de Munda, le sabre ondulé aurait cessé d'être
en usage dans les troupes espagnoles ? Je le croirais
pour ma part, car il nous apparaît dans les tombeaux et sur les monuments figurés, à Osuna même,
comme très antique.

Le fort qu'attaquèrent ou défendirent ces armes fut, il me semble, une construction rapidement élevée contre un péril soudain. Nos fouilles de 1903 n'en ont retrouvé que la base, sur une longueur de 95 mètres, sous 3 à 4 mètres de décombres. C'est une muraille dressée en faible talus, arrondissant sa convexité vers l'Est, d'où saillissent largement les ventres de cinq grosses tours rondes. Solidement planté sur le roc d'une carrière, le talus n'est qu'un rapide bâti de moellons irréguliers, contrebutant pour la soutenir une levée de terre et de pierraille. Mais ce n'est là que l'escarpe de la forteresse. Sur ce soubassement s'élevait, selon une probable hypothèse, un mur plus régulier, en plus gros appareil, dont l'écroulement a semé de blocs équarris et de pierres de taille la pente de la colline qu'il couronnait.

Par ce haut ouvrage avancé, dont les bastions à demi ruinés se voient encore du fond de la plaine, même de la lointaine *Aguadulce*, tranchant de leur ligne claire le gris jaunâtre du sol et le vert grisâtre des oliviers, la ville semblait formidablement défendue contre les agresseurs de l'Est. Mais la construction improvisée portait sans doute en elle des germes de ruine. Elle fut établie trop vite avec des matériaux de fortune. D'autres édifices de la cité, ruinés déjà, selon toute apparence, par le temps ou l'incurie, fournirent leurs antiques pierres inutiles, sommairement retaillées ou simplement brisées à l'approximative mesure des vides à garnir. C'était la fâcheuse nécessité d'une heure anxieuse, l'expédient hâtif contre de soudaines menaces.

Mais cet expédient même, qui ne suffit pas à sauver Osuna de l'assaut, lui vaut après des siècles une gloire non moins durable que la gloire des armes, car tous ces débris, désordonnément encastrés dans l'éphémère forteresse, sont un trésor pour les archéologues. Ils permettent d'écrire un très intéressant et nouveau chapitre de l'histoire de l'art pré-romain dans la Bétique.

Rendons justice à qui la mérite. Le premier, le véritable auteur de la découverte est un modeste artisan d'Osuna, Fernando Guisado Gomez. A la fois très intelligent et très borné, très astucieux et très naïf, très souple et très entêté, très sobre ou très ami de *l'aguardiente*, très actif et très paresseux, Fernando avait entendu parler des Tables de bronze qui enrichirent Ocaña, et aussi du bas-relief de la *Cierva*, de la biche allaitant son faon à l'ombre de quatre cyprès, qui fut rencontré par hasard dans le *garrotal* de Postigo le zapatero. Dédaigneux des quolibets qui raillaient sa *chifladura*, l'original garçon partait aux moments de chômage, la pioche à l'épaule, quelques olives dans un bissac, et, seul au point culminant du verger, le jour, les nuits de lune, poussait au gré de son instinct à la façon des lapins et des taupes, quelques galeries serpentant entre les souches, en ruminant des rêves de fortune.

Hélas! c'est en vain qu'il amassait peu à peu dans son petit musée de bizarres pierres sculptées, un petit cheval, un petit mouton, un *borrego*, qui surtout l'enthousiasmait, des bas-reliefs où couraient des soldats en armes, cent objets ou débris rares. Ni les archéologues locaux, — les membres de l'éphémère Société archéologique d'Osuna, — ni les savants mieux qualifiés de Séville, ni les rares voyageurs curieux des choses antiques ne retournaient la tête pour regarder ces monuments inattendus, à plus forte raison n'offraient à Fernando les douros ardemment désirés.

Heureusement on était en 1902 M. Arthur Engel, qui dans ce pays primitif, à peine éveillé encore à l'étude des civilisations premières, apporta l'ingénieuse vaillance et la féconde activité du premier explorateur de forêts vierges, Arthur Engel vint, vit les pierres de Fernando, les jugea, les acheta. Puis, à l'aide des arguments qui sont les meilleurs en tous pays, il conquit Fernando, scella avec lui et son compère Postigo une association de fouilles, et acquit pour son propre compte la partie du *garrotal* où fut plus particulièrement la forteresse. En 1903, le sommet de la colline était éventré par des fouilles méthodiques, et j'étais appelé à seconder les efforts de mon ami, déjà couronnés de succès.

En juin, en août, en septembre 1903, l'été d'Osuna fut rude. Depuis décembre 1902 pas une goutte d'eau n'avait mouillé la terre. Sous les oliviers clairsemés du *garrotal*, à travers le tamis des feuilles grêles le soleil coule sans trêve ses rais de feu ; le sol arde, roussi, comme le ciel bleu qui vibre et quand se tait le crépitement des cigales, tombe de haut et de loin une torpeur mortelle. Nulle fraîcheur d'humidité profonde n'émane des terrassements où la chaleur cruelle pourchasse les piocheurs demi-nus et ruis-selants. La pénombre des tranchées reste claire et brûlante. Il faut aux ouvriers qui halettent, pour supporter le travail sous ce ciel redoutable, la force atavique et l'endurance native de la race à demi maure, l'accoutumance au climat brutal, la sobriété des mangeurs de *gazpachos*, l'innommable brouet d'eau, d'huile et de pain écrasé mélangés d'orange et de tomate ; il faut le courage de ces braves hommes robustes que ranime un filet d'eau claire tombant à la régalade du bec de la cruche tiède, que soutient et réconforte l'âcre fumée de quelques anémiques *cigarros*. Mais à l'étranger de France, à celui même que préparait pourtant à sa mission le dur labeur des fouilles et des voyages dans l'ardent pays de Grèce ou de Turquie d'Asie, ce fut parfois une vraie souffrance de subir les longues journées caniculaires sur le *garrotal* embrasé.

Dans ma rustique hutte de genêts, où la chaleur semblait s'amasser et croître dans l'ombre pâle, har-

celé de microscopiques moucherons au chatouille-
ment plus énervant que des piqûres, ou bien parmi
les hommes qui peinaient, en pleine fournaise du
chantier, torturé par l'implacable soleil, que de fois
j'eus une nostalgie de source fine glissant au long
d'une herbe drue, et le désir d'un coin de pré vert
où le repos serait si doux aux heures de la sieste, à
l'orée fraîche d'un taillis! Surtout aux jours moroses
où la terre reste stérile, sourde aux appels du fer qui
la sonde, la chaleur accable et abat : le malheureux
archéologue traine nonchalamment son oisiveté
lente d'un ouvrier à l'autre, étanchant la sueur de
son front sans pensée. Au bord des fosses ouvertes
s'entassent paresseusement les pierrailles informes
sous l'humus inutile; un désenchantement triste
énerve peu à peu la recherche curieuse. Plus lentement les tranchées se creusent sous l'effort engourdi;
d'une voix à chaque heure plus lasse le maitre
s'affaire à stimuler les hommes découragés; tout
zèle peu à peu mollit et s'endort, avec toute allégresse, sous l'implacable feu de l'été.

Par bonheur cette épreuve déprimante nous fut
d'ordinaire épargnée; peu de journées sans la récompense d'une trouvaille, sans la joie de quelque
figure étrange et rare ressuscitant au soleil glorieux

de la patrie après un ensevelissement plus de vingt fois séculaire.

Comme de-ci, de-là, des édifices abandonnés de la ville primitive furent apportées à l'œuvre de défense des pierres très diverses qui furent insérées au hasard dans les murailles, elles ont été déterrées un peu partout des décombres, et presque toujours notre espérance fut en haleine.

Mais c'est un travail délicat de classer et de dater ces documents épars, de très mystérieuse origine.

Ici se retrouvent les restes d'une massive architecture, qui porte les marques d'un art fort peu savant. Ce sont des colonnes en pierre commune, sans cannelures, sans aucune application de stuc qui les polisse ; les fûts étaient coiffés de chapiteaux très vaguement inspirés du dorique, avec le coussinet d'un gros tore arrondi lourdement sous un épais tailloir carré. Il nous est parvenu, sans doute de même origine, les débris d'une corniche ornée simplement d'une torsade au-dessus d'une série d'étroites bandelettes étagées. Peut-être de singuliers protomes de béliers, saillant en gargouilles au sommet du bâtiment, venaient-ils couper la ligne lourde de ce couronnement ; peut-être s'alignait en avant de l'édifice une avenue de taureaux dont un nous est conservé presque intact ; peut-être, détachés en bas-reliefs sur la façade, à la mode orientale, d'autres taureaux gardiens des portes s'accroupissaient sous le faix des murailles appuyées sur leurs robustes dos.

J'ai dit à la mode orientale, et c'est bien le souvenir de l'Orient qu'évoque, d'assez loin je l'avoue, la figure de ces animaux dressés sur leurs pattes ou couchés. Certes, ni le style ni la facture ne les rapprochent soit des taureaux androcéphales des palais assyriens, soit des sphinx ou des béliers des avenues égyptiennes; ils sont d'une forme, d'une convention, d'un art très différents qui ne permet de leur appliquer jusqu'à présent qu'une épithète, celle d'ibériques. On y trouve toute la rudesse ignorante de naïfs tailleurs d'images sans goût, sans observation, sans invention, sans technique, maladroits et contents de peu. Mais sans parler du rôle qu'ils ont pu jouer, tel de nos taureaux rappelle par son attitude la *Vicha de Balaçote*, ce monstre à tête d'homme du Musée de Madrid dont M. Léon Heuzey a si bien montré l'origine asiatique; la tête de tel autre, par des détails caractéristiques comme celui de son cuir froncé à plis rudes, rappelle les belles têtes de bronze découvertes à *Costig*, dans l'île de Majorque; la parenté n'est pas douteuse, bien que la cachent à des yeux mal avertis les supériorités d'un art presque classique sur une très archaïque industrie. Or la critique a assez généralement accepté notre thèse que les *Vaches de Costig* eurent leur prototype aux bords lointains de la mer égéenne.

N'est-ce pas d'ailleurs à l'art égéen, mycénien si l'on veut, que font aussi songer des pierres où l'on voit sur plusieurs faces une sorte de colonne basse,

cannelée, dont la tête s'épanouit en double volute
qui rappelle certains chapiteaux ioniques primitifs,
et aussi certains bijoux inspirés du palmier, qu'a
recueillis Schliemann? Le pied de la colonne est
cantonné de deux crosses, et tout cet ornement est
encadré à droite et à gauche par des tresses où torsades de style tout à fait mycénien. L'usage de ces
bas-reliefs n'est pas déterminé ; on songe à une frise
où les torsades verticales auraient tenu le rôle de
triglyphes et les colonnes celui de métopes.

L'influence de la Grèce se révèle plus nettement
à l'examen de telle corniche décorée d'un rang
d'oves, et qu'il faut rapprocher des chapiteaux ibéro-
ioniques trouvés les uns à *Elche*, les autres au *Llano
de la Consolacion* et au *Cerro de los Santos*. C'est
aussi le cas d'un intéressant chapiteau corinthien,
modifié au goût ibérique, qui provient du théâtre
romain d'*Osuna*, s'étant, on ne sait comme, four-
voyé dans ces ruines, et que nous avons pu nous
procurer et donner au Louvre.

❋

Mais ce sont surtout des figures sculptées en bas-
relief qui, réunies maintenant dans la petite salle
ibérique du Louvre, méritent d'attirer l'attention.

Ces sculptures se divisent en plusieurs séries. A
l'une appartient une frise de soldats en bataille. Les
uns marchent tout simplement en bel ordre, le glaive,

le bouclier hauts ; un autre a renversé sur le dos un adversaire. Ici paraît un prisonnier, les mains attachées derrière la taille, là un personnage qu'à sa stature, à son ample et longue tunique on doit prendre pour un chef. L'art, dans cette frise est tristement rudimentaire. Les figures sont taillées carrées et plates, comme dans du bois. Les corps sont courts, lourds, et, qui pis est, d'anatomie plus que sommaire, très incorrecte. C'est l'œuvre d'ouvriers aussi empêchés à voir et imiter la nature qu'à imaginer, très maladroits à manier leurs outils imparfaits.

Mais l'archéologue ne perd rien à cette barbarie de conception et de technique, tant il est intéressé par le type, le costume, l'armement de ces guerriers. Deux seulement ont conservé leur tête, encore que bien mutilée : le front est bas ; les cheveux courts sont à ce qu'il semble simplement enserrés dans une étoffe, à la mode un peu des modernes aragonais ; le nez est gros et épaté : les lèvres, le menton, un prognathisme accentué font penser au type nègre. Pour uniforme, une tunique verticalement plissée, à manches courtes, serrée à la taille par un lien trois fois enroulé, et arrêtée au-dessus des genoux ; des braies collantes peut-être, des souliers en forme de galoches maintenues au pied et à la cheville par de fortes courroies. Pour arme d'attaque un sabre court à poignée droite, pour défense une toute petite rondache capable de couvrir à peine l'épaule, avec un bouton saillant au centre. Cet accoutrement rappelle les célèbres guerriers lusitaniens du jardin royal d'*Ajuda* en Portugal.

Un soldat, présenté seul sur un bloc de la frise, a le même bouclier, mais sa tunique est lisse jusqu'à la taille, d'où la jupe tombe à triple volant. C'était peut-être un officier; et celui-ci, dont il ne reste, hélas! que les jambes, au-dessus d'un ennemi renversé, appartenait à une autre armée ou à un autre corps, car le peu qui subsiste de sa tunique montre trois volants dont le plus bas n'a pas de plis; sa jambe droite, et celle-là seule, est protégée par une longue et large cnémide à la grecque.

J'ai dit que ce sont là des soldats en bataille. Mais le mot de bataille est-il bien le plus juste, quoique l'on voie sur la frise un vainqueur et un vaincu, un prisonnier et des uniformes divers? Ne faut-il pas parler plutôt de jeux funèbres et de sacrifices en l'honneur de quelque héros osunien dont nos bas-reliefs auraient orné le tombeau monumental? Cette idée naît d'elle-même à considérer une autre figure rattachée très certainement aux premières, et dont la découverte était tout à fait inattendue. Il s'agit d'un véritable κυβιστητήρ, comme disaient les Grecs, c'est-à-dire d'un acrobate, d'un homme qui marche sur les mains de telle sorte que ses jambes dressées se retournent aux genoux, et que les plantes de ses pieds viennent presque se poser sur le dessus de sa tête. Le *Titiritero*, ainsi le nommèrent d'une voix mes ouvriers, est chaussé comme les fantassins de la frise ; sa tête aux cheveux ras est de même type ; sa tunique, lisse jusqu'à la taille, est ceinturée comme celle de ces guerriers, et le jupon en est plissé de même. Il est leur contemporain, peut-être leur compagnon. A quel titre aurait-il figuré dans un tableau juxtaposé à celui de ces gens en armes, sinon comme un de ces bateleurs dont les équilibres et les cabrioles égayaient en tous les pays d'épopée les fêtes et les banquets des héros ?

Ces figures ont l'originalité grande qu'à notre avis elles ne se rattachent à aucune école d'art connue. Même les statues du *Cerro de los Santos* n'ont avec elles pour la plupart que le rapport d'une exécution barbare ; le style en est très distinct. C'est ici l'œuvre modeste de provinciaux qui, n'ayant pas beaucoup vu, n'ont pas beaucoup appris, qui paraissent d'ailleurs assez mal doués, et, livrés à eux-mêmes, ne sont guère capables de progrès.

Mais que ces mêmes sculpteurs naïfs se mettent en contact avec de vrais maîtres, qu'ils voient l'exemple et reçoivent la leçon plus ou moins directe de la Grèce, voilà que leur goût s'épure, leur observation se précise, leur imagination s'accroît, leur main devient plus souple et plus légère.

Car regardons maintenant ces deux soldats, plus jeunes certainement et de race plus affinée, dont les images, taillées aussi en bas-relief, décoraient un autre édifice. Certes on ne peut les donner comme des chefs-d'œuvre, ni même comme belles : que d'ignorance encore de la forme, que d'embarras dans l'attitude, que de maladresse dans le travail de la pierre! Mais en revanche, maintenant, voici quelque soin de variété, quelque souci d'élégance et presque de beauté. L'un marche comme à la parade, l'autre court, le sabre au poing. L'un est vu de dos, l'autre de profil. Ils sont tous les deux de meilleure race que les précédents, car leurs visages ont des traits délicats, le nez long aux narines minces, la bouche toute petite et fine, le menton menu, l'œil bien dessiné et placé avec justesse. Leur armement est plus savant : immense bouclier ovale, peut-être le *long bouclier*, le θυρεὸς μακρός des Celtibères, bon à protéger tout le corps ; sabre à garde fermée façonnée en tête de cheval, à lame courbe de yatagan, le sabre d'*Almedinilla*; casque où se hérisse au sommet et par derrière un cimier de crins taillés en brosse, et dont le timbre rond et bas se couvre d'une perruque qui flotte et tombe sur le cou en mèches régulières. Point de braies apparemment, ni même de caleçon couvrant les jambes, mais une casaque courte, sans manches, serrée par une ceinture à boucle de métal.

Le grain de la pierre était rude et la surface semée de trous : partout, mais surtout sur le visage, une application habile de stuc a réparé l'épiderme, donnant au grès un poli de marbre, et préparant l'image à recevoir une discrète polychromie. Il reste des traces de rouge sur les casaques, où peut-être la couleur simulait une cuirasse à lambrequins, une cuirasse à la grecque, ou simplement cette cuirasse de lin dont Strabon nous dit que les Ibères faisaient grand usage.

Est-ce encore ici la frise d'un héröon, est-ce la dépouille d'un trophée ou d'un temple? L'essentiel est d'y retrouver les instincts d'un peuple rude encore, s'affinant avec l'âge à l'approche d'étrangers artistes. Et ces étrangers ne peuvent être que les Grecs.

A la Grèce seule peut faire songer la forme et l'ornement des casques à cimier et à crinière; et surtout le contour des yeux, du nez et de la bouche, le modelé presque gracieux des joues et du menton marquent une recherche toute nouvelle de l'élégance, une victoire sur une maladresse de nature, dont vraiment on ne sait à quelle influence rapporter l'honneur, sinon à celle des artistes grecs.

Ce n'est peut-être qu'un éclair : au même monument sans doute appartenaient trois autres guerriers qui ne semblent pas de la même race, bien qu'ils fissent partie du même contingent puisqu'ils sont vêtus de la même casaque courte, portent le même bouclier long, et que l'un d'eux est armé de la *copis*. Mais ils ont la tête nue et les cheveux peignés à plat; deux d'entre eux ont un glaive à poignée courte, sans garde, terminée par deux boules, à lame large en fer de lance très allongé, sans doute le fameux *gladius ibericus*, qu'adopta Rome pour ses légionnaires. Le troisième est un cavalier ; il se détache sur une pierre arrondie en forme d'acrotère. Celui-là, comme ses compagnons, n'a rien que de lourd, de grossier, de vraiment et purement ibérique. Il faut, à les étudier, la curiosité intrépide d'un archéologue.

Mais nous retrouvons aussi l'effort heureux sous l'influence féconde. C'était aux tout derniers jours des fouilles ; j'avais laissé vierge, pour un dernier coup de partie, un pan de vieux mur apparaissant à peine sous un remblai de plusieurs mètres. Deux bas-reliefs en sortirent, deux blocs angulaires d'une frise, portant chacun deux personnages d'aspect et de type tout nouveaux. Ici s'avance une femme jouant de la double flûte, et sur l'autre face un prêtre officiant ; là, sur chaque parement de la pierre, une prêtresse ou une adorante portant devant son sein un calice d'offrande ou de libation.

Le prêtre est en costume de grande cérémonie, longue robe tombant jusqu'aux pieds, grand manteau à camail — la plus ancienne cape espagnole ; la flûtiste est tête nue, les cheveux disposés sur le front en mèches et accroche-cœurs symétriques ; elle a des boucles d'oreilles, une robe simple, à larges manches et à large ceinture. Les offrantes se signalent par l'ampleur de leurs jupes plus riches, par un grand voile à la vierge, qui ne couvre ni leur visage ni leur front où l'on voit les cheveux peignés avec soin,

mais qui, chez l'une tombe jusqu'aux talons, chez
l'autre descend jusqu'à la taille, et de là, passant obli-
quement sous le bras gauche, revient s'étaler sur le
ventre et sur le côté droit.

Le style des quatre figures ne nous apprend rien
de nouveau. Il est ibérique, et c'est tout dire, car,
lorsqu'il s'agit d'œuvres courantes, il apparaît de
plus en plus que ce mot est synonyme de barbare,
lourd et naïf. Mais, de même que les images de soldats nous ont renseignés sur les costumes et les arme-
ments des fantassins et des cavaliers, celles-ci nous
montrent des modèles d'antiques costumes religieux,
et précisent un rite que quelques statues du *Cerro
de los Santos* nous avaient fait seulement entrevoir.
C'est le plus antique tableau d'une de ces processions
magnifiques, où, dans les musiques, en oripeaux
somptueux, se plut toujours à parader la dévote
Andalousie.

Ce qui nous étonne d'ailleurs, c'est la simplicité
de toilette de ce prêtre et de ses suivantes. Ces dernières sont les sœurs, par le geste tout au moins, des
prêtresses du *Cerro de los Santos*, de la *Dame
d'Elche* peut-être ; mais le goût exubérant et excessif
des primitifs espagnols, que nous ont si abondamment révélé les mitres, les roues d'oreilles, les colliers et les pectoraux, les fibules, s'est à Osuna réduit
et tempéré dans une simplicité qui va presque jusqu'à l'indigence. N'avons-nous pas le droit encore
de songer à l'influence de la Grèce, qui s'affirme

dans cette sobriété toute nouvelle, autant que dans l'emprunt de la double flûte ? Mais ne devons-nous pas ajouter, pour jouer notre rôle d'impartial historien, que ces qualités nouvelles de l'art ibérique sont plutôt absence de défauts ?

Un seul fragment, parmi tant d'autres sculptures diverses que je passe sous silence, témoigne vraiment que, si mal douée que fût la race, tel artiste d'Urso put avoir son heure d'inspiration meilleure. Sans doute dans le tympan d'un fronton, on voyait un lion colossal prêt à déchirer un chasseur abattu. Nous avons retrouvé la tête de l'homme et la patte du fauve crispée sur sa nuque. Le chasseur est tombé à plat ventre, et comme son vainqueur l'écrase, il a étendu son bras à terre pour protéger son visage qu'il retourne vers le spectateur. Le bras et la main sont informes ; on dirait d'une patte d'animal. Mais la tête est d'un réalisme vigoureux que rien ne permettait d'attendre. Le malheureux a des cheveux crépus, le front bas, le nez épaté, les pommettes saillantes, la mâchoire proéminente d'un nègre. Cependant sa bouche, contractée peut-être et les coins baissés par la douleur et la crainte, n'est pas lippue ; les yeux sont gros et ronds, à fleur de tête ; le menton est court et large, toute la face plus large que haute. Ce serait donc hasardeux d'appeler notre homme un africain. Mais peu importe la race. L'auteur a surpassé ses compatriotes, et voilà ce qui nous intéresse, d'autant que peut-être, lui encore, il doit son succès à la Grèce ; car il semble bien un disciple des Grecs, celui qui emprunte à l'archaïsme hellénique, avec la sincérité et la franchise de l'observation, qualités si nouvelles, la convention, ou tout au moins le procédé des petits colimaçons juxtaposés qui figurent les cheveux frisés ou crépus.

Ainsi, plus s'accroît le nombre des œuvres où ne se peut nier la main d'un Ibère, plus il apparaît que l'art de l'Espagne primitive a d'unité. D'un bord à l'autre de la péninsule, à Osuna comme au *Cerro de los Santos*, livrés à eux-mêmes, les vieux sculpteurs sont des barbares. Mais que l'esprit hellénique souffle vers leurs humbles ateliers lointains, et les voici qui tressaillent et s'animent... Que si l'éveil est court, ne serait-ce point que la conquête et la rude paix romaine les ont rejetés dans la torpeur atavique ?

Voilà les pensées que roulait souvent mon esprit lorsqu'à la tombée du soir, supputant les trouvailles du jour, je redescendais vers la ville basse.

Oui, les Romains ont brutalement, en Ibérie, imposé leur goût et leur art, comme leurs lois et leur administration. Les Osuniens abandonnèrent aux artistes venus avec les conquérants le soin d'embellir d'édifices et de décorer leur ville. Il n'y a plus, à mon sentiment, de sculpture osunienne dans la *Colonia Genetiva*. Mais les travaux de construction ne chomèrent pas, au contraire, tant les Romains étaient grands bâtisseurs. On en peut d'ailleurs prendre à témoin, avec les découvertes comme celles du théâtre et des ruines qui l'environnent, les magnifiques carrières qui, sur la colline où s'éleva notre forteresse, taillent leurs parois sourcilleuses et leurs galeries grandioses.

Encore de nos jours de rudes artisans, armés des mêmes outils qui tranchèrent il y a plus de deux mille ans les pierres destinées aux maisons et aux temples d'Urso, coupent avec méthode et débitent par plaques la montagne féconde, et jamais depuis l'époque ibérique ou romaine le bloc inépuisable n'a cessé de fournir aux architectes ses belles pierres *a ocho*, toutes uniformément équarries à la même mesure. Mais parmi les chantiers immenses se reconnaissent aisément les exploitations très antiques. Partout où les hauts murs nettement coupés à pic, sans une saillie, sans une balafre, se sont noircis à la patine du soleil et des pluies; partout où les régulières assises en échelons se sont encombrées de ronces et de câpriers à l'arôme subtil; partout où, d'une taille perpendiculaire à l'autre, l'amoncellement des éclats et des poussières s'est revêtu d'un humus fertile, ce sont les traces d'un ample labeur remontant à plusieurs siècles et d'une très lointaine activité; de là sortirent par morceaux la ville indigène, puis la ville romaine.

Certes, les Latomies de Syracuse ont pour le visiteur l'attrait de leur ombre fraîche, et le souvenir d'un sombre drame; mais elles le cèdent aux Latomies d'Osuna pour l'étendue et la grandeur, pour l'élévation de leurs coupes, la profondeur et le mystère des salles creusées au cœur de la montagne, aussi pour la beauté des murailles ou brunies par les siècles ou dorées encore aux premières caresses du soleil.

C'est un charme d'étrange et rare poésie, d'errer dans ces solitudes silencieuses; il y a dans les angles brusques des coins d'ombre violente qui rendent plus radieuses les tombées vives de lumière; il y a dans le labyrinthe des tailles enchevêtrées des flambées de couleurs qu'avive le contraste de reflets plus doux et presque tendres. C'est, d'un bout à l'autre du *cerro* creusé et découpé, comme la ruine d'une ville monolithe, d'une ville de Titans, plus puissants que les Cyclopes légendaires.

Cependant, au cœur même de cet âpre chaos mélancolique, un fertile et riant verger a verdoyé dans un harmonieux jardin. Les amandiers, les pêchers, les pommiers, les épineux figuiers de Barbarie se couvrent de fruits dans le parfum des roses; ici s'élance un palmier chevelu du sein des aloès humiliés, et là éclate dans le bronze des branches vertes l'or des oranges et la pourpre des grenades. Des poules picorent à l'ombre d'une vigne grimpante, un lapin surpris saute en zig-zag, un geai criard, plus paré d'azur qu'un martin-pêcheur, jette au ciel l'éclair bleu de son aile... C'est le modeste éden que créa la patience ingénieuse et sage d'un philosophe rustique, vivant au vrai, dans sa naïve demeure de troglodyte, avec ses enfants et ses chiens familiers, la douce vie du vieillard idyllique...

Et là encore, sur ce coin inattendu de verdure tranquille, passe comme un souffle embaumé d'Hellas...

BIBLIOGRAPHIE.— Demetrios DE LOS RIOS, *Las cuevas de Osuna y sus pinturas murales, arte cristiana,* dans *Museo español de antigüedades,* X (1880) p. 271. — Juan de Dios DE LA RADA Y DELGADO, *Necropolis de Carmona,* p. 57 et s. (les *cuevas* d'Osuna). — Emmanuel RODRIGUEZ DE BERLANGA, *Los Bronces de Osuna* (Malaga, 1873). — Id., *Los nuevos bronces de Osuna* (Malaga, 1876). — Id., *Catalogo del museo de los Excelent. Señores Marqueses de Casa Loring* (Malaga, 1903). — Juan de Dios DE LA RADA. Eduardo DE HINOJOSA, *Los nuevos bronces de Osuna,* dans *Museo español de Antigüedades,* VIII, (1877) p. 115. — Charles GIRAUD, *Les bronzes d'Osuna,* dans le *Journal des Savants,* 1875, p. 244, 1876, p. 705, 1877, p. 52. —

E. Hübner, A. Mommsen, *Ephemeris epigraphica*, II (1875) p. 105. — E. Hübner, *Corpus Inscriptionum Latinarum*, II (supplementum), p. 851. — Arthur Engel et Pierre Paris, *Une forteresse ibérique à Osuna* (Fouilles de 1903), Extrait des *Nouvelles Archives des missions scientifiques*, t. XIII.

VI

NUMANCE

VI

NUMANCE

Le coche banal rampe au pas lourd de ses trois haridelles au flanc de la route montante. Le pays trop nu étale au loin les ondulations de ses coteaux monotones. Mai radieux, par bonheur, jette au matin la joie vermeille de son printemps ; le ciel de fin azur égaie la terre grise, et sur les choses toutes proches comme sur les lointains pâles des horizons s'est répandu le charme de la lumière pure.

Et voici qu'au sommet d'une côte lentement gravie un panorama plus vaste peu à peu se découvre. C'est une plaine étendue, au loin encerclée de sierras pelées, plus près de nous moutonnant en collines basses. Une longue éminence détache la ligne mollement convexe de sa croupe, qui se coupe brusquement à gauche ; un cap de rocher tranché droit bute contre un lit de petit fleuve qu'il domine. Au point culminant, sur le ciel, se profile une maison claire ; un marbre blanc dressé en obélisque silhouette sa forme sèche... Là-bas gît l'héroïque Numance.

Épopée glorieuse et sombre drame ! Ici, soixante

mille hommes, la force disciplinée des légions de Rome, le nombre de ses alliés ibères, le génie tenace et rude du vainqueur de Carthage ; là, huit mille barbares dont quatre mille au plus en armes, resserrés dans une étroite bourgade, l'indomptable amour de la liberté, l'obstination sublime d'obscurs guerilleros.

Huit ans les Arévaques ont tenu Rome en échec, fomentant les révoltes, imposant ou subissant des pactes bientôt rompus, vainqueurs ou vaincus en batailles rangées, en traîtreuses embuscades, jamais domptés.

En 601 de Rome, Ambon et Leucon, à trois milles de Numance assiégée, ont massacré mille hommes de Fulvius Nobilior, et tué trois des éléphants envoyés par Masinissa ; les coups des Arévaques, plus encore que le froid, ont décimé l'armée romaine.

Après Nobilior, Claudius Marcellus ; ses huit mille fantassins, ses cinq cents cavaliers soutenant sa diplomatie cauteleuse, il obtient malgré Rome, devant Numance, une paix honorable avec les Belles, les Tithes, les Arévaques. Mais Viriathe apparaît, entraînant, audace et ruse, semant la haine des envahisseurs : Belles, Tithes, Arévaques de nouveau se rebellent, font cause commune avec le héros. La guerre définitive, la guerre de Numance, est allumée.

Cecilius Metellus vient de Rome avec des troupes nombreuses ; il ravage et conquiert le pays. Seules, assiégées, Termance et Numance résistent, Nu-

mance surtout dont deux fleuves, les escarpements
de sa colline, la ceinture de ses épaisses forêts
rendent l'abord difficile : de l'acropole à la plaine
une seule voie descendante, mais obstruée de fossés
et de barricades ; dans la ville en tout huit mille
hommes, mais fantassins et cavaliers d'élite.

L'hiver se passe. Metellus impuissant cède à Quin-
tus Pompeius Aulus une armée forte et disciplinée,
trente mille soldats à pied, deux mille à cheval.
Quelques engagements heureux d'abord, mais vite
les surprises, les embuscades, tout l'incertain des
inlassables guérillas la pillent, la déciment, la démo-
ralisent. Le général se tourne vers une proie plus
facile, Termance : il n'y trouve qu'un échec misérable. Derechef, il cherche un succès plus aisé :
Malia, que maintenait dans la révolte une garnison
numantine, la massacre et se livre. Alors Pompeius
s'acquiert un semblant de gloire en poursuivant
quelques chefs de partisans. Ces brigands, dit Appien, ces héros, disons-nous, ne peuvent supporter
l'esclavage ; les uns se suicident, les autres assas-
sinent leurs acheteurs, d'autres percent et coulent
les vaisseaux qui les emportent.

Enhardi, Pompeius revient à Numance ; il veut
détourner le fleuve et prendre la ville par la famine ;
mais les Numantins, par des assauts incessants,
refoulent les travailleurs, et à leur tour enferment
les Romains dans leur camp. Le général impuissant,
des conscrits substitués à ses vétérans, ronge son

frein une partie de l'hiver ; mais le climat nouveau,
les nuits sous le ciel glacé, l'eau inaccoutumée qui
engendre les dysenteries, les attaques harcelantes,
les escarmouches accablent des troupes novices. Le
Romain cède et se retire, pour la fin de l'hiver, dans
des garnisons fidèles ; il attend son successeur.

Cependant, la mauvaise fortune ne l'a pas abattu ;
il négocie avec ses vainqueurs, épuisés par leurs
succès mêmes, une soumission inespérée. Il reçoit
des otages, des captifs et ses transfuges, plus une
rançon de guerre.

Mais son successeur, Popilius Lenas, arrive ; ras-
suré sur l'issue de la guerre, mais craignant la colère de Rome pour une paix ignominieuse, quoique
favorable, et conclue sans ordres, Pompeius nie
hypocritement ses traités, malgré toute évidence.
Popilius l'envoie à Rome se débattre devant le Sénat
avec les délégués de Numance. Il plut au Sénat de
continuer la guerre.

C'est Hostilius Mancinus qui la recommence.
Défaite sur défaite devant la ville, siège de son
camp, honteuse fuite nocturne vers les retranchements de Nobilior, traité à peine équitable sous la
menace des armes numantines, tel est le bilan de
cette triste campagne (137 avant J.-C.).

Rome indignée envoie en Espagne un de ses con-
suls, Æmilius Lepidus. Celui-ci fait une heureuse
diversion contre les Vaccéens, qu'il accuse d'avoir
favorisé Numance ; il ravage leur territoire, il assiège

Pallantia. Le siège traînait; les Romains souffraient
de la famine, toutes les bêtes étaient mortes, des soldats déjà succombaient. Le Consul, avec son lieutenant Brutus, à son tour se décourage. Il tente, une
nuit, d'évacuer son camp, laissant à l'abandon les
blessés et les malades qui gémissent. Les Pallantins,
dignes de ceux de Numance, avertis, surviennent et
massacrent. Un dieu, dit-on, sauva les restes de
l'armée qui, sans défense, jonchaient le sol.

Heureusement Rome, loin de ces désastres, reste
ferme en ses desseins et sa conduite. Lepidus est
rappelé, frappé d'amende, dégradé, bien qu'il rejette
sur son prédécesseur Mancinus la responsabilité de
ses revers. Et Mancinus, « auteur d'une paix honteuse conclue sans l'aveu du Sénat », est ramené
par Furius en Espagne pour être livré nu aux
Numantins, qui du reste le refusent, comme autrefois les vingt généraux furent livrés aux Samnites.

Les hostilités sont reprises par Calpurnius Piso,
qui n'ose pourtant attaquer Numance, et content
d'avoir sommairement razzié le territoire de Pallantia, prend en Carpétanie ses quartiers d'hiver.

Enfin Scipion entre en scène.

Le peuple romain est las de cette guerre; il
nomme pour la seconde fois consul, bien qu'il n'ait
pas encore l'âge consulaire, le vainqueur de Carthage, car lui seul pourra vaincre Numance.

Le glorieux Africain se hâte vers l'Espagne, suivi
de quatre mille volontaires dont cinq cents sont de

ses clients et de ses amis. Il y trouve une armée en proie à la lâcheté, à la discorde et au luxe, qu'il faut d'abord sauver d'elle-même. Il l'épure des mercantis, des courtisanes, des devins, des sacrificateurs qui la débauchent et l'abrutissent. Il fait vendre chariots, bêtes de somme, bagages inutiles. Chaque soldat n'a droit qu'à une broche, une marmite et un verre; pour nourriture rien que des viandes bouillies ou rôties; plus de lits, et lui-même couche à la dure; plus de montures pour la route; plus de serviteurs pour laver, pour oindre les soldats au bain. Ainsi bientôt la discipline renaît avec la tempérance.

Mais Scipion n'a point hâte de heurter son armée si nouvellement régénérée contre les Arévaques si redoutables. De deux routes il prend la plus longue pour amener ses troupes au contact des Numantins. Un long détour à travers un pays malaisé les entraîne et les aguerrit; des haltes bien employées les forment aux durs travaux de terrassement et de siège. Partout d'ailleurs, du matin au soir, il se montre et surveille, organise, corrige et encourage. Quand l'armée se présente sous Numance, elle peut tout donner à son général, qui peut tout demander à son courage comme à sa constance. Elle est digne des héros qu'elle vient acculer et murer dans leur repaire.

Aujourd'hui le visiteur de ces campagnes illustres éprouve quelque déception. A la fureur de la lutte, qu'amplifie encore le souvenir, il imaginait un site d'horreur en rude nature barbare : sur un roc sourcilleux une aire inaccessible d'aigles et de vautours, des torrents sauvages roulant des flots tumultueux, autour du mont tragique d'épaisses forêts secouées d'un vent de gloire. Mais une plus humble réalité le déconcerte. Au lieu des antiques forêts impénétrables, partout des champs fertiles où verdissent les céréales, où brunissent les jachères ; au lieu de torrents redoutables, des fleuves lents qui serpentent par la plaine au long des berges paisibles, et le Merdancho, ruisseau modeste, coulant à travers un marais une onde impure ; au lieu d'une forteresse aérienne dressant sa crête sublime, un coteau bas et long qui s'élève sans poésie dans un paysage sans grandeur. Au pied de la colline, Garray, médiocre village, groupe bourgeoisement ses maisons et ses jardins sans caractère au bord de la route très moderne. C'est le calme tableau d'une terre heureuse, où l'homme cultive en paix les champs héréditaires.

Pourtant, en ce décor tranquille, il y a plus de deux mille ans, s'écrivit une page d'histoire sublime. Sur la basse colline huit mille hommes luttèrent contre soixante mille, et moururent d'épuisement et et de faim pour la liberté.

Mais si la gloire de Numance vivait, éternelle, de

longs siècles semblaient avoir effacé jusqu'aux moindres traces du drame; l'emplacement de la ville héroïque restait inconnu, ou du moins on n'osait émettre, en faveur de Garray, que des hypothèses sans précision. L'illustre vétéran de l'archéologie espagnole, D. Eduardo Saavedra, a l'honneur d'avoir le premier, en 1853, retrouvé des ruines certaines sur le *Cerro de la Muela*; il affirma bien avec force, insistant sur des arguments historiques et topographiques, l'identification de Garray avec Numance; mais il manquait à ses affirmations les preuves matérielles que donnent seules les fouilles. Plus tard, en 1861 une commission désignée par l'Académie de l'Histoire tenta de trouver ces preuves, et publia de ses excavations un rapport que signèrent Antonio Delgado, Salustiano de Holozaga et Aureliano Fernandez-Guerra; mais les travaux, trop tôt interrompus, ne mirent au jour que des constructions d'époque romaine, et les conclusions du rapport peuvent sembler assez pessimistes, dans leur hésitation plus que prudente. Tout paraissait remis en question.

L'effort aussitôt se ralentissait, et mourait pour renaître plus de quarante années après seulement sous l'énergie d'Adolf Schulten.

Hardi et passionné, le jeune et brillant professeur de l'Université de Göttingen (1) obtenait un subside

---

(1) M. Schulten est passé depuis à l'Université d'Erlangen.

impérial ; nouveau Scipion, il établissait solidement
son prætorium à Garray, bien décidé à ne point
lever le siège avant que fût définitive la conquête.
Tout le printemps, tout l'automne de 1905, avec son
lieutenant Könen, du musée de Bonn, il creusait le
Cerro de la Muela jusqu'en ses couches profondes.
Sous les maisons d'époque romaine se découvraient
enfin des murailles et des maisons celtibériques. Le
geste attendu était fait; Schulten, lui seul, est bien
vraiment l'inventeur de Numance.

Une auguste présence consacrait ce beau succès.
Le 5 octobre 1905, Sa Majesté Alphonse XIII,
accompagné du Ministre de l'Instruction publique,
D. Andres Mellado, gravissait la colline glorieuse.
M. le vicomte d'Eza faisait à l'Etat le don gracieux
des lieux où fut Numance; un blanc obélisque, construit aux frais d'un riche patriote, D. Ramon Benito
Aceña, consacrait, avec la gloire des héros Arévaques — et la libéralité du donateur — l'honneur de
la royale visite.

Désormais, l'entreprise des fouilles est assurée.
Tout ce qui reste de la ville immortelle sortira du
linceul de terre et de cendre qui l'a cachée durant
tant de siècles. Les travaux ne seront pas interrompus ; mais sur l'acropole devenue propriété nationale Adolf Schulten n'interrogera plus le sol au nom
de l'Empereur d'Allemagne. Un crédit de quinze
mille pesetas annuelles sera consacré par l'Espagne
au déblaiement intégral de Numance, et Schulten,

cédant ses droits, a chevaleresquement laissé la place aux légitimes désirs de ses amis et émules d'Espagne. Une commission présidée, comme il convient, par D. Eduardo Saavedra, dont Jose Ramon Melida est l'âme, et qui s'honore des noms de J. Catalina Garcia, Manuel Annibal Alvarez, Teodoro Ramires, Mariano Granados, Juan Jose Garcia, a la charge de l'œuvre patriotique.

Une émotion étreint le cœur à parcourir le *cerro* désolé, dont les ruines jusqu'à présent mises au jour attristent encore la solitude dénudée. Quoi! C'est sur cette petite éminence, si mal défendue par la nature, si peu défendue par le travail des hommes, que luttèrent et que moururent ces vaincus de la faim, non de la force romaine! C'est dans ces pauvres cases de village, faites de pierres mal taillées et de boue, que s'exalta jusqu'au sublime le courage de quelques barbares paysans! C'est pour défendre ce rude et simple abri de leur liberté violée qu'une poignée de misérables souffrit toutes les tortures, et s'imposa l'horreur de vivre en bêtes traquées avant de périr en héros!

Certes l'idée fut belle, et D. Ramon Benito Aceña mérite tout éloge pour avoir glorifié et glorifié à lui tout seul le plus tragique épisode de l'épopée nationale. Mais quels qu'aient été la générosité du patriote

et l'effort de sa libéralité, la tache du monument
commémoratif est trop grêle, la pointe de l'aiguille
blanche est trop fine sur le ciel immense, c'est
peu de marbre, et de trop mince éloquence, pour
célébrer le fanatisme sublime de ceux qui là se man-
gèrent et se tuèrent plutôt que de se rendre.

J'ai rêvé sur le *cerro* désert, grandiose piédestal,
un groupe colossal, où le ciseau d'un sculpteur de
génie dresserait les sceptres horrifiques des derniers
Numantins ; je les ai vus hâves, décharnés, souillés,
terribles, tels que les a décrits Appien :

. . . .

Nuls vivres ; plus un fruit, plus un mouton, plus d'herbe..
Il reste quelques peaux, qu'on peut cuire et ronger ;
Le cuir bouilli s'épuise. Horreur ! Il faut manger
De cadavres hachés la chair noir et fétide.
Plus de morts... Immolés à la faim fratricide
Les faibles tomberont sous la dent des plus forts.
C'en est trop ! Le cœur fou de tant d'affreux efforts,
Empoisonnés de peste et rongés de famine,
Échevelés, velus, tout grouillants de vermine,
Tels que des sangliers en leurs bauges traqués,
Ils se rendent...

Mais ils ne se rendent pas tous. Au moment suprême, une honte sublime soulève leur grand cœur :

Quoi ! Comme des lions lutter, pour se soumettre !
Esclaves des Romains !.. Mieux vaut la mort qu'un maitre :

Beaucoup dans le trépas trouvent la liberté ;
Les autres, combien peu ! sortant au jour dicté,
Sous l'œil de Scipion se rangent dans la plaine.
Spectacle monstrueux ! Fauves à face humaine,
L'ordure a gangrené leurs corps noirs et visqueux ;
Leurs ongles sont infects, infects sont leurs cheveux,
Tous leurs membres infects ont des odeurs immondes :
Leurs sordides haillons, loques nauséabondes,
Exhalent de leurs plis une acre puanteur.
Pitoyable tableau, même aux yeux d'un vainqueur !
Mais même en cet état l'aspect des misérables
Plus qu'objet de piété les rendait redoutables.
Et les vainqueurs tremblaient aux regards des vaincus,
Tant le ressentiment de tous leurs maux perdus,
Tant l'affreux souvenir des cuisines infâmes,
Tant la haine effarait leurs prunelles de flammes !

Et sur le socle du monument farouche, je graverais les nobles prières d'Avarus demandant à Scipion en termes magnifiques non la pitié pour ses
compagnons affamés, mais les honneurs de la guerre,
ou la mort en un combat désespéré :

Romains, vous êtes forts ; contre votre puissance
Notre faiblesse osa dresser sa résistance
Et lutta jusqu'au jour où domptés par la faim,
Voulant combattre encor, nous le voulons en vain.
Si faible est notre bras, Romains, notre âme est grande ;
Comme vous nous savons ce que l'honneur commande.
Pour le sol des aïeux et pour la liberté,
Pour nos femmes, nos fils si nous avons lutté,

Scipion, général illustre et magnanime,
Est-ce un crime d'avoir mérité votre estime :
Vous nous avez vaincus, précipités si bas
Qu'il ne nous reste plus qu'une arme, le trépas :
Nos glaives cependant ont connu la victoire,
Et même nos revers accroîtront la victoire ;
Juge donc s'il vaut mieux honorer la valeur
Ou bien déshonorer un glorieux malheur :
Décide ! Soit la paix qui nous livre sans honte,
Soit plutôt le combat suprême qui nous dompte,
Et le carnage enfin de ses derniers enfants
Ouvrant Numance morte à tes pas triomphants (1) !

Mais le vainqueur aussi a droit à l'admiration de
l'histoire. Pour réduire les compagnons d'un Ambon
ou d'un Leucon, d'un Rhétogénès ou d'un Avarus,
ces forcenés d'héroïsme, il fallait Scipion.

Scipion doit détruire Numance dont les révoltes
incessantes, dont les succès et même les redditions
successives sont des échecs à Rome. Froidement
obstiné, il marche au but ; il y va comme il a résolu ;
rien ne l'arrête, rien ne l'émeut. Il ne veut point de
bataille, où la fureur de ces hordes déchaînées brise-

(1) Ces vers inédits, inspirés directement d'Appien, sont
extraits de *Numance*, récit héroïque, par M. Léon Paris.

rait ses légions et la foule peu sûre des auxiliaires espagnols ; il a décidé le blocus de la bourgade, qu'il prendra par la faim : le blocus s'établit total, absolu, sans une brèche, les eaux mêmes du fleuve barrées de herses de fer hérissées de pointes et de crocs. Sourd à toutes les provocations, il assiste sans pitié à l'agonie des emmurés. Sa cruauté même s'exalte de leur résistance. Rhétogénès, surnommé l'Éclair, le plus brave des Numantins, a pu, par un effort de ruse, s'échapper dans une nuit de brouillard ; il va pour soulever les villes sœurs des Arévaques : la jeunesse de Loutia s'émeut et prête l'oreille ; il suffit : Scipion fond sur la ville, à trois stades de Numance, et cruel, coupe les mains à quatre cents misérables. Et quand enfin Numance se débat dans les convulsions suprêmes, au discours si fièrement apitoyant d'Avarus il répond, impassible : « Rendez-vous avec vos armes ! » Enfin il a vaincu ; quelques bêtes forcées râlent pantelantes sous son talon : il va jusqu'au bout de sa vengeance ; Numance est rasée au niveau du sol.

Mais tous les Numantins sont morts ; le Consul ne triomphera que d'un nom.

Pour cette exécution sans pitié, où Scipion s'acharne comme à une implacable vengeance, quelle obstination d'effort ! Appien a raconté l'investissement de la colline par une puissante circonvallation continue, et la garde sans cesse éveillée tout le long de l'enceinte formidable. Sept camps sont établis

autour de Numance ; le Consul y distribue ses soldats, auxquels il mélange habilement les indigènes ;
les sept camps sont reliés par un fossé que domine
un talus. Le retranchement est commencé de tous
les côtés à la fois par des sapeurs que protègent des
combattants. Si les assiégés font mine d'attaquer
les travailleurs, de jour un drapeau rouge s'agite, de
nuit un feu s'allume, et Scipion avec son frère
Maximus accourt à l'aide.

Numance ainsi rapidement enclose, — soixante
mille hommes menaient l'ouvrage — un second fossé,
planté de palissades, vient doubler le premier ; un mur
large de huit pieds, haut de dix sans les créneaux,
protège le terrassement ; de cent vingt en cent vingt
pieds des tours se dressent. Le Duero, nous l'avons
dit, alors plus large sans doute qu'aujourd'hui, se
coupe de herses dentées ; une digue, haute et large
comme la muraille, barre les marais.

En même temps sur les tours sont disposées les
balistes, les catapultes, toutes les machines de guerre ;
toute la défense est approvisionnée de pierres, de
flèches, de javelots ; partout des archers et des frondeurs ; partout des sentinelles et des guetteurs, tout
un système de signaux pour appeler des renforts
aux points où peut se produire une attaque. Des
soixante mille hommes, trente mille sont occupés à
la garde de la muraille, vingt mille sont toujours
prêts à se porter aux endroits menacés par une sortie
des ennemis, les dix mille autres sont en réserve

pour les renforts. Scipion lui-même visite ses lignes chaque jour et chaque nuit.

Ainsi un anneau de pierres et de guerriers, long de cinquante stades, étreignait les Numantins dont l'assaut furieux se brisait contre l'obstacle inébranlable.

Appien n'a rien dit qui ne fût rigoureusement exact; ses témoins d'ailleurs ne sont-il pas Polybe, qui fit le siège aux côtés de Scipion, et Rutilius Rufus, tribun militaire, qui certainement y prit part et en écrivit l'histoire?

Rendons maintenant hommage à Adolf Schulten qui nous a donné l'éloquent commentaire inattendu des textes.

Lorsqu'il abandonna la ville même de Numance aux recherches de la Commission nationale, il voulut du moins savoir quelles traces les travaux gigantesques des Romains avaient laissées autour de la ville sublime, et la fortune des fouilles une fois de plus lui sourit. Selon le plan qu'il avait fixé d'avance à ses investigations, et poursuivant les fouilles inaugurées en 1905 sur les collines circonvoisines, il a su remettre au jour tous les camps de Scipion, il a pu reconnaître tout entière et dégager par tronçons la circonvallation qui les liait.

⁂

Nous connaissons exactement aujourd'hui l'emplacement des sept camps qui furent les sept maillons de résistance de l'immense chaîne. C'est au nord *Castillejo*, à l'est *las Travesadas, Valdevorron*. au sud-est *Peña Redonda*, au sud *la Raza*, au sud-ouest *Alto Dehesilla*, à l'ouest *Alto Real*. Quelques redoutes, plus importantes que les tours de ceinture, sont signalées à *Peñas Altas*, à *Molino*, peut-être à la *Vega*; du camp de *Castillejo* à celui de *Travesadas*, du camp de *la Raza* à celui de *Dehesilla* sont les ruines les plus importantes de la circonvallation.

Du haut de Numance on peut juger avec quel soin habile Scipion traça l'enceinte et fixa l'assiette des camps. *Peña Redonda*, le camp du sud-est, domine presque le *Cerro de la Muela*; on pouvait de là-haut épier les assiégés; la distance d'ailleurs est courte d'un sommet à l'autre. cinq cents mètres à peine à vol d'oiseau. La nature a bien fortifié ce promontoire qui se coupe à pic du côté de Numance, contre laquelle il fait pointe. Le Merdancho coule au pied de *Peña Redonda* qui défend deux passages, la vallée du ruisseau au nord, le *barranco del Hierro* au sud-ouest.

Castillejo, le camp du nord, est à mille mètres de Numance; la colline où il se développait à son aise n'est point très élevée; son flanc le plus raide, encore est-il bien accessible, regarde la ville; le rio Tera la protège à l'ouest; elle domine très suffisamment la plaine et peut surveiller tout le théâtre du siège, même communiquer par signaux avec les autres camps, sauf celui de *la Raza* que lui cache l'acropole.

La distance d'ailleurs qui la sépare de la ville la protégeait à elle seule contre les surprises. C'est de toute la campagne la position la plus favorable à une agglomération de soldats.

Alto Dehesilla, *Alto Real* d'une part, *Valdevorron* et *Peñas Altas* de l'autre sont les points culminants sur les deux rives du Duero ; ils gardent tous les défilés. Il s'imposaient à la stratégie romaine pour surveiller, avec *Peña Redonda* et *Castillejo*, tous les chemins. Ils auraient suffi ; mais d'*Alto Dehesilla* à *Peña Redonda*, de *Valdevorron* à *Castillejo* la distance est longue : Scipion n'a pas hésité à s'établir dans la plaine. Le camp de *la Raza*, avec la redoute de *Molino* au sud, obstrue l'étroite vallée du Duero, le camp de *las Travesadas* barre les passages par lesquels on pouvait s'échapper vers l'est ; les restes en ont été trouvés, à cheval sur les routes modernes de *Garray* à *Buitrago* et à *Renieblas*. Las *Travesadas*, *Valdevorron*, *la Raza*, *Alto Real* furent des camps de peu d'étendue ; le plus gros des troupes fut massé à *Castillejo* et à *Peña Redonda*, dont les constructions occupaient chacune cinq hectares, à l'*Alto Dehesilla*, dont le plateau s'étale sur seize hectares.

Mais à *Dehesilla* les cultures ont détruit presque tous les travaux des Romains ; il ne reste que des traces des remparts et des lignes assez confuses de murailles qui signalent l'emplacement des casernes ; le sol, pour toute richesse antique, est semé de tessons d'amphores et de poteries de style ibérique.

Heureusement la petite charrue des laboureurs de Garray, restés fidèles aux primitifs outils millénaires, a été moins cruelle à *Castillejo* et à *Peña Redonda* ; elle n'a fait qu'effleurer les ruines que recouvrait une mince couche d'humus, et ces ruines sont mieux conservées et plus lisibles que n'eussent pu le faire supposer les plus légitimes espérances.

Avec une complaisance qui n'a d'égale que sa science, Adolf Schulten nous a promené sur les fortifications des camps, à travers leurs rues et leurs places, dans les casernes et les magasins où la foule grouillante des Romains et de leurs auxiliaires préparèrent et attendirent sans danger l'agonie de quelques braves.

Le siège dura huit mois ; ce fut court, si l'on considère les travaux que fit exécuter Scipion à son armée. On dirait que le Consul prévoyait une résistance plus longue encore et la nécessité de plusieurs hivernages. Ou plutôt il pensa qu'une fois Numance prise et détruite, il faudrait encore occuper solidement, avec des forces bien protégées, un pays où des peuplades si guerrières sont si promptes aux révoltes désespérées. C'est pour cela sans doute qu'à la grande surprise des archéologues les camps autour de Numance furent construits comme de véritables villes destinées à une longue existence. On s'attendait, si même la fortune des fouilles se montrait le plus favorable, à des traces de constructions rapides, à des enceintes fortes sans doute, mais où la terre et le bois auraient joué le premier rôle, à des baraquements sommaires de planches et de pisé, enfin aux restes d'un camp hâtif et passager, tel qu'en formaient les légions en campagne, selon les lois des opérations militaires. Mais Scipion voulut davantage ; il s'établit dans de vraies maisons, derrière de vrais remparts de pierres, comme plus tard s'établirent les armées impériales au cœur des lointains pays conquis. Les camps de Numance ne sont pas des camps volants, comme ceux de César à Alesia, mais des camps à demeure, comme ceux de *Carnuntum*, de *Novaesium* ou de *Lambessa*.

Certes il ne faut pas chercher ici tout le soin d'un architecte et d'un entrepreneur qui prennent leur temps et leurs aises. Des assises de murs, quels qu'ils soient, que la pioche a découvertes et suivies en si grand nombre, il en est peu qui soient alignées correctement au cordeau, et se recoupent à angles nets. Le plan des constructions est clairement tracé, et à peu près conforme, comme nous le verrons, aux règles officielles de la castramétation ; mais on sent à l'œuvre la main d'ouvriers improvisés, travaillant avec des matériaux de hasard.

A *Peña Redonda*, dit Schulten, « comme matériaux à bâtir on a employé le calcaire qui se trouve sur place, et, comme moyen d'assemblage, la boue.

Les murs, formés par deux rangées de pierres qui sont taillées seulement à l'extérieur, ont une largeur de 40 à 60 centimètres ». A *Castillejo* et aussi à *las Travesadas*, les murs des baraques sont bâtis avec des gros et des petits galets diluviaux, dont la plaine est couverte. On a posé deux rangées de cailloux l'une près de l'autre, et rempli l'intervalle avec de petites pierres.

Sur ces fondations aux lignes sinueuses, qui actuellement ne dépassent pas la surface du sol de plus de cinquante centimètres, s'élevaient des parois de boue clayonnée de poutres, dont la chute a comblé l'intérieur des bâtiments. Il est rare que ces cloisons sommaires aient été posées directement sur le roc. Les toitures étaient probablement en bois, et généralement il était fait un grand usage du bois, que les forêts du pays, si dénudé aujourd'hui, donnaient alors en abondance.

L'enceinte des camps, comme il convient, était plus soignée. A *Peña Redonda*, partout où la coupure de la colline formait une défense naturelle, l'ingénieur s'est contenté d'un parapet en pierres ou en bois. Seulement, par intervalles, s'avancent des fortifications en forme de terrasses ; ce sont des bastions qui brisaient la ligne et l'élan des ennemis à l'assaut. De gros blocs de pierres entassées en formaient le soutènement. Ailleurs ont été ménagés artificiellement des redents, pour allonger le front du rempart et attirer l'assaillant entre des jets croisés de projectiles. Partout où le rempart devait seul former obstacle, il se composait de « deux murs frontaux en pierres calcaires et d'un remplissage en terre. Sa largeur atteint quatre mètres. Il tombe encore aujourd'hui passablement à pic vers l'extérieur ; il avait à l'origine une escarpe verticale revêtue d'un mur frontal. » En un endroit on a constaté l'existence d'un fossé très plat d'environ dix mètres de largeur. « A *Castillejo*, le rempart n'est pas moins fort. Sur le côté postérieur, non fortifié par la nature du lieu, la fortification se compose d'un large rempart de 5^m50, qui a deux murs frontaux de 1 mètre de large et un vaste remplissage de 3^m50 fait avec de petits galets. Devant le rempart court un fossé plat, d'environ 10^m50 de large, dont le fond se trouve à 1 mètre de distance au-dessous du couronnement actuel du rempart. Sur les côtés est et sud, la fortification consiste en une muraille de 1^m50 à 2 mètres de large en pierre calcaire, dans laquelle la quantité de grosses pierres bien taillées est surprenante. » Il faut ajouter à ce robuste ensemble une très remarquable construction adossée au sud, contre le mur frontal. Elle consiste en deux tours d'environ 4 mètres, reliées par une construction intermédiaire, tours dont les murs sont encore conservés en partie, à une hauteur de 0^m80. La construction entière est large d'environ 23 mètres. Ici encore de bonnes pierres de taille ont été employées à la construction. Dans la tour occidentale ont été trouvés des boulets de baliste. De même que dans le camp de *Peña Redonda*, le côté le plus exposé à l'assaut était muni d'artillerie. Sur le cap méridional de *Peñas Altas* il reste encore une tour aussi vigoureusement construite avec de puissants blocs, et d'où l'on pouvait bombarder Numance, car *Saledilla*, faubourg avancé de la ville, n'en était éloigné que de 150 mètres. Cette tour semble avoir été isolée sur sa pointe rocheuse.

Quant à la circonvallation, elle n'affecte pas toujours d'un camp à l'autre la même disposition. Sans parler de la digue qu'Appien dit avoir été levée pour intercepter un passage à travers un marais, et que l'on croit avoir retrouvée dans les environs de *las Travesadas*, au lieu que les indigènes nomment aujourd'hui *las Lagunas*, Schulten a déterminé l'enceinte murée de *Castillejo* à *Travesadas*, sur une longueur de 350 mètres.

Dans la plaine, la muraille était construite en petites pierres, sur une largeur de 3 mètres ; sur le flanc de la colline elle était en gros blocs de formation neptunienne, et n'avait plus qu'un mètre à un mètre cinquante de large. Les fondations de deux des tours qui, selon Appien, flanquaient le mur tous les cent pieds, ont été relevées à la distance précise qu'indique l'historien.

Un autre tronçon, qui descend d'*Alto Dehesilla* jusqu'au Duero, est une épaisse muraille bâtie en gros blocs de formation neptunienne. Large de

quatre mètres au flanc de la colline, de 2^{m}60 seulement dans la vallée, elle est vraiment construite, dit
notre guide, à la façon cyclopéenne, et bon nombre
de ses pierres mesurent 1 mètre cube. Trois lignes
parallèles de ces murs énormes la composent, les
intervalles étant remplis de pierres plus petites. Tout
de même était construite la muraille qui reliait le
camp de *Peñas Altas* à celui de *Peña Redonda*.

Plus intéressante encore est l'étude des camps eux-
mêmes. Elle nous apprend d'abord qu'il ne faut pas
prendre au pied de la lettre ce que les textes anciens
nous enseignent sur la castramétation romaine. Il
faut nettement distinguer la théorie de la pratique,
et admettre que les généraux établissaient et construisaient leurs camps en dépit des formules classiques, selon les nécessités des lieux ou de la tactique.

On sait que Polybe a décrit en quinze chapitres
de son sixième livre la disposition officielle d'un
camp à son époque. Comme l'historien fut le
compagnon de Scipion devant Numance, on pouvait,
l'on devait même s'attendre à ce que les camps des
troupes romaines fussent particulièrement confor-
mes aux règles qu'il expose avec soin. Il n'en est
rien. Par exemple, ni le camp de *Castillejo* ni celui
de *Peña Redonda* n'ont la forme carrée. Le premier
est un quadrilatère très irrégulier, le second affecte
la forme même, très peu géométrique, du plateau où
il fut placé. D'autre part Polybe indique pour l'enceinte la superficie de quatre plèthres (3,481 mètres

carrés) ; or les deux camps en question de Numance couvrent l'un et l'autre cinq hectares. Le camp d'*Alto Dehesilla*, dont nous ignorons la forme, était sans doute beaucoup plus grand et pouvait s'étendre sur seize hectares.

D'autre part, le chemin de ronde qui suivait l'intérieur de l'enceinte *intervallum*, la *rue décumane* avec la *porte décumane* et la *porte prétorienne*, la *rue prétorienne* et la *rue sagularis* ont pu en général être déterminées, d'après les données de Polybe, et même Schulten a eu l'heureuse fortune de pouvoir définitivement identifier et situer le prætorium de Scipion.

Selon le plan idéal de Polybe, aussi bien que celui d'Hygin, dans le camp théorique de l'époque républicaine comme dans celui de l'époque impériale, le *praetorium* doit occuper le centre des bâtisses; il doit être aussi, d'après Végéce et Hygin, orienté face à l'ennemi. Ces règles étaient peu rigides, car le *praetorium* de Scipion à *Castillejo* est situé à l'ouest, à l'extrémité de l'axe longitudinal du camp, entre le bord escarpé de la colline et la *Via principalis*; sa façade, d'ailleurs, ne regarde pas Numance. On le reconnaît pourtant à sa construction soignée, comme il convient à la résidence d'un puissant général en chef, ainsi qu'à la disposition du plan. C'est un bâtiment carré, ayant environ quarante mètres de côté, et affectant le type des maisons grecques à péristyle de l'époque hellénistique. Plusieurs

rangées de chambres diverses s'y groupent sur trois
côtés d'une cour ouverte sur la rue, et cette cour
conserve encore les socles cubiques en pierre qui
supportaient les piliers de bois des toits en auvents.
Ne reconnaît-on pas dans le choix de cette architecture les goûts du philhellène Scipion ?

Scipion était à *Castillejo*, centre du siège et de
l'attaque, et y commandait en personne; son frère
Fabius Maximus était à *Peña Redonda*, mais on n'a
pas retrouvé son prétoire. Tout au plus, parmi les
constructions les mieux conservées et les plus
curieuses, distingue-t-on des casernes d'officiers, dont
l'une, presque carrée, a 28 mètres d'un côté et 10 de
l'autre. Elle se divise en trois appartements groupés
autour d'une cour centrale. Dans l'une des pièces on
croit avoir retrouvé la substruction d'un triclinium.

Les portes ne sont pas moins irrégulièrement
situées que les édifices principaux. A *Peña Redonda*
on a reconnu la *Porte prétorienne* et la *Porte décumane*, l'une dans le mur du nord, l'autre dans le
mur du sud. La seconde est une simple brèche de
5 mètres ouverte dans le rempart ; la première est
de la même largeur, mais elle est serrée entre deux
tours qui élargissent à droite et à gauche le mur
d'enceinte. A *Travesadas*, la *Porte prétorienne* était
de même flanquée de deux tours. A *Castillejo*, la
Porte décumane est beaucoup plus compliquée :
« Les deux extrémités des remparts sont, en arrière,
reliées par un large seuil, sur lequel reposait

la porte même. L'espace antérieur, profond de
3 mètres, est divisé par un mur mitoyen en deux
moitiés d'environ 4 mètres, comme cela se trouve
dans les portes des camps ultérieurs (*Novaesium,
Bonn*). La largeur de la porte dépasse donc 8 mètres.
Toutes les fondations de cette même porte consis-
tent en grosses pierres soigneusement taillées. »

Quant aux rues, elles sont de largeur très variable,
et de direction sinueuse. Le chemin de ronde, à *Peña
Redonda*, n'a jamais moins de 3 mètres ; les rues qui
séparent les casernes en mesurent de 7 à 8. La *Via
sagularis* de *Castillejo* est large par endroits de
5 mètres ; elle est pavée de cailloux. La chaussée de
la *Via praetoria* a 6 mètres ; elle est également pavée
de cailloux et, de plus, bordée de blocs de grès grossier, ainsi que quelques rues qui la coupent à angles
droits.

En revanche, la disposition des casernes des soldats semble assez correcte : « A *Peña Redonda*, écrit
Schulten, nous sommes en présence d'un camp à
manipules, c'est-à-dire d'un camp d'infanterie de
ligne romaine, de légionnaires... L'intérieur du
camp est occupé par des bandes de casernes d'environ 15 mètres de large et de 60 à 90 mètres de longueur. Ces bandes, en courant dans la direction
transversale, représentent des *scamna*. Les locaux
des casernes sont aménagés de telle sorte que deux
rangées de chambres se trouvent placées l'une derrière l'autre de chaque côté d'un mur mitoyen divi-

sant les *scamna*. On reconnaît tout de suite le mode
d'installation des camps signalés par Polybe et par
Hygin, conservé dans les camps de *Novaesium* et de
Carnuntum. Les murailles longues traversant les
bâtiments séparent les unités de troupes, *manipules*
ou *turmae*. Les deux parties dont ces unités se composent (*centuries*) se trouvent placées des deux côtés
de la rue. Ainsi les deux moitiés de l'unité (*centuries*)
se trouvaient front à front, et les unités *(manipules)*
dos à dos. La rangée postérieure des locaux représente
les dortoirs (*papilio*), la rangée antérieure les locaux
destinés aux armes (*arma*) ; les bêtes de somme
(*jumenta*) étaient logées sous des hangars en bois
construits sur la rue et ouverts par devant... Ces
trois locaux situés l'un derrière l'autre forment le *con-*
tubernium, ou baraquement pour 8 à 10 hommes.
A l'extrémité postérieure des casernes se trouvaient
des locaux réservés aux centurions. »

Si ces dispositions s'accordent avec celles que
recommande Polybe, les dimensions des casernes
sont différentes. Polybe indique pour les casernes
de manipules 30 mètres de large, soit des files de
constructions de 20 mètres de large et une rue de
10 mètres ; ce sont les mesures adoptées pour le
camp de *Novaesium*. A *Peña Redonda* « la largeur des
scamna, sans les écuries, est d'environ 15 mètres,
celle des rues de 7 à 8 mètres, celle des casernes des
manipules, dont chacune se compose de deux demi-
bandes (deux centuries) et d'une rue, de 22 à

23 mètres. » Dans ce camp, bon nombre de casernes atteignent environ 90 mètres. A *Castillejo*, voici l'un des groupes de baraques les mieux visibles, à l'ouest de la *rue prétorienne* : « On a d'abord dégagé au sud, une caserne de manipule allongée du nord au sud, constituant par conséquent une *striga* (c'est le nom qu'Hygin donne au campement de deux centuries adossées l'une à l'autre), dont l'*hemistrigium* de gauche est très bien conservé. La longueur de cette *striga* est de 30 mètres (comme dans Polybe), sa largeur de 24 mètres, dont 2 mètres $6^m 5o =$ 13 mètres pour les chambrées (*contubernia*), 11 mètres pour les salles antérieures et la rue. Le nombre des chambrées est de huit. »

Les chambrées sont à Numance très petites ; ce sont des salles carrées de 3 mètres de côté ; il y en a même de plus petites n'ayant que 6 mètres carrés. Les soldats de Scipion étaient fort à l'étroit. Une caserne à manipule comportait de 16 à 24 chambres, et comme le manipule comptait 120 hommes en ce temps-là, c'étaient de 5 à 7 hommes qui devaient trouver place dans cet espace si réduit. A *Novaesium*, à *Carnuntum*, les salles étaient de 16 à 17 mètres carrés, et bien que le manipule n'en occupât que 12, les compagnons étaient bien mieux lotis. Ces chiffres permettent de calculer presque à coup sûr que le camp de *Peña Redonda* et celui de *Castillejo* pouvaient donner asile chacun à une légion. Pour les autres, dont l'enceinte ne peut pas être exactement déterminée, dont l'un au moins, celui de *la Raza-Molino*, était restreint, dont un autre, *Dehesilla* était certainement très vaste, le calcul est impossible.

Mais de toute façon il est évident qu'aux 60,000 assiégeants ne purent suffire les sept camps fortifiés. Le reste des troupes occupa probablement les redoutes, ou campa légèrement en arrière du retranchement qu'elles gardaient. Il est même admissible que les légionnaires seuls aient habité les camps, tandis que les auxiliaires furent plus sommairement installés.

Cependant, à n'en pas douter, ce furent les indigènes qui furent surtout occupés à la construction des camps, car les soubassements des baraques tout au moins sont bâtis à la mode du pays, et tels on voit les murs des maisons ibériques à Numance, tels aussi voit-on ceux des casernes romaines. Il était naturel que les Romains se déchargeassent de ces corvées sur des peuples bien plutôt sujets qu'auxiliaires.

Scipion ne faisait d'ailleurs que suivre l'exemple des généraux qui le précédèrent au pays des Arévaques. Schulten en a eu la preuve très claire. A *Castillejo* une caserne de manipule, située au sud, est coupée transversalement par un long mur assez épais. La construction n'en diffère pas essentiellement de celle des autres murs, et les matériaux en sont identiques et assemblés de même ; mais tout dénote qu'elle est antérieure, surtout ce fait que les murs des chambres régulières viennent buter sans liaison contre celui-là. Il y a de plus en d'autres endroits d'autres tronçons de murs qui viennent recouper les constructions normales et sont aussi les vestiges de contructions plus anciennes.

Très intéressé par ces observations, l'habile explorateur n'a pas manqué d'étudier attentivement le terrain, et de pousser méthodiquement sa fouille. Aussi est-il arrivé à la certitude que *Castillejo* reçut deux camps romains avant celui de Scipion ; et ce n'est pas le résultat le moins important et le moins curieux de son exploration.

Scipion s'établit, comme ses prédécesseurs, sur la colline qui semblait la clef de Numance, mais il prit soin de ne détruire des camps abandonnés de *Castillejo* que les murs nuisibles à son propre camp. On distingue donc aujourd'hui dans le camp de Scipion le camp de Marcellus. qui remonte à l'an 152, et le camp de Pompeius datant sans doute de 141-139.

M. Schulten appelle le premier le *camp de grès*, parceque les matériaux employés de préférence sont des blocs bien taillés de grès bigarré, rouge, violet et jaune. Il avait à peu près la même superficie que celui de Scipion, mais l'orientation en était différente, puisqu'il regardait Numance, et cela permet de mieux en déterminer la ruine. On y remarque surtout une grande salle à six colonnes qui peut bien avoir fait partie du prétoire.

Du camp de Pompeius on distingue surtout la *voie prétorienne*, déjà découverte en 1906, et de vastes salles adossées à un épais mur mitoyen ; c'étaient peut-être des écuries, et le plan se trouve alors conforme au plan des casernes de cavalerie de *Novae-sium*.

Scipion, comme Marcellus et Pompeius, avait campé face à Numance, et tout près de la ville ; Fulvius Nobilior, en la première année de la guerre numantine (153 av. J.-C.), avait montré plus de stratégie prudente. Il s'établit à *Renieblas*, à 6 kilomètres à l'est de Numance, au confluent du *Merdancho* et du *Monigon*, sur la *Grande Atalaya* et son annexe la *Mesta*. Dans sa campagne de fouilles de 1908-1909 M. Schulten, étendant ses recherches, a fait la découverte de ce camp aux tragiques souvenirs.

Le camp de Nobilior couvrait une superficie de 21 hectares ; il commandait la plus proche et la plus importante communication entre l'Èbre, base d'opération de l'armée romaine, et la capitale des Arévaques ; il était du reste situé de telle sorte, au revers oriental des collines, que du point culminant le regard embrassait Numance et sa plaine, tandis que de Numance on ne pouvait le découvrir.

Par une heureuse chance le plan du camp se lit aisément à la surface du sol, sans qu il soit nécessaire de faire partout des fouilles. « Les constructions, dit M. Schulten, sont partout visibles sur le sol. Cette circonstance si heureuse s'explique aussi bien par la grosseur des pierres employées, parmi lesquelles les blocs énormes d'un mètre de haut ne sont pas rares, que par la nature du pays. Le vent qui sans cesse mugit sur ce haut plateau ne permet à nul arbre, à nulle plante même de pousser, si bien que depuis 2.000 ans il ne s'est créé que très peu d'humus..... Comme le sol est presque uniformément rocheux, la culture n'a détruit que de rares parties du camp, et seulement du côté du sud-ouest on a sacrifié quelques pierres pour construire des cabanes de bergers. »

Aussi M. Schulten a-t-il pu étudier de très près le camp de Nobilior, la distribution très régulière des casernes d'infanterie ou de cavalerie et leurs épaisses murailles formées d'un double parement de grosses pierres et d'un blocage, la fortification, avec son mur large de 2 m. 50 à 3 mètres et ses tours intérieures dressées de 30 en 30 mètres, des portes, véritables redoutes, le *prætorium*, qui contenait en avant les arsenaux et les bureaux, en arrière le logement du général, le *forum*, le *quæstorium*, le *sacellum*, la *Voie Principalis*, la *Voie Quintana*. Et toutes ces précisions ont rendu facile et pleine d'intérêt instructif la comparaison de ce camp réel avec le camp modèle de Polybe.

Ce n'est pas tout ; un autre camp, à une date postérieure, s'est superposé au premier. Ce ne peut être le camp du misérable Hostilius Mancinus, qui ne fit que s'arrêter, sans y rien édifier, sur le camp abandonné par Nobilior depuis seize ans. Il reste donc, jusqu'à nouvel ordre, anonyme. D'ailleurs, peut-on vraiment donner le nom de camp à une simple enceinte, si vaste qu'elle enferme un espace de quarante hectares ? Quelle en fut la destination ? Nul ne le sait, mais l'ouvrage reste singulièrement impressionnant, avec sa robuste muraille, les fortes tours qui flanquent son parement extérieur, et ses portes, que barre en avant le mur protecteur du *tutulus*.

Quoiqu'il en soit, la mémoire de Nobilior et de Mancinus suffit à illustrer la *Grande Atalaya*. Nul lieu n'infligea à la force, à l'honneur de Rome plus de désastre et plus de honte : là Nobilior perdit six mille légionnaires et trois des éléphants envoyés par Masinissa ; là il laissa aux Belles et aux Arevaques alliés un glorieux butin d'armes et d'enseignes en grand nombre ; là il passa péniblement l'hiver, en proie à la disette et au froid non moins qu'aux hardis assauts des ennemis. Et là encore, en 137, Mancinus toujours battu, en pleine fuite harcelée, par une nuit de ténèbres et de silence, lâchement, s'enferma dans les vieux retranchements déserts et

ruinés non pour résister à outrance, mais pour conclure, sous le couvert d'une paix honorable, une
capitulation ignominieuse, prélude des revers non
moins inouïs d'Æmilius Lepidus.

La récolte d'objets trouvés dans les fouilles n'a
pas été fort importante, si l'on songe à la masse des
terres remuées. C'est que probablement les Romains
évacuèrent à loisir leurs positions, emportant tout
le matériel que la sévère discipline de Scipion avait
d'ailleurs strictement réduit.

Dans un angle de chambrée il n'est pas rare de
retrouver la place d'un foyer, sous forme d'une
maçonnerie carrée ou d'une cavité dans le sol,
qu'entourent des débris de repas avec des tessons de
poterie ayant servi à la cuisine. « Les plaintes des
soldats, dit Schulten, relatives à l'excès inaccoutumé
de nourriture carnée, rendent compte de la quantité
prodigieuse d'ossements d'animaux domestiques et
de gibier (surtout de cerfs et de sangliers). Les
coquilles d'escargots et de moules, trouvées en très
grand nombre, nous apprennent à connaître les hors-
d'œuvre favoris des soldats. Dans les angles des
bâtiments du camp se trouvent des amphores et des
dolia servant à conserver les liquides et les grains.
Dans une caserne on déblaya une petite pièce pleine
d'amphores : c'était une chambre à provisions. »

Quant aux poteries, outre les amphores, c'étaient
des vases de fabrication romaine, et surtout des
jarres et cruches, des récipients de toute sorte décorés au pinceau de motifs ibériques, dont les Romains,
comme les auxiliaires, se fournissaient dans le pays,
et tout pareils à ceux de Numance même.

Chose étrange, les trouvailles d'armes sont fort
rares dans les camps de Scipion. On cite avant tout
un *pilum*, parfaitement conservé, long de 70 centimètres. « Il a une longue pointe ronde à demi
intacte, qui n'a plus aujourd'hui que 3 centimètres
et demi, mais, qui, auparavant, avait certainement
7 centimètres ; la hampe, de 67 centimètres de longueur, est composée, pour un tiers, d'une partie
supérieure mince (7 millimètres) et, pour les deux
autres tiers, d'une partie inférieure grosse (12 millimètres), de section quadrangulaire. Le fer se termine
en bas par une langue pointue, aplatie à la forge,
de 7 centimètres de long sur 2 de large ; on y recon-
nait des trous destinés aux clous qui servaient à fixer
cette langue au bois de la hampe. Le poids atteint
360 grammes. Ce pilum représente le plus ancien
exemplaire connu jusqu'à présent de ces célèbres
armes de jet, et comme tel, et aussi à cause de la
description du pilum du temps de Scipion donnée
par Polybe, il est d'une importance capitale. »

Avec ce pilum et plusieurs autres moins intéressants on a signalé seulement quelques pointes de
flèches, quelques pointes et talons de lances, des bal-

les de fronde en argile, quelques boulets de balistes dont l'un pèse 5 kilogrammes. Tout cela provient de *Peña Redonda* et de *Castillejo*. De *las Travesadas* proviennent un trait de catapulte en bon état, une lame de poignard et des flèches ; de *Castillejo* deux balles de fronde en plomb, sans inscription, et une en argile, de même forme d'olive, de *Renieblas* cinq pila de divers modèles et un poignard.

Comment expliquer cette pénurie de matériel de guerre sur le théâtre de pareils combats ? On sait pourtant avec quelle fureur les Numantins se heurtaient contre les remparts ennemis pour forcer l'impitoyable blocus. Appien nous a laissé le témoignage de leurs provocations à Scipion insensible et de leurs attaques multipliées ; on connaît le récit de Florus et d'Orose, récit de cet effort héroïque où les Numantins gorgés de viande demi-crue, ivres de *caelia*, leur boisson nationale, se ruèrent pour mourir en une bataille suprême, « bataille longue et atroce qui mit presque les Romains en danger, où les Romains eurent montré une seconde fois par leur fuite qu'ils combattaient contre les Numantins, s'ils n'avaient combattu sous Scipion. » Que sont devenues les armes romaines ou arévaques qui durent alors semer la plaine ou le flanc des coteaux ? Serait-ce qu'au long cours des âges les laboureurs, fragment par fragment, ont ramassé à fleur de terre, puis détruit ou dispersé les restes de ces luttes épiques ?

Les objets de toute sorte que purent briser et

rejeter ou bien perdre soixante mille hommes agglo-
mérés sur un espace aussi restreint ne se sont pas
retrouvés beaucoup plus abondants, ni de beaucoup
plus grande importance. Si l'on met à part la céramique, de valeur exceptionnelle comme on le verra, que
nous cite Schulten en ses rapports, que remarquons-
nous au musée de Soria [1] ? Quelques éperons de
bronze, des mors de bride, des écailles de cuirasse,
des agrafes de ceinturons, des fibules, des boucles
d'oreilles en or, une cuiller en bronze, des outils,
des chaînes, de menus objets de fer, des monnaies
ibériques ou romaines, quelques lampes, des pierres
à aiguiser, des moulins à main, sans compter quelques outils néolithiques. Tout cela est fort peu de
chose, et bien peu instructif.

Pour modestes que soient ces trouvailles, elles
sont néanmoins d'autant plus précieuses qu'elles
resteront peut-être les seuls témoins des investigations de Schulten. Cette circonvallation, ces camps,
ces ouvrages divers qu'il a retrouvés avec tant d'ingéniosité savante, n'ont reparu au jour que pour dispa-
raître à nouveau, et périr sans doute d'une mort définitive. Peut-être les constructions de *Peña Redonda*,
celles de *Renieblas* qui occupent un sol rocailleux et
aride, pourront-elles se conserver quelque temps à
découvert, et ne pas trop souffrir du vandalisme

---

1. Depuis notre excursion aux ruines de Numance, le petit
musée de Garray a été transporté à Soria.

inconscient des bergers. Mais les camps de *las Travesadas*, de *la Raza*, de *Castillejo* même, dont la ruine
apparaît aujourd'hui si imposante, devront céder
aux exigences de la culture, à nouveau se remblayer
et se couvrir de blés ; la charrue, dans son inlassable
va-et-vient, complétera son œuvre de lente désagré-
gation certaine. Le nom de Schulten n'en restera
pas moins célèbre, indissolublement attaché au
nom de Scipion.

Heureusement Numance, dont les ruines avec le
temps se dévoileront tout entières, bravera encore
les siècles, comme la gloire de ses défenseurs, et,
comme devant l'histoire, toute brûlée, saccagée,
rasée, telle qu'elle apparaît lambeau par lambeau à
la patriotique piété de ceux qui la ressuscitent, elle
triomphera de ses vainqueurs.

Que les camps de Scipion se détruisent, c'est une
perte que les archéologues surtout déploreront, et
les curieux ; l'érudition seule se plaindra, qui peut
et doit se complaire dans ces casernes, au milieu de
ces murailles où se révèle le génie patient et dur de
Scipion le Numantin. Sur la colline de Numance la
science parle aussi, mais elle parle bien bas ; le cœur
frémit d'un indicible émoi parmi ces ruines misérables où s'inscrivirent à jamais en lettres de feu et
de sang les mots saints : Patrie et Liberté !

14

Que la charrue sillonne et nivelle tous les baraquements, toutes les rues, toutes les murailles des
camps, pourvu que demeurent les pauvres maisons
de Numance! Tout humbles et barbares au sommet
de la triste colline, elles brillent comme des temples
de marbre sur une cime divine d'acropole; plus elles
paraissent aux yeux petites et misérables, plus grandit en nos cœurs l'image de ceux qui moururent
pour elles.

Laissons Numance romaine, que découvre d'abord
la pioche, à 30 ou 40 centimètres du sol; ce fut un
village quelconque, qui naquit à l'époque impériale
sur le cadavre de la ville arévaque. Il disparut avec
les invasions barbares; les Visigoths ni les Arabes
n'y laissèrent aucune trace, mais en revanche la
poterie sagontine y abonde, avec quelques fibules,
des styles en os, des monnaies romaines.

Creusons plus bas, jusqu'au sol vierge: nous y
trouvons au plus profond les vestiges d'une Numance
préhistorique : « instruments de pierre, couteaux,
polissoirs et pointes de flèches en silex, finement
taillés, haches de pierre polie, puis céramique grossière, d'argile noirâtre, de pâte mal travaillée, faite
à la main, dont la décoration rudimentaire consiste
en traits gravés à coups d'ongles. » Une pièce rare
se détache du lot : un petit récipient en forme de
boule aplatie aux deux pôles, avec un bec saillant,
et qui ressemble à certaines théières japonaises, ainsi
que l'a fort justement noté M. Melida. Il est fait à

la main, en terre noire peu fine. Sur le fond, à l'extérieur, est tracée une croix; la panse est gravée de chevrons et imprimée de petits triangles creux, et, détail bien inattendu, six tétons de cuivre plantés dans l'argile font saillie en couronne, à la hauteur du bec. Ce frère curieux des vases de Ciempozuelos et des Alcores est l'ornement du musée de Soria.

Entre la couche préhistorique et la couche romaine dort ensevelie dans ses cendres la Numance des Arévaques.

Appien ne parle pas de l'incendie de la ville; Florus, que suit Orose, est au contraire très affirmatif : avant de se rendre ou de mourir les derniers Numantins mirent le feu à leurs demeures. Et telle est bien la véritable histoire. Partout dans les décombres subsistent les traces d'un feu violent. Ceux qui dirigèrent et suivirent de près les fouilles ont partout retrouvé la catastrophe. Ils ont noté « la chape de terre rouge », de terre brûlée qui enveloppe la cité celtibérique, les briques crues décomposées par la chaleur, les cendres, les charbons de chêne et de bois de pin qui se rencontrent à foison. Ils ont insisté sur ce fait que « tout dans la ville apparaît bouleversé, disjoint et dispersé, formant un véritable conglomérat historique qu'il est impossible de contempler et de fouiller sans émotion ». Et ailleurs : « En quelque point que l'on fouille, dit M. Melida, au niveau des ruines numantines, il y a quelque chose que l'on ne peut manquer de rencon-

trer à plus ou moins de profondeur, c'est la trace de
l'incendie terrible qui détruisit la ville celtibérique.
Les cendres, les charbons et la terre brûlée forment
une couche d'un mètre et demi... On y trouve des
pierres détachées des constructions et noircies par
les flammes, des briques crues que le feu convertit en
vraies briques, que l'effondrement des toits brisa et
pulvérisa, des tronçons de poutres carbonisées pro-
venant des toits de chêne et de pin. Ces cendres, ces
débris et décombres, étendus et nivelés pour éviter
des frais d'extraction, servirent de fondements à
la cité romaine. »

Dans ces décombres les os des animaux qui nour-
rirent les Numantins sont enfouis par milliers, os de
cerfs, de vaches, de cochons, lièvres, chiens, chevaux ou poules ; et parmi eux, reliques vénérables,
se trouvent quelquefois des ossements humains que
le feu a consacrés.

A une pareille catastrophe les modestes masures
n'ont que trop rarement résisté. Le plan de quelques-
unes se retrouve cependant sans trop de peine.
C'étaient des cases rectangulaires, dont les murs
étaient construits avec des moellons assez petits assemblés par un mortier de terre, voilà pour les soubassements, et pour le reste avec de grosses briques
crues. La surface de ces murs était revêtue d'un
enduit formé de boue et de feuilles, que souvent le
feu a noirci. Le sol était de terre battue, et parfois
dallé de grandes pierres.

Suivant les accidents du terrain, souvent les salles d'une même maison n'étaient pas au même niveau; on passait de l'une à l'autre soit en descendant une rampe douce en guise d'escalier, soit en sautant sur une pierre haute disposée à cet effet. Sous beaucoup de maisons se creusaient des caves en forme de silos, et les puits et les citernes ne manquaient pas.

Ces maisons bordaient des rues larges de 3 à 5 mètres, pavées de petits cailloux, et le long desquelles s'alignaient de grandes pierres disposées en trottoirs élevés. Pour passer de l'un à l'autre côté, en évitant la boue, on sautait comme à Pompéi sur des pierres transversales, à moins que ces bases ne servissent à jeter un pont volant.

Ainsi jusqu'au bord de la pente raide qui regarde Garray et le Duero, et d'autre part jusqu'au bord de la pente plus douce qui reliait le cerro à la plaine orientale, jusqu'au faubourg dont Schulten a retrouvé quelques constructions sur le promontoire de *Saledilla*, devait s'étendre la ville, sans luxe de maisons, et sans doute sans édifices civils ou religieux élevés à grands frais.

Était-ce même une forteresse, ceinturée de solides murailles? Appien ne nous renseigne pas; Florus affirme que Numance était *sans murs, sans tours*; Orose, au contraire, parle du mur long de trois mille pas qui embrassait la ville, et de ses deux portes. Les fouilles donnent raison à Orose. Au sud Saavedra, à l'est Schulten ont découvert sur plus

de cent mètres des tronçons de murs « dont l'appareil est formé de grandes pierres, de blocs erratiques
ronds pour la plupart, liés avec de la boue. Ce
massif a près de 3 mètres de large à certaines espla-
nades de plan quadrangulaire, qui paraissent des
fondations de tours, et qui en certains points révé-
lent une reconstruction romaine. Il forme une espèce
de terrasse sur laquelle devait sans doute s'élever
un parement en briques crues ». Mais est-ce là à
proprement parler un rempart, ou n'était-ce pas
plutôt un mur destiné à soutenir les terres? Cette
explication, à laquelle songe M. Melida, mettrait
d'accord Florus avec Orose.

Dans l'incendie, l'écroulement et la destruction
de Numance, il serait surprenant qu'un grand
nombre d'objets divers ne fussent pas restés enterrés
sous les ruines. La moisson en remplit promptement la petite chambre qui servit de musée à Garray.

Sans revenir sur les trouvailles préhistoriques,
sans s'arrêter à celles de la couche romaine, « fibules
de bronze, anneaux, pendants d'oreilles, épingles
à parer la chevelure des femmes, *barro saguntino*,
flacons, pots et amphores de verre », il faut aller
droit à la collection ibérique. Elle est abondante et
d'intérêt très vif, puisque jusqu'au moindre débris
sert à proclamer la gloire des héros.

Il suffira de signaler en passant les armes de fer, du reste en petit nombre, les balles de frondes en argile, rondes ou semblables aux *glands* de plomb classiques, surtout une boule de pierre, de 35 centimètres de circonférence, lancée sans doute par une baliste de Scipion ; plus les ordinaires ustensiles, pierres à aiguiser, moulins à main de forme archaïque, pesons de terre de toute sorte. Comme il n'a pas encore été dressé de catalogue, il faut se contenter de cette énumération sommaire.

De beaucoup toutefois l'emporte la valeur de la céramique numantine. Elle se rattache étroitement à celle dont l'étude devient maintenant à la mode depuis que j'en ai souligné l'intérêt, et que j'ai dénommée ibérique parce que je la crois fabriquée en Espagne et qu'elle se distingue de toutes les autres par l'originalité de sa décoration peinte.

Il en reste au musée de Soria un amoncellement considérable ; quelques spécimens, et des meilleurs, ont été envoyés par Schulten au Musée archéologique national de Madrid. M. Melida en a fait connaître un certain nombre ; le Dr Hofmann en prépare une publication qui sera digne du sujet.

Mais déjà l'on peut dire que les ateliers où se fournissait Numance, où se fournirent aussi les Romains et leurs auxiliaires au moment du siège, se classent au premier rang à côté des ateliers d'*Elche*, d'*Archena* ou de *La Zaida*.

D'où que proviennent en réalité les poteries à

décor géométrique, les plus anciennes de toutes,
qu'elles fassent remonter jusqu'à l'industrie mycénienne leur plus antique origine, ou seulement jusqu'à la carthaginoise, qu'elles soient véritablement
indigènes ou d'importation punique, il n'en est pas
moins très notable qu'elles abondaient dans cette
région perdue. Les grandes jarres divisées par des
zones ornées de combinaisons et de suites de cercles ou demi-cercles concentriques se sont retrouvées
en foule, absolument semblables aux principaux
exemplaires d'*Orihuela* ou d'*Almedinilla*, de toutes
les stations de l'Espagne du sud-est, et c'est bien une
preuve essentielle de la diffusion générale de ces
thèmes décoratifs à peu près immuables, pendant
une très longue période de temps, à travers toute la
Péninsule. Ces grandes jarres constituaient la poterie courante, les récipients d'eau, de vin, d'huile,
dont l'usage était partout répandu, et que fabri-
quaient partout les ateliers, selon une formule
banale. Leurs grandes dimensions les rendaient fra-
giles ; aussi, sauf de rares exceptions, ne nous sont-
elles parvenues qu'en miettes.

Des vases plus précieux reçurent une décoration
plus fine, plus riche, et, ce qui vaut mieux, plus originale. Ce n'est pas sans surprise que l'on admire
les formes très nouvelles affectées à des pièces de
facture particulièrement soignée. Ce sont de hautes
coupes à pied élancé rappelant à la fois des coupes
troyennes et des coupes préhistoriques du sud de

l'Espagne : des pichets élevés en forme de chopes allemandes ; des pots à bec qui rappellent nos cafetières ; des œnochoés trapues à grande embouchure trilobée.

Quant au décor au pinceau, quelquefois il est tout à fait inédit, comme celui d'une petite cruche basse dont le col et la panse sont ornés de poissons peints en blanc sur l'argile claire, comme ces fragments où l'on voit aussi se découper en taches blanches, cernées et sillonnées de traits bruns, des têtes d'animaux étrangement conventionnels, stylisés avec le plus naïf dédain de la vérité.

Mais d'ordinaire les dessins ne diffèrent ni pour la technique ni pour l'aspect de ceux que nous avons appris à connaître ailleurs. Les traits de pinceau se détachent en brun sur la terre plus ou moins jaune ou rouge, tracés avec une sûreté libre et rapide. Le plus souvent les motifs peints sont ceux que nous trouvons communément ailleurs, zigzags, lignes d'S, postes, croix, crosses ou swasticas. Mais il faut bien remarquer que le décor végétal ou floral est absent, et que tous ces motifs restent linéaires, pour ne pas dire géométriques. D'autre part la représentation du corps et du visage de l'homme est assez rare, et jusqu'à ce jour sont restés inédits les spécimens qu'on a signalés et que nous devons nous attendre à voir étranges et monstrueux en leur naïve et maladroite originalité.

L'animal au contraire apparaît fréquemment à la

surface des vases, mais en images très singulières,
dont les similaires n'ont encore paru nulle part. Sur
deux fonds de coupes, par exemple, on voit deux
grands oiseaux dont l'espèce est impossible à définir.
Ce qui les rend remarquables, c'est que leur corps,
leur cou, leurs ailes, au lieu de traits imitant plus
ou moins bien les plumes, comme on en voit sur les
tessons d'*Elche*, sont agrémentés de motifs géométriques : ici le ventre est vraiment divisé en zones,
avec des métopes, là il est orné d'une croix entre
les branches de laquelle s'encastrent des triangles.
Seul l'art chypriote pourrait fournir quelques éléments de comparaison, mais assez lointains toutefois.

Ce n'est là d'ailleurs qu'un procédé ornemental
timide et enfantin en face de la stylisation audacieuse
que les peintres ont infligée, inconsciemment sans
doute, au cou et à la tête du cheval. Le motif qui
semble le plus aimé de nos céramistes est en effet
celui d'un buste de cheval, tellement transformé
qu'il faut une grande bonne volonté pour y reconnaître la plus noble conquête de l'homme. Encore
n'y parviendrait-on pas toujours si l'on ne pouvait
suivre depuis l'origine l'évolution de ce dessin. Le
cou encapuchonné est devenu une crosse couverte
d'un quadrillage, mais où subsiste la crinière en
brosse ; la tête n'est plus qu'une boule où s'adapte,
en guise de naseaux, un appendice évasé en gueule
de tromblon. Plus d'yeux, plus de bouche, et deux

longs traits à la place des oreilles. On n'ose dire si l'ouvrier a vraiment su lui-même ce que traçait sans trembler son pinceau routinier.

C'est d'un réel intérêt, et c'est un véritable plaisir de voir comment ces potiers, travaillant sur les mêmes données primitives que leurs émules d'*Elche*, par exemple, sont arrivés par la même voie de stylisation à des styles à la fois si proches et si distincts. La comparaison des vases et des tessons numantins, quand ils seront tous publiés, avec les tessons illicitans du Musée de la Faculté des Lettres de l'Université de Bordeaux, ne manquera pas d'être aussi curieuse que pleine d'enseignements.

Pour le moment il faut se contenter de dire que, malgré l'abus de la convention qui la rend un peu ridicule, la céramique de Numance ne manque pas d'agrément. Même il s'en dégage une impression favorable d'habileté et de finesse. A côté des mons-tres, de conception si bizarre, il y a plus d'un dessin linéaire qui a de la pureté et de la grâce ; certains débris, où sont lancés des rinceaux de vrilles et des crosses par un pinceau hardi et sûr, ont une élégance tout hellénique. Même les oiseaux et les chevaux, si un goût raffiné les condamne au nom de la raison, se font regarder avec plaisir, par cela seul qu'ils n'ont rien de banal et que l'assemblage de leurs lignes est rare et pittoresque. Il y a pour tout dire, parmi les vases de Madrid et de Soria, de véritables notes d'art;

Et il nous plaît, au terme de cette excursion numantine, de voir l'immortelle bourgade s'éclairer d'un rayon d'art. Quoi ! Ces bêtes fauves, que Scipion vit sordides à l'heure de l'agonie, furent sensibles à la beauté d'une ligne pure sur un vase ingénieusement galbé ! Ils servirent leurs derniers repas de cannibales héroïques dans une vaisselle peinte de pittoresques oiseaux chimériques ! Ils s'enivrèrent de *caelia* pour le combat suprême dans des coupes de fine argile précieusement enluminées ! Les compagnons de l'éloquent Avarus n'étaient barbares que pour mieux mourir.

Ce luxe inattendu de la céramique numantine jette un sourire sur l'austérité du champ de fouilles. Mais invinciblement l'esprit revient de ces images aimables à la sanglante tragédie de l'acropole. Aussitôt ce qui charmait les yeux, ce qui séduisait la curiosité savante s'efface et disparaît; invinciblement l'attention émue se redonne toute aux plus humbles débris de la ville détruite.

Le roi Alphonse XIII, qui se connaît en courage, comme on l'invitait à choisir un souvenir des fouilles de Numance, prit un petit morceau de charbon...

BIBLIOGRAPHIE. — Eduardo SAAVEDRA, *Descripcion de la via romana entre Uxama y Augustobriga* dans *Memorias de la real Academia de la Historia*, t. IX. Cf.

Boletin de la real Academia de la Historia, I, p. 20, *Excavaciones hechas en el Cerro de Garray, donde se cree que estuvo situada Numancia*. — Adolf SCHULTEN, *Numantia, eine topographisch-historische Untersuchung*, Berlin, 1905. — Id., *Ausgrabungen in Numantia*, dans *Archaeologische Anzeiger*, 1905, p. 163; 1907, p. 3, 1907, p. 462; 1908, p. 479; 1909, p. 526. Ces derniers rapports ont été traduits pour le *Bulletin Hispanique*, 1908, p. 128; 1909, p. 1; 1910, par M. le Docteur FLORANCE. — Jose Ramon MELIDA, *Las excavaciones de Numancia*, dans *Cultura espanola*, 1806, p. 1117. — Id., *Excavaciones de Numancia* (Madrid, 1908), extrait de *Revista de Archivos, Bibliotecas y Museos*. — *El monumento a Numancia, erigido sobre las ruinas de la ciudad celtibera a expensas del Excmo Sr. D. Ramon Benito ACENA, Senador del Reino, e inaugurado solemnamente por* S. M. el Rey Alfonso XIII en 24 de Agosto de 1905 (Madrid, 1906).

VII

TARRAGONE

VII

TARRAGONE

La ligne ferrée de Barcelone à Valence suit presque toujours en corniche, du moins jusqu'aux environs de Tortose, l'admirable côte méditerranéenne. Par une belle matinée de soleil, le voyage enchante les yeux, qu'ils errent au lointain infini de l'horizon où la mer et le ciel confondent leur azur, ou bien se reposent tout près sur l'eau qui scintille et se dore au pied des falaises, aux replis des criques dormantes. Barcelone, la grande ville grouillante, et sa banlieue que les industries salissent ont disparu; c'est la solitude des rochers nus sous la grande lumière ardente, et seulement, par intervalles, s'égaie l'oasis d'une ville claire dans la verdure, *Sitjes la Blanche* et sa merveille du *Cau Ferrat*, *Villanueva y Geltru* avec le noble Musée-Bibliothèque du grand Balaguer, *Sitjes* et *Villanueva*, hospitalières, pittoresques et artistes, que les guides si injustement méprisent.

Puis surgit sur sa haute falaise la vénérable Tarragone. « Les voyageurs, » dit Baedecker, « passent Tarragone sans s'arrêter, et ils ont tort ; elle mérite au moins qu'on lui consacre une journée. » Pour l'archéologue et l'artiste Tarragone vaut mieux encore. Elle joint au mystère attrayant des vieilles villes très antiques la beauté de sa Cathédrale, dont la splendeur survit dans la pénombre d'une cité déchue, l'intérêt d'un musée très riche, plein des souvenirs d'un illustre passé, et aussi le pittoresque d'un site escarpé, d'un éblouissant panorama de mer.

Ce n'est pas mon dessein ni mon rôle de célébrer la grande église sévère, et l'intimité fraîche et fleurie du cloître où le repos et le rêve sont si doux dans le silence odorant. Je n'ai pas à décrire le dédale des rues anciennes et la noblesse des palais sombres qui se groupent autour de l'Église protectrice, ni la calme grandeur des *ramblas* modernes, ni le tranquille tableau grandiose du port et de la mer ouverte à l'infini, quand le regard plonge du haut du *Paseo Santa Clara*, sublime belvédère. Mais la Tarragone antique n'est pas moins attirante, et surtout sa prodigieuse enceinte cyclopéenne qui pose encore à l'historien, après trente siècles peut-être, le problème obscur de son origine.

Les textes sont muets jusqu'à l'époque romaine, et les monuments retrouvés au cours des âges sous l'amoncellement des terres et des remblais sont peu significatifs. Il n'y a pas à tenir compte des soi-disant débris d'architecture étrusque qui sont conservés au Musée, ces chapiteaux, ces débris de colonnes étant d'époque romaine, non plus que d'un petit sphinx de bronze qui, à supposer qu'il soit de style étrusque, a pu fort bien être récemment importé. Aucun argument ne prouve que les savants espagnols aient raison, qui veulent rattacher à l'Étrurie la première population tarragonaise, car l'épithète de *tyrrhénienne* que donne quelque part Ausone à la ville semble plus poétique qu'historique, et seulement amenée par le nom de la mer qui roule ses vagues des côtes de l'Italie à celles de l'Ibérie. Encore moins faut-il songer aux Hétéens, dont une aventureuse théorie a voulu récemment faire les colons de la Catalogne et les constructeurs des remparts de Tarragone. Quant aux Égyptiens qui si longtemps passèrent auprès des historiens espagnols pour les premiers civilisateurs de leur pays, une saine critique a définitivement fait justice de leurs prétentions absurdes.

C'est du reste un fait curieux, lorsqu'on étudie les vieux chroniqueurs, que l'effort qu'ils déployèrent à rattacher la Péninsule à l'Égypte par toute une légende savamment échafaudée d'invasions et de conquêtes. Un texte de valeur douteuse, habilement découvert et mis en évidence, et qui permet d'admettre qu'Hercule tyrien aborda aux rivages ibériques ; les règnes de vingt-trois monarques imaginaires, dont Ocampo forge effrontément la liste, et voilà établie, avec ses origines égyptiennes, la haute et noble antiquité de la civilisation espagnole. Mais ce qu'il y a de plus curieux encore, c'est que ce rêve égyptien ne s'est pas dissipé de nos jours, et que toujours ce même souci hante quelques esprits, de rattacher la plus ancienne Espagne à l'Égypte. Les fabricants d'antiquités modernes, qui ne sont dans la Péninsule ni plus ni moins nombreux et hardis qu'ailleurs, suivent sans le savoir la trace des vieux fabricants d'histoire. Vicente Amat, l'horloger d'Yecla dont l'imagination délirante multiplia de si fàcheuse façon les « saints » du *Cerro* célèbre. Amat, le plus connu maintenant des faussaires d'outre-Pyrénées, n'est-il pas le père de toute une étrange lignée d'Isis, d'Osiris, de toute une ménagerie de Sphinx et de Cynoscéphales, et n'a-t-il pas orné les coiffures de quelques « saints » des plus déconcertants hiéroglyphes? N'est-ce point à des modèles égyptiens que les subtils gitanes de la province de Murcie empruntaient, il y a dix ans, empruntent encore peut-être les types de leurs plus hilarants bas-reliefs?

Mais la palme revient à l'étonnant mystificateur qui réussit à fabriquer, à faire trouver dans le sol, à faire passer pour authentique auprès d'un trop con-

fiant archéologue, et par son entremise auprès des
savants de l'Académie de l'Histoire, le prodigieux
sarcophage égyptien de Tarragone. L'aventure, ancienne déjà (1850), est bien connue. Je ne la rappelle
en passant que parce que, justement, elle a sa valeur
historique; le faussaire qui trompa d'abord le
savant Sanahuja suivait instinctivement, lui aussi,
la tradition des chroniqueurs, et illustrait plaisam-
ment les légendes qu'ils avaient inventées. Sur les
débris du pseudo-sarcophage s'inscrivaient en images
d'une gravité comique l'arrivée d'Hercule lybien en
Espagne, l'invasion et l'établissement des colons
africains, et pour corser l'intérêt de ces scènes miri-
fiques s'y ajoutaient des représentations mons-
trueuses de dieux extravagants, mais toujours appa-
rentés par de nombreux traits aux dieux du Nil.
Tout cela ne s'accorde-t-il pas bien avec l'ingénieuse
fiction de Tarrasa, qui donnait pour héros éponyme
à Tarragone un capitaine égyptien nommé *Tarraco*?

On pourrait écrire un petit livre savoureux en
recueillant toutes les étymologies et tous les contes
saugrenus qu'ont inventés ou ramassés les vieux
historiographes de la plupart des villes d'Espagne.
J'ai esquissé ailleurs le chapitre relatif à l'andalouse
Osuna; le chapitre de Tarragone n'est pas moins
amusant, si l'on en juge par ce que je viens de dire
et par ce que je relève encore dans l'*Historia Sagrada*. Le *mal empleado* Juan Anio, comme dit le
Père Florez, faisait remonter à Tubal la fondation

de la ville, dont le nom, en langue *Aram* signifiait
« *Conseil* (junta) *de pasteurs* ». Andres Poza n'a pas
moins de hardiesse historique et philologique : pour
lui, l'origine de la ville est à la fois chaldéenne et
basque, et le nom Tarragona se décompose tout
simplement en deux mots, l'un chaldéen, signifiant
« le bœuf », et l'autre basque, *ona*, signifiant *bonté*;
d'où la traduction « *tierra buena de bueyes* ». Il est
vrai que le même auteur, dans un autre livre, propose aussi une origine arménienne, et transcrit alors
Tarragona en « *ayuntamento de pastores* ». Il serait
fàcheux de passer sous silence l'explication du *Gerun-
dense* qui voit dans le nom *Tarracona* une allusion
à *Terra-Acon* « parce qu'Hercule accompagné de
Tyriens et de Phéniciens fixa à ceux qui étaient de
la cité phénicienne d'*Acon* cet établissement appelé
par eux *Terr-Acon* ». Que dire enfin de l'étymo-
logie « *Terra agonum*, terre des combats », parce que
la possession de la ville fut très pénible?

« Tout cela », ajoute le bon Florez, « va comme
à la bonne aventure »; cependant il faut être juste,
et donner un bon point à ceux de ces naïfs érudits
qui ont songé aux Phéniciens. Ne seraient-ce pas
ces routiers intrépides de la Méditerranée, ces cabo-
teurs familiers de toutes les côtes, de toutes les
baies, de toutes les anses du grand lac, qui abordè-
rent au pied du haut escarpement, et y fondèrent
un comptoir à l'abri d'un puissant château-fort?
N'est-ce pas eux qui construisirent la rude enceinte

dont les restes étonnent encore le visiteur de la
ville moderne, et n'est-il pas naturel que ceux qui
s'établirent dans les Baléares et sur tant de points
de la côte sud et sud-est de l'Espagne, se soient
aussi fixés dans l'intérêt de leur commerce aux
environs de l'embouchure de l'Èbre?

Mais les spécialistes de l'histoire et de la langue
des Phéniciens se refusent à reconnaitre dans le
nom de *Tarraco,* forme latinisée peut-être, le
moindre élément phénicien. La ville n'eut pas non
plus de monnaies à légende punique, comme certaines villes des Baléares et de la côte orientale, par
exemple *Ebusus,* ou *Abdera, Sexi, Malaca* ou
Gades. Enfin le port de Tarragone ne fut jamais
qu'un mauvais mouillage jusqu'au jour récent où
un môle puissant le vint clore et protéger, et l'on
sait du reste avec quel soin les Phéniciens situèrent
toujours leurs comptoirs dans les havres naturels
les mieux fermés.

⁂

Ni égyptienne, ni étrusque, ni phénicienne, que
fut donc la primitive Tarragone? Fut-elle grecque?
On peut invoquer sans doute les souvenirs mytho-
logiques et ce conte, relaté par Florus, que Zeus, le
« larron cornu », y transporta, puis y abandonna
la « Vierge tyrrhénienne » Europe, et se hâta de

l'oublier pour courir à de nouvelles amours ; ce qui n'empêcha pas qu'on lui vouât un culte dans la ville. Mais on sait ce que valent ces preuves. Il est plus sage d'admettre que ce fut tout simplement un *castillo* des *Cessétaniens*, tribu des Ibères, un castillo dont le premier nom fut vraisemblablement celui que les monnaies à légende ibérique donnent à Tarragone, c'est-à-dire *Cesse* et, par suite d'une modification phonétique dont quelques monnaies sont les témoins, *Cose*.

Les habitants de *Cesse* ne furent pas des marins ; la mer, je viens de le dire, n'était pas sûre au pied de leur ville escarpée, et les géographes anciens ont remarqué que Tarragone « était dangereuse aux vaisseaux à l'ancre ». Mais le choix du site s'explique pourtant de lui-même. La Cessétanie avait à l'époque romaine la réputation bien établie de pays doux, riche et fertile. Martial, le poète de Bilbilis, célèbre les rivages ensoleillés de Tarragone ; Florus loue son ciel particulièrement tempéré et son printemps qui dure toute l'année ; Pline nous apprend que le lin de Tarragone avait une finesse qui le faisait estimer fort, et que l'eau d'un fleuve proche, le Subi ou le *Tulcis*, lui donnait un bel éclat. Mais surtout les coteaux produisaient un vin dont l'*élégance* ne le cédait pas aux meilleurs vins d'Italie ; Martial et Silius Italicus précisent, disant que seul le vin de Campanie et le vin du Latium lui étaient supérieurs. D'où l'on peut aisément conclure que les Cessétaniens construisirent *Cesse* sur son haut promontoire, au bord d'une région féconde dont les produits les faisaient vivre dans l'abondance, et la ceignirent d'une forte muraille pour se protéger contre les pirates et les envahisseurs venus de la mer, contre les tribus rivales et jalouses de l'intérieur.

Ces tisserands et ces vignerons, les restes de leurs murailles nous les montrent d'ailleurs de culture très rude et primitive. Partout où sont encore conservées au-dessus du sol quelques-unes des plus anciennes assises, ce n'est qu'un entassement de gros blocs non travaillés. La première enceinte de Tarragone, on l'a maintes fois écrit, est une enceinte cyclopéenne, formée de deux parements énormes enserrant un puissant blocage, et percée par endroits de basses poternes trapues.

Ce n'est pas à Tarragone seulement, et comme par exception, que l'on est surpris en Espagne par la vue de ces constructions barbares et puissantes. Pour ne pas sortir de la même région, à *Gérone*, à *Sagonte*, voilà pour la côte maritime, à *San Miguel de Erdol Olerdula*), voilà pour l'intérieur, il reste des tronçons d'enceinte où se montre le travail de la même dure civilisation.

A *Gérone*, ces ruines des premières fortifications sont réduites à des murs longs seulement de quelques mètres ; ils ne se voient pas de la voie publique, et les guides ne les signalent pas ; ils sont pourtant connus depuis longtemps, et l'illustre Martorell, entre autres, les a sommairement décrits. C'est un entassement de pierres à l'état brut, dont quelques-unes ont jusqu'à 3 m. 60 de longueur et 1 m. 80 de hauteur. Pour combler les vides laissés entre les blocs irréguliers, les constructeurs ont inséré et coincé des pierres moindres, dont certaines n'ont pas plus de 10 à 20 centimètres.

A *Sagonte*, sur la pente sud-ouest du Castillo, en face de la batterie du 2 mai, on voit encore sur une étendue de près de treize mètres les ruines d'une tour carrée dont la construction est analogue à celle des murs de *Gérone*, et l'on s'explique que cette maçonnerie colossale ait pu donner force à la légende que *Sagonte* fut fondée par Hercule :

Haud procul herculei tollunt se litore muri...

A *Olerdula*, a écrit Matrorell, « la base de la muraille, haute de 3 mètres, est construite en pier-res de forme et de grandeur irrégulières, variant de 1 à 3 mètres de long, et de 50 centimètres à 1 mètre de haut, qui se présentent en assises plus ou moins horizontales formées de parallélogrammes et de tra-pézoïdes de toutes dimensions : c'est l'effet de la grande irrégularité des blocs les plus gros. Parfois un grand bloc s'engage dans l'angle d'un autre, et parfois l'irrégularité de quelqu'un d'entre eux est corrigée par un autre plus petit. Toute cette muraille a son parement vertical, et les pierres sont très bien ajustées, sans aucun emploi de ciment. Le style, comme on le voit, est celui qu'on appelle cyclopéen, celui dont on a fait usage à Mantinée et à Mycènes. »

L'enceinte de Tarragone a eu un sort plus favorable que celle des autres villes ; elle enferma une vaste surface qui pendant de longs siècles suffit à contenir les habitants de la cité. Aujourd'hui encore la ville moderne s'est à peine étendue sur le plateau hors de sa ceinture antique, et c'est au pied de la falaise que sont créés autour du port des quartiers nouveaux. Aussi, quand les murailles ayant souffert ou du temps ou des hommes durent subir des réparations, c'est sur l'inébranlable base des assises primitives que furent posées les assises nouvelles.

L'enceinte est le premier témoin éloquent et tenace de l'histoire de Tarragone, et je ne connais pas de promenade plus pittoresque ni plus instructive à la fois que le tour des remparts. La partie la plus importante, cachée derrière le rideau de croulantes fortifications à la Vauban, et inaccessible ordinairement au public, est située au Nord, et s'étend de la *Porte du Rosaire* jusqu'à la *Porte du Secours* ; elle est enfermée tout entière dans l'enceinte de la *Falsa Braga*.

Une fois j'eus le privilège, par la bonne grâce d'un gardien ami, d'errer sans cicérone dans le *recinto* réservé. C'était un beau soir d'automne, au moment où le soleil à son déclin irradiait de feux obliques la mer apaisée, la plaine baignée de buée d'or. La lourde porte aux antiques verrous s'était refermée derrière moi en gémissant. J'étais seul entre les soubassements de la muraille ibérique déjà ternie un peu à son pied par l'ombre naissante, et les murs élevés en 1707, pendant la guerre de la succession d'Espagne, pauvres murs bas, lézardés, replâtrés, mesquins, ruinés et inutiles après deux siècles à peine. Dans l'étroit passage je foulais les herbes folles poussées à l'aventure sur les gravats ; nul bruit, que le murmure étouffé de la ville invisible, nulle vie que le pépiement querelleur des moineaux cherchant leur asile de nuit aux trous des pierres mal jointes, et le tournoiement glissant d'un émouchet, génie de ces ruines endormies ; la lumière amortie des heures douteuses jouait en teintes dorées, mauves ou grises ; partout, avivé par le soir tombant, le mystère de la vieille histoire incertaine. Nul instant plus propice à la lente exploration recueillie des murs scrutés pierre à pierre, nul à l'évocation passionnée des bâtisseurs puissants dont l'image trouble et confuse flotte encore dans la nuit des millénaires oubliés.

Il arrive que seulement deux ou trois rangées des blocs primitifs aient résisté, et c'est comme un double ou triple cordon de grosses pierres cahotantes qui rampent au-dessous d'assises plus régulièrement dressées. Mais souvent la construction cyclopéenne atteint encore une assez grande hauteur. C'est alors

des couloirs comme ceux que l'on voit à Tirynthe. Quant à la grosseur des matériaux, elle est extrêmement variable, et si tel bloc, long de 3ᵐ 68, haut de 1ᵐ 5o, pèse plus de 27,000 kilogrammes, on peut dire que ce sont des dimensions et un poids extraordinaires et que la moyenne est beaucoup plus faible.

D'ailleurs l'intérêt principal et l'originalité ne résident pas dans les mesures plus ou moins colossales des matériaux employés, mais bien plutôt dans ce que les constructeurs ont pu tenter ici ou là dans le sens du progrès et, si l'on ose dire, de l'art.

D'abord il est bien certain qu'ils surent déjà s'appliquer à tailler la pierre et à la disposer avec quelque recherche. Si l'on examine les portes et les poternes qui ont été conservées, et dont trois au moins restent à peu près dans leur état primitif, on voit que les pierres qui forment les montants ont été rapidement, mais certainement aplanies et dressées à angles droits, puis superposées de façon à présenter des arêtes bien nettes et bien verticales. Le linteau monolithe qui les réunit est de même franchement équarri. Comme les pierres ainsi appareillées sont irrégulières et inégales, elles s'harmonisent très naturellement avec les blocs qui les encadrent ; mais elles n'en témoignent pas moins que les architectes avaient à leur disposition d'assez habiles tailleurs de pierre munis d'outils déjà perfectionnés.

Ces architectes méritaient aussi le nom d'ingénieurs militaires, car l'enceinte cyclopéenne était plus qu'une muraille ; c'était une vraie fortification où de nombreux bastions carrés faisaient saillie. Il est bien permis de croire que la place de ces bastions était judicieusement choisie pour défendre les points faibles de l'enceinte, et que selon une règle d'ailleurs très élémentaire, on les avait construits pour permettre aux assiégés de frapper le flanc découvert des assiégeants. Tout fut ainsi si utilement combiné dès le premier âge que lorsque, dans la suite des temps, les générations successives durent reconstituer la fortification ébranlée ou démolie, jamais, semble-t-il, jusqu'au xviiie siècle, il ne fut question d'en modifier le tracé.

Mais malgré quelques habiletés de métier, malgré la valeur du plan, l'œuvre reste grossière, comme d'une race encore barbare. Quelle n'est donc pas la surprise de constater qu'à ces constructions où la masse paraît avoir tenu lieu de beauté, s'ajoute peut être une note d'art ! Il s'agit de trois têtes sculptées en ronde bosse sur la *Tour de San Magin*. L'une d'elles est apparente sur la dernière assise cyclopéenne de la face nord, près de l'arête de droite. Si l'on en croit les auteurs anciens, avant qu'un boulet de canon ne la rendît méconnaissable, on voyait nettement une tête de femme de travail sommaire ; aujourd'hui on distingue seulement la forme d'un menton, la place d'une bouche et d'un nez dans la silhouette vague d'un visage, et l'aspect imprécis d'une tête taillée dans une bosse très saillante d'un gros bloc. Elle semble se dresser pour regarder le ciel. Les deux autres sont moins nettes encore ; suivant les mêmes écrivains qui les virent moins mutilées, ce sont des têtes d'hommes (il y en avait même une troisième autrefois) détachées en haut relief sur l'angle de l'est, et regardant aussi le ciel. La pierre, autour de ces informes sculptures, paraît avoir été ravalée pour leur donner plus de saillie, et cela même jette un doute sur la date qu'il serait si important de connaître, mais que l'on ne connaîtra jamais avec certitude. Qui pourra dire si ce sont là des ornements ajoutés à une époque relativement récente par un artiste désireux d'utiliser ingénieusement un accident naturel de surface, ou bien les figures symboliques ou réelles de héros ou de dieux protecteurs ? Je ne sache pas d'ailleurs qu'aucune image analogue ait jamais décoré une muraille cyclopéenne.

C'est l'attrait passionnant des très vieux monuments, témoins de la plus lointaine histoire, d'exciter la curiosité par l'éveil de maint problème ; les plus antiques ruines ont le plus de mystère, et si le regard n'y est pas charmé par un spectacle d'art et de beauté, du moins l'esprit s'y inquiète à l'évocation de civilisations obscures.

Comme l'intérêt grandit lorsque les débris de ce passé ténébreux et sans date s'unissent intimement

aux débris des âges plus jeunes dont l'histoire plus
certaine s'éclaire à la double lumière des monuments
et des textes ! C'est bien le cas de l'enceinte mégali-
thique de Tarragone, dont les bases supportent la
première enceinte romaine.

Pline l'ancien a dit que Tarragone est l'œuvre des
Scipions, *opus Scipionum*. Il faut bien entendre ces
paroles. Au cours de la seconde guerre punique, en
218, Gnaeus et Publius Cornelius Scipio s'emparè-
rent de la ville, et ne tardèrent pas à l'opposer à
Carthagène comme une rivale. Ils durent prendre
soin d'en relever les murailles en même temps qu'ils
en modifiaient le port pour le rendre plus hospitalier,
et c'est pour avoir mal compris les textes que quelques vieux historiens, comme Luis Pons de Ycart,
ont cru que toute l'enceinte, même la partie basse,
était due aux Scipions. Mais il faut assurément leur
attribuer toute la partie construite en appareil régulier qui s'appuie sur les blocs ibériques. Il n'y a pas
de raison historique ou technique, il me semble, qui
permette de faire intervenir ici les Grecs, bien que
ce soit là une opinion assez courante ; et d'ailleurs
ce n'est pas une objection à l'hypothèse romaine que
la présence depuis longtemps constatée de caractères ibériques gravés sur un grand nombre des
pierres. Ce sont là de simples marques de tâche-
rons ; elles prouvent seulement que les pierres furent
taillées dans les carrières du pays et assemblées par
des ouvriers cessétaniens. Cet emploi de la main

indigène par les envahisseurs était toute naturelle, et cet exemple n'en est pas unique ; n'est-il pas certain qu'à la circonvallation de Numance et aux nombreux camps de Scipion travaillèrent des corvées indigènes ?

Cette construction romaine, sagement réglée par assises parallèles, et dont le parement extérieur présente une sorte d'appareil à bossages, contraste de façon curieuse avec le désordre de l'appareil qui la soutient. Nous sommes transportés en la voyant à une époque de culture plus raffinée et d'architecture définitivement habile; mais l'opposition est plus frappante encore entre ces assises romaines et le couronnement de la muraille où se voient superposées les constructions successives du moyen âge et des temps modernes, et même contemporaines, et les réparations hâtives, souvent informes, des époques les plus diverses.

Bien typique en ce sens est la *Tour de l'Archevêque*, qui dresse sur une haute base ibérique de régulières assises romaines percées d'une fenêtre à balcon et se couronne, comme il convient à sa restauration du moyen âge, de machicoulis et de créneaux; bien typique aussi la *Poterne du Capiscol*, dont le linteau colossal sert de base à l'autel de la chapelle du séminaire, ou, dans une autre partie de l'enceinte qui borde aujourd'hui la rue de Grenade, au nord de la ville, la *Portella*, réduite à supporter sur ses linteaux pesant ensemble plus de 36,000 kilogrammes

des maisons toutes modernes, sans style et l'air
piteux, triste amas de moellons informes et de plà-
tras crûment badigeonnés.

Ce sont là, comme il arrive dans les champs d'explorations de la préhistoire, les couches d'alluvions
déposées par les époques et les civilisations successives, et destinées sans doute à s'accroître d'apports
nouveaux.

Chacun de ces âges eut à Tarragone sa part de
gloire, et l'art ne tarda pas à y fleurir, jusqu'à l'épa-
nouissement superbe de la Cathédrale. Pour nous en
tenir aux temps antiques, si la cité cessétanienne a
plus de mystère, la cité romaine a plus d'éclat. Les
ruines, les monuments révélés par les fouilles, les
débris d'architecture, les sculptures, les inscriptions
conservées au riche musée provincial célèbrent haut
la ville des Scipions.

Dès que les conquérants se furent établis dans la
forteresse, l'enceinte, rajeunie sans trop perdre de sa
force herculéenne, enferma les édifices somptueux
qui ne peuvent manquer aux grandes capitales
romaines, les temples, les palais, le gymnase, avec
les lieux de plaisir, le théâtre et le cirque. Un vaste
Forum, traversé par la voie triomphale, fut ouvert
aux assemblées et au commerce. Hors des murs, au
flanc de la colline, se creusèrent les gradins d'un

amphithéâtre ; une canalisation, dont l'origine fut à plus de vingt-cinq kilomètres, conduisit à travers monts et vallées aux fontaines de la ville et aux bassins des Thermes des eaux abondantes et pures.

La riche épigraphie tarragonaise nous renseigne sur les dieux grands et petits auxquels la ville ou les particuliers rendaient un culte. *Ab Jove principium;* Jupiter Optimus Maximus avait un temple, sans doute très ancien, celui qui évoquait la venue et l'abandon d'Europe, car Suétone raconte que les habitants offrirent à Galba, lorsqu'il fut proclamé empereur en Espagne, une couronne d'or du poids de quinze livres qu'ils prirent « dans le vieux temple de Jupiter ». Junon eut aussi des fidèles, ainsi que Minerve et Vénus ; Mars fut honoré sous le vocable de Mars Campestris ; Neptune eut son sanctuaire, comme il convenait dans un port de mer important, et il ne manqua pas de chapelles à Isis et à Mithra, voire à Silvanus et à Circé.

Mais il semble que surtout la flatterie impériale ait excité la piété des Tarraconais. Pour eux Auguste, après sa mort, éclipsa tous les autres dieux. Tacite nous a dit comment la ville demanda l'autorisation d'élever un temple à l'Empereur, comment le Sénat lui concéda cet honneur, comment l'exemple fut suivi par toutes les provinces de l'Espagne.

Le temple d'Auguste à Tarragone, dont l'emplacement ne nous est pas connu, fut un monument magnifique. On en peut juger par de nombreuses monnaies portant sur une face l'Empereur assis, sceptre en main, couronne en tête, avec l'exergue DEO AVGVSTO, sur l'autre l'image de l'édifice avec ces mots CV TT (1) AETERNITATIS AVGVSTÆ. La façade du temple avait huit colonnes corinthiennes portées sur un soubassement à plusieurs degrés, dont l'aspect varie du reste selon les diverses émissions. Il était de riche architecture, si l'on en juge par un superbe morceau de frise que l'on admire au Musée dans toute l'élégance luxueuse de ses grands rinceaux fleuris, et par des fragments des bases, des fûts, des chapiteaux de quelques colonnes.

On remarque près de ces débris les restes d'un bas-relief ornemental intéressant ; on y voit une grosse guirlande de feuilles de chêne et de glands accrochée par une bandelette aux cornes d'un crâne de bœuf, et dans le champ, ici un bonnet de flamine, là une torche. C'est probablement tout ce qui subsiste d'un grand autel consacré de son vivant à Auguste, dont parle un texte latin, et dont certaines monnaies nous ont conservé la forme. Quintilien raconte à son sujet une amusante anecdote : on fit savoir en grande cérémonie à l'Empereur, comme un miracle heureux, qu'un palmier avait poussé sur son autel : « On voit, répondit Auguste, combien souvent vous y allumez du feu ! »

(1) C(olonia) V(ictrix) T(riumphalis) T(arraco).

Le culte d'Auguste associé à celui de la déesse
Rome, et par la suite le culte des Empereurs, fut
organisé magnifiquement aux frais de la Province,
mais il n'eut rien de particulièrement original. Ce
qu'il y a d'intéressant ici, c'est que Tarragone avait
pris en Espagne, et l'une des premières villes du
monde romain, l'initiative de ces apothéoses, et par
suite de circonstances toutes spéciales. Les historiens
nous ont dit comment Auguste, ayant débarqué à
Tarragone avec une armée pour marcher contre les
Cantabres, en l'an 27 avant Jésus-Christ, tomba
malade dans la Colonie et y séjourna deux années,
de sorte qu'il y fut investi de son huitième et de son
neuvième consulat. Les Tarragonais eurent le temps
de recevoir de leur hôte plus d'un bienfait et plus
d'un privilège, et leur reconnaissance s'explique
bien, si outrée qu'elle ait pu être dans sa forme.

Il reste encore debout un débris du vaste palais
qu'occupa l'Empereur; c'est la grande tour carrée,
construite en belles pierres de taille régulières, que
le populaire nomme *Torreon de Pilatos* ou *Carcel*
(prison) *de Pilatos.* D'où vient ce souvenir inattendu
de Pilate, assez fréquent d'ailleurs en Espagne ? On
prétend que Pilate serait né à Tarragone; je ne sais,
mais l'histoire de l'édifice est assez noble pour qu'on
néglige la légende. Après Auguste, d'autres empereurs l'habitèrent, Hadrien par exemple; ce fut
aussi le Prétoire des Gouverneurs romains de la
province, puis des Gouverneurs visigoths, puis, au

moyen âge, le palais des rois d'Aragon. Mais ce qui le rend non moins illustre, c'est que de là partirent, pour subir la torture dans l'Amphithéâtre, les premiers martyrs de l'Espagne, Saint Fructuose et ses compagnons, que là subit la décollation le roi martyr Saint Herménégilde.

Le Palais, alors vaste et riche, s'étendait le long de la Voie Triomphale, la *Calle Mayor* d'aujourd'hui, qui le séparait du Forum. Il n'en subsiste que cette tour, maintenant triste prison correctionnelle. Mais le *Torreon* cache plus d'un mystère, et l'on parle de chambres en sous-sol qu'il recouvre, peut-être les *carnificinæ*, ou cachots de graves criminels, et des souterrains aujourd'hui obstrués qui conduisaient à l'Amphithéâtre, et virent passer sans doute Saint Fructuose allant aux bêtes.

L'Amphithéâtre se trouvait hors des murs, sur le versant sud-est de la falaise, au bas du boulevard moderne de Santa-Clara. Le *Bagne du Miracle* (le *Penal del Milagro*), en occupe maintenant la place ; il n'en reste que quelques gradins. Du haut de cet admirable observatoire que les Tarragonais appellent *Balcon del Mediteraneo*, on peut reconnaitre la forme générale de l'immense ovale dont les deux axes mesuraient 149 et 119 mètres, dont l'arène seule était une ellipse de 85 mètres sur 56. Tout un côté des gradins s'étageaient sur le flanc de la colline, taillés dans le rocher même ; de puissants arceaux largement cintrés supportaient du côté de la mer les gradins opposés à ceux de la colline. Au début du xixe siècle, on en peut juger par de vieilles gravures, nombre de ces voûtes superposées existaient encore; il en reste aujourd'hui bien peu de chose, et les nécessités de la vie moderne ne tarderont pas sans doute à tout détruire. Mais il est curieux de voir combien il faut de patience au temps et aux hommes pour anéantir ces maçonneries des Romains, où la pierre, la brique et le ciment forment un conglomérat plus dur que le granit.

Les voûtes de l'Amphithéâtre s'émiettent lentement, bien qu'exposées à toutes les attaques dans un site que conquiert peu à peu l'extension des voies ferrées. En revanche les ruines du Cirque, enfouies depuis plus de quinze cents ans peut-être sous des maisons et des magasins de la ville haute, se défendent obstinément. Ce cirque était immense, et l'on estime que son grand axe mesurait 360 mètres, dont 306 pour l'arène, et son petit axe 70. On croit qu'il occupait tout le quartier de la ville moderne que constituent la *Plaza de la Fuente* et la *Rue del Cos del Bou*, avec nombre de rues, de ruelles, de places et de rampes adjacentes. Là, l'industrie humaine avait dû tout créer ; nulle concavité naturelle n'était préparée pour recevoir les gradins, et tandis qu'une partie seulement de l'Amphithéâtre était construite de toutes pièces, le cirque entier s'éleva au-dessus du sol, un double étage de voûtes supportant les rangs encorbellés des sièges.

« Les restes les plus intéressants, dit M. Luis del Arco, ne sont pas visibles aux touristes, parce qu'ils sont enfermés dans l'antique *Parc d'artillerie*, aujourd'hui dépôt de munitions et de projectiles, et dans les maisons contiguës de la *Bajada de la Pescaderia*. La *Rue de l'Enladrillado* repose tout entière sur les antiques voûtes et les escaliers de cette rue, ceux de la *Rue de la Miséricorde*, de la *Rue de los Cedaꝫos* et *de Arbos* rappellent la pente des degrés du Nord. Dans ce qui fut anciennement le *Parc de la Commanderie du Génie*, située entre les *Rues de l'Enladrillado* et *Trinquet Viel*, et les maisons portant les numéros pairs de cette dernière se conservent d'autres restes de voûtes romaines dans les magasins, les écuries et les caves ; surtout à l'extrémité de la rue qui touche à la *Rampe de la Miséricorde*, on voit trois voûtes complètes qui soutiennent cette pente (antique *Porte Triomphale*) et sont connues sous le nom de *covas ;* on y vend aujourd'hui des boissons et des rafraîchissements. Également dans la *Place de los Cedaꝫos*, les escaliers du même nom et la *Rue Santo Domingo* subsistent des vestiges des anciennes voûtes, formant des portes, des souterrains, des caves et des murs de séparation des maisons actuelles. Et même sur la *Place de la Fuente* (côté des numéros impairs), il y a beaucoup de maisons dont les parties basses cachent aussi à la vue du visiteur des vestiges des soubassements des gradins méridionaux. » Quant aux deux extrémités du cirque, on affirme d'après d'anciennes données que l'une, où se trouvaient les *carceres*, occupait l'emplacement actuel des *Casas Consistoriales*, tandis que l'autre, en demi-cercle, correspondait aux maisons comprises entre la *Bajada de la Pescaderia* et celle de *Pilate* ou de la *Prison*. Mais il est actuellement bien difficile de vérifier ces affirmations.

Le *Forum* était proche de ce cirque; il occupait sans doute la portion de ville qui s'étend à droite et à gauche de la *Calle Mayor* jusqu'aux degrés de la cathédrale; la *Calle Mayor* elle-même devait former la *Via triumphalis*. La place publique avec ses dépendances était peut-être entourée d'une enceinte percée de portes, et l'on croit reconnaître l'une de ces portes, l'une des principales même, dans l'arc vigoureux, mais sans grand caractère, qui s'est conservé à la *Plaça del Pallol*, près du *Beaterio de Santo Domingo* et de la *Bajada del Rosario*.

Le Théâtre répondait certainement en magnificence à l'Amphithéâtre et au Cirque. On en connaît depuis 1885 l'emplacement, découvert par hasard au cours de terrassements, entre la *Rue San Magin* et les Écoles publiques. Les gradins se sont retrouvés à huit ou neuf mètres de profondeur, soutenus comme ceux de l'Amphithéâtre et du Cirque par de fortes voûtes. Par malheur, la fouille ne fut pas poussée bien avant, et tout fut bientôt anéanti, sauf deux misérables restes de voûtes.

Rien ne permet de préciser la date où fut cons-

truit le Théâtre ; au contraire, ce n'est pas sans de
solides raisons fondées sur des trouvailles de monnaies qu'on attribue à une très basse période, entre
les règnes de Gratien et ceux d'Arcadius et Hono-
rius, un vaste ensemble de constructions mises au
jour au cours du xixe siècle, dans la ville basse, au
fond du port, lorsqu'on exécuta des travaux pour
installer l'usine à gaz et disposer les gazomètres
successifs. Ce fut un vaste et fécond champ de
fouilles ; plus de mille objets recueillis, de toute nature, enrichirent le Musée. Ce grandiose ensemble,
les Thermes et le Gymnase, flanqués d'un temple
de Vénus et d'un temple de Minerve, dernier effort
de la civilisation romaine décadente, fut sans doute
brutalement détruit au milieu du ve siècle par les
hordes visigothes d'Euric.

En 1857, il restait encore au jour quelques voûtes
dont la mine et la poudre purent seules avoir raison. Mais à creuser profondément le sol en cette
même année 1857, puis en 1881, 1882, 1883, on
retrouva des ruines en abondance. « Il faut avoir
assisté aux fouilles, dit un rapport officiel, pour se
former une idée de la terrible destruction de l'édifice : d'énormes pierres de taille confusément entassées au-dessus de tuiles et de briques en morceaux ; débris de pavements en très dur béton repo-
sant sur d'épaisses murailles renversées, et, saillant
en tous sens, des poutres carbonisées, parmi des
monceaux de cendres et de terres noircies par un

furieux incendie ; tout était confondu et mis sens dessus dessous, et l'on pouvait dire sans exagération que les Visigoths, rendus fous de colère par la résistance de la ville assaillie, ne laissèrent pas pierre sur pierre. Lorsqu'on arrivait au fond des tranchées, c'était horrifiant de voir l'amoncellement de ruines confuses, offrant l'aspect que présentait la ville de Troie après sa terrible destruction. »

On comprend qu'il soit impossible de dresser un plan exact des Thermes, que l'on est convenu d'appeler *Thermes de Théodose*, et des édifices adjacents. Ces fastueuses constructions, avec leur gymnase, leurs portiques et leurs exèdres, ne sont plus qu'un souvenir archéologique du temps où l'Empire romain jetait les dernières étincelles de sa splendeur mourante, et ce n'est pas mon intention d'en poursuivre la description très hypothétique.

J'aime mieux entrer au Musée, où quelques œuvres vraiment belles retrouvées, par bonheur et conservées dans leur ville même, témoignent que la Colonie romaine fut une ville de goût, où les arts eurent une place privilégiée.

Je ne m'arrête pas, malgré leur intérêt, aux débris d'architecture, où se distingue par sa richesse ornementale la frise du temple d'Auguste ; je signale seulement, comme ayant surtout une valeur docu-

taire, et ne plaisant guère qu'aux historiens et aux
archéologues de métier, la précieuse collection des
inscriptions lapidaires, une des plus importantes de
l'Espagne, celle des lampes ornées de reliefs, celle
des tessons sagontins agrémentés de marques, de
cachets ou de graffites ; je néglige l'habituelle assemblée des sculptures courantes, statues et bustes de
banale industrie romaine, pour m'arrêter devant
quelques œuvres d'un tel prix qu'elles tiendraient
des places d'honneur dans une galerie d'Athènes ou
de Rome, comme elles méritaient d'orner un temple
opulent ou une luxueuse villa au plus beau temps
de l'Empire.

Telle est la jolie Vénus, par malheur bien mutilée,
puisqu'elle est sans tête et presque sans bras et
sans jambes, qui dans son élégante et fine nudité
rappelle les plus suaves créations du ive siècle, et
surtout ce jeune Dionysos ou ce jeune Satyre en
marbre de Paros qui évoque si naturellement le
nom de Praxitèle.

Le bel adolescent, épanoui dans la fleur de son
corps svelte et gracile, joyeux et frais comme le
printemps, s'appuie contre un tronc d'arbre, et de
sa main droite qui levait haut le thyrse symbolique
ou la grappe de raisin, agace l'agilité curieuse ou
gourmande d'une petite panthère familière. Le motif est bien connu ; cent répliques, cent variantes en
ont fait depuis longtemps goûter la grâce pittoresque. Mais il n'en est guère qui ait plus de saveur

attique en la simplicité savante de son rythme, en la
pureté souple de ses contours. Le marbre, tout en-
dommagé qu'il soit, illumine d'un rayon de gloire
la salle modeste où s'élève sa blancheur ambrée.
Pourtant le visiteur qui l'admire détourne ses regards, et déplore comme une perte douloureuse que
la tête de l'éphèbe ait disparu, cette tête où le ciseau savant dut caresser avec tant d'amour et de souplesse les cheveux bouclés ou frisés en mèches ca-
pricieuses, les yeux espiègles et rieurs, les joues, la
bouche, le menton aux délicatesses troublantes
d'adolescence ambiguë.

Près de Vénus et de l'Éphèbe est une femme aux
formes matronales, peut-être une déesse, Pomone.
Sa gorge, ses hanches, ses flancs savoureux transpa-
raissent sous une fine toile collante et comme
mouillée, rappelant les artifices des étoffes chaste-
ment indiscrètes qu'aima Phidias. Mais hélas! Pomone, si c'est elle qu'on doit reconnaître aux fruits
qu'elle portait devant elle dans un pli de son ample
robe, Pomone a souffert les pires blessures : sa tête
a disparu ; ses bras sont rompus jusqu'à l'épaule, ses
jambes bien au-dessus des genoux. Là encore le
spectateur s'irrite du lamentable état d'une œuvre
qui fut belle.

Par bonheur, un véritable bijou de l'art alexan-
drin dans ce qu'il eut de plus artistement observé,
de plus spirituellement réaliste, nous attire et nous
réconforte. C'est un charmant négrillon de bronze,

pittoresque ornement d'un magnifique lampadaire.
L'enfant a bien failli périr dans la carrière du port
où on l'a retrouvé ; une lourde pierre tombée d'un
édifice romain l'écrasa, l'aplatit, le rompit en morceaux, et c'en était fait d'un amusant chef-d'œuvre
sans la patiente adresse qui recueillit les moindres
parcelles du métal, les rajusta, leur rendit la forme
et la vie.

L'enfant était debout devant son lampadaire, qu'on
a pu reconstituer à peu près dans ses parties essen-
tielles. Il tient sur ses deux avant-bras et ses deux
mains tendues le plateau qui devait porter les ustensiles destinés à l'entretien des lampes. Rien n'est
nouveau, ni dans l'attitude très simple de son corps
ni dans le rythme très peu marqué de ses jambes,
et pourtant la figurine est de haut prix. C'est que le
modeleur, sans autre dessein que de créer un joli
modèle industriel, se rattache à l'école de ces ingénieux artistes qui donnèrent un éclat incomparable
à la sculpture de genre, et que souvent leurs préfé-
rences poussèrent à sculpter des corps d'enfants.

Si, dès l'époque classique, les grands maîtres se
plurent à tirer parti du contraste qu'offre avec la
plénitude et la vigueur des corps adultes la grâce
molle et ingénue de l'enfance, du moins il faut attribuer aux artistes du IIIᵉ siècle et aux Alexandrins,
leurs élèves, l'effort qui aboutit à la connaissance et
à la reproduction plus vraie et plus réelle du visage
et des formes puériles. Ils n'ont pas été les premiers

sans doute à s'intéresser à ces chairs potelées et
rondes où se blotissent les fossettes, où le souple et
tendre épiderme se creuse en plis imprévus; d'autres
avant eux avaient subi le charme des jolies petites
figures étonnées ou ravies, des balbutiements, des
rires, et même des chagrins, des colères et des pleurs
des bébés ; d'autres s'étaient amusés des mouvements et des jeux du premier âge, avec leur grâce
maladroite. Mais plus et mieux que jamais ceux-là
se sont plu à faire revivre dans le marbre ou le
bronze tout ce petit monde pittoresque, avec le souci
constant des traits naïfs qui lui donnent tant d'a-
gréable et plaisante variété.

C'est dans cette collection de *putti* d'un réalisme
charmant qu'il faut placer l'enfant de Tarragone,
mais dans la série même il se distingue. Ce n'est pas
un enfant quelconque, c'est un petit nègre, et le
choix de sa race est loin d'être indifférent. Il n'y a
rien de nouveau dans ce fait même ; les représentations de nègres sont fréquentes dans l'art grec à
toutes les époques ; mais c'est surtout à l'époque
romaine qu'on fait aux Éthiopiens l'honneur de
leur consacrer des œuvres de quelque importance.
On peut même dire que ce sont les Alexandrins —
la chose s'explique tout naturellement — qui ont
donné l'exemple. Sans compter que les artistes vivant en Égypte avaient sous les yeux en plus grand
nombre les esclaves venus du Haut-Nil, qui pas-
saient par leur ville avant de se répandre dans le

monde romain, il y avait dans le type même de ces hommes noirs de quoi satisfaire largement le goût du rare et de l'inédit. La couleur de ces corps musclés, métal vivant à l'obscure patine, l'étrange laideur de ces visages bestiaux, tous les signes singuliers d'une race primitive et barbare imprimés sur leurs membres et sur leur face, devaient solliciter l'observation curieuse des artistes gréco-romains et l'audacieuse virtuosité de leur ciseau.

Beaucoup ont exagéré ces caractères si particuliers pour les tourner en ridicule; les caricatures de nègres sont très nombreuses; mais souvent aussi l'inspiration, l'idée restent sérieuses. Le négrillon de Tarragone, malgré son origine industrielle, est une œuvre très sincère, d'un réalisme de bon aloi; il est copié sur le vif, sans outrance ni parti pris. La tête est courte et large, grossie par l'abondance des cheveux crépus; le nez est gros, fortement épaté, plus large que long; les lèvres sont charnues et proéminentes, les yeux étroits, à fleur de tête, les oreilles bouffies. Tout le torse, épaules, reins et poitrine, est assez ample et nourri de muscles; les cuisses ont des saillies rondes et fermes; au contraire le bas des jambes, les mollets et les chevilles sont d'une gracilité sèche, en désaccord avec le haut des membres, détail de conformation qu'on remarque souvent dans les races d'Afrique. Mais ce qui attire surtout l'attention, c'est la proéminence du ventre rond et bombé, séparé par un pli net et dur du bas-ventre très aplati. Voilà, rendu aux dépens de la grâce et de la beauté, un nouveau trait d'observation et de nature.

Enfin, ce qui donne encore plus de prix à cette œuvre, c'est qu'en portant infailliblement écrites sa date et son école, elle est exempte des défauts que le plus souvent on est contraint de reprocher aux productions de cette époque et de cette école. Comme dès le ive siècle, avec Praxitèle et ses émules, comme un peu plus tard avec leurs disciples directs la sculpture avait atteint l'apogée de sa gloire classique, comme elle ne fuyait l'expression d'aucune pensée, comme la technique et la facture n'avaient plus de secrets pour elle, les artistes hellénistiques s'étaient peu à peu laissés aller sur la pente des abus. Voulant à tout prix donner des notes nouvelles, ils ne les avaient trouvées que dans l'excès des qualités qu'ils prisaient le plus. De là dans les œuvres les plus caractérisées des Alexandrins la recherche trop ingénieuse des sujets rares et l'affectation de l'esprit. Très souvent sous leur ciseau la grâce devient mièvrerie, l'ingénuité se tourne en minauderie, la finesse en esprit subtil. Dans ce monde pittoresque, mais où s'est glissée la convention dangereuse, notre négrillon est une exception très frappante. Je connais peu d'œuvres aussi sincères, d'une observation aussi fine sans subtilité, et d'une exécution aussi franche. Bref, la figurine industrielle reste, au sens le plus pur et le plus haut, une œuvre d'art.

Qu'importe maintenant qu'au Musée se pressent tant de sculptures quelconques, que s'accumulent des débris sans nom, où seuls les archéologues héroïques trouvent à ramasser des glanures d'histoire? Le visiteur qui a senti le charme original du petit Éthiopien peut sans regret quitter le Musée dont il est la gloire.

Il lui reste à sortir de la ville, en jetant un dernier regard à l'enceinte cyclopéenne, pour faire l'excursion classique de la *Tour des Scipions* et de l'*Aqueduc de las Ferreras*.

Le monument que la tradition appelle la *Tour* ou mieux encore le *Tombeau des Scipions*, porte assurément une fausse et trompeuse étiquette. Les Scipions n'ont pas eu leur tombeau près de Tarragone; il pourrait tout au plus être question d'un cénotaphe, car on sait le destin malheureux des deux frères, et comment, tués l'un et l'autre, à vingt-neuf jours d'intervalle, en luttant contre les Carthaginois de Magon et des deux Hasdrubals et les Celtibères du vaillant Indibilis, leurs corps disparurent dans la déroute, loin, bien loin de Tarragone, aux champs de la mystérieuse Anitorgis.

D'aucuns prétendent que ce soi-disant mausolée des deux Romains illustres n'est que le sépulcre sans mérite d'un Tarragonais quelconque, et que la vue n'en vaut pas la peine qu'on prend à l'aller découvrir.

Tel n'est pas mon avis. Mais que celui qui veut sentir le prix de la promenade ne s'enferme pas dans un *coche* sale et cahotant; qu'il descende par un beau matin d'été les pentes qui de la ville conduisent à la route de Barcelone, et qu'il gagne pédestrement le lieu proche où s'élève le tombeau Ce sont cinq ou six kilomètres assez rudes au marcher; et je ne donne aucune assurance contre les ornières, les cailloux ni la poussière; je n'excuse pas l'ardeur du soleil surchauffant une chaussée nue. Mais que la lumière est sereine qui bleuit sombrement la mer et jaunit d'or les champs où la chaleur vibre et palpite! Que l'air est savoureux, saturé des âpres aromes des caroubiers aux cosses noires! Le chemin est monotone peut-être au bord des criques désertes, à travers les maigres cultures côtières; mais peu à peu pourtant le silence, la solitude, la simplicité claire du paysage vous saisissent d'un attrait de plus en plus fort et plus prenant.

Et quand presqu'au bord de la route, dans un chétif bosquet de pins desséchés et tordus au grand souffle de la mer, apparaît abandonné, solitaire, découronné, souillé de graffites sacrilèges, mais ferme encore en l'ajustement de ses pierres carrées et solides, défiant les siècles futurs comme il a vaincu les siècles passés, le tombeau, le cœur s'émeut comme d'un grand respect.

Deux figures de pleureurs se détachent en bas-
relief sur la face même de la tour carrée, et c'est là,
avec quelques rares moulures, toute l'ornementation du sépulcre, de lignes sobres et de très
simple architecture. Au-dessus d'eux une épitaphe
effritée par endroits jette en défi aux plus hardis
épigraphistes le mystère de ses mots et de sa formule,
le secret inviolé du mausolée et le nom obscur ou
glorieux de son hôte ibère ou romain.

Le temps et le vent salin ont rendu rugueuse la
surface ici noircie et là dorée des pierres ; ils ont
abattu le fronton ou le toit qui élevait plus haut le
monument d'orgueil ou de touchant souvenir, et
c'est bien l'ordinaire mélancolie des ruines solitaires. Mais une poésie grave s'épand des pierres antiques dans le soleil éblouissant, et par la campagne
déserte, qui ne veut pas oublier, passe comme un
rayon de l'immortelle grandeur de Rome.

Il brille aussi, ce rayon, et d'un éclat non moins
glorieux et poétique, sur l'Aqueduc de las Ferreras,
que l'imagination populaire appelle le *Pont du
Diable*.

Il fallait à la populeuse cité, à ses édifices, des
eaux distribuées en abondance ; on alla les chercher
bien loin, à dix lieues de Tarragone ; on les
emprunta à la petite rivière qui s'appelle aujourd'hui
le *Rio Gaya*, près de *Pont de Armentera*. Un long
canal souterrain cimenté les conduisit jusqu'à la
ville à travers les ondulations du sol. Mais, à quatre

kilomètres de l'enceinte, un vallon profond coupait brusquement la ligne ; au lieu du siphon qu'aurait établi un ingénieur moderne, le romain éleva le conduit des eaux sur la crête d'un étroit pont à double étage. L'Aqueduc, comme la Tour des Scipions, a bravé l'usure des siècles ; il dresse encore et découpe sur le ciel pur ses hardis arceaux ; il vit encore et vivra longtemps dans sa majesté légère pour l'admiration des âges successifs.

L'Aqueduc de Ségovie, le plus fameux de l'Espagne, est plus long et plus haut. Il l'emporte, il est vrai, par la puissance de sa structure inébranlable, la masse et la taille de ses blocs entassés ; jeté comme un arc de triomphe géant par dessus les maisons basses qu'il écrase, par dessus les hommes, semblables à des pygmées, qui s'agitent à ses pieds, il impose aux générations l'orgueil de sa force et de son éternité. Mais le *Pont du Diable*, dans le repli dormant de collines où se profilent ses arches sveltes, a le prestige de l'élégance plus belle que la force.

Vers lui, comme vers le *Tombeau des Scipions*, c'est à pied qu'il faut diriger sa promenade. La route de Vals se déroule tristement, large et sans ombre, poussiéreuse, au sortir de la ville ; elle atteint bientôt une hauteur culminante d'où le regard se reporte en arrière sur Tarragone déjà lointaine et imprécise, comme couchée et endormie aux pieds de l'altière Cathédrale. En avant, jusqu'à l'horizon borné de montagnes claires, s'étalent de riantes cultures, une plaine fertile où les gros bourgs sèment de vives taches blanches dans la verdure moutonnante des vignes et des vergers. Puis c'est la marche tranquille à travers l'alignement alterné des noisetiers touffus et sombres et des vignes exubérantes ; puis tout à coup, sur la droite, c'est l'alignement des arcades inattendues, c'est dans la paix champêtre d'un vignoble très moderne, au-dessus des pampres rampants et lourds dont chacun semble chargé des grappes de la Terre Promise, l'élancement ajouré du Pont audacieux. Chaque pierre porte inscrit en sa patine sombre ou dorée le témoignage des vingt siècles de soleil qui l'ont rendu plus beau.

Qu'il est vieux et qu'il est vénérable l'Aqueduc de Tarragone, et dans quel recul millénaire entraînent la pensée sa crête dentelée par les âges et l'incurie des hommes, ses piliers où par places d'énormes plâtras enveniment plutôt qu'ils ne guérissent les blessures du temps et les inévitables lézardes ! Mais qu'il paraît jeune encore, lui que son courageux constructeur conçut élégant et svelte en un miraculeux équilibre, tempérant la force par la légéreté !

Au fond du vallon creux, assis contre une des piles décroissant en tronc de pyramide, qu'il est intéressant de suivre des yeux la courbure, pure comme au premier jour, des arcades superposées où s'enchâssent des cercles d'azur ! Là, dans le silence de l'ombre transparente, l'esprit s'abandonne avec plaisir au rêve ou bien au souvenir ; c'est là qu'il est doux d'évoquer en raccourci l'histoire de la ville voisine, la station presque légendaire des Cessétaniens barbares, vivant leur vie sauvage sous la garde de l'enceinte formidable et géante, puis la ville des Scipions et la Colonie romaine, où resplendirent en bâtiments superbes la richesse et la puissance de Rome, où plane encore et s'étend jusque sur les campagnes prochaines son rêve de domination éternelle.

BIBLIOGRAPHIE. — Micer Luys Pons de Ycart, *Libro de las grandezas y cosas memorables de la metropolitana insigne y famosa ciudad de Tarragona*, Lerida, 1572. — P. Florez, *España Sagrada*, t. XXIV, (*Antigüedades tarraconenses*) Madrid, 1769. — Alexandre de la Borde, *Voyage pittoresque de l'Espagne*, Paris 1806-1820. — Juan Francisco Albiñana y Borras, Andres de Bofarull y Broca, *Tarragona monumental*, Tarragona, 1849. — Hernandez Sanahuja, *Historia de Tarragona antigua*, publiée par les soins d'Emilio Morera Llaurado (1892). — Emilio Morera Llaurado, *Tarragona antigua y moderna*, 1894. — Angel del Arco y Molinero, *Catalogo del Museo arqueologico de Tarragona* (1894). — Luis del Arco, *Guia artistica y monumental*

de *Tarragona y su provincia*, 1906. — E. Hübner, *Die
antiken Bildwerke in Madrid*, Anhang, p. 283-288 (Berlin, 1862). — Id., *Tarraco und seine Denkmæler*, dans
Hermes, I (1866) p. 77-127. — Id., *Corpus Inscriptionum latinarum*, II, p. 538.

TABLE DES MATIÈRES

TABLE DES GRAVURES

III. — Elche.

Bulletin hispanique. Bulletin hispanique, t. VIII, pl. VIII, nº 54).

Dans la palmeraie d'Elche. (Photographie inédite de l'auteur).

Pl. XXI. — **Tesson ibérique d'Elche. Musée de Madrid.** (Pierre Paris, *Essai*, t. II, pl. I).

Pl. XXII. — **Tesson ibérique d'Elche. Université de Bordeaux.** (Cliché du *Bulletin hispanique*, t. VIII, pl. VII, nº 46).

Pl. XXIII. — **Tesson ibérique d'Elche. Université de Bordeaux.** (*Ibid.*, t. VIII, pl. III, nº 11).

Pl. XXIV. — **Tessons ibériques d'Elche. Université de Bordeaux.** (*Ibid.*, t. VIII, pl. VIII, nᵒˢ 56, 55).

Pl. XXV. — **Tessons ibériques d'Elche. Université de Bordeaux.** (*Ibid.*, t. VIII, pl. VIII, nº 49 ; t. IX, pl. I, nº 58).

Pl. XXVI. — **Tessons ibériques d'Elche. Université de Bordeaux.** (*Ibid.*, t. VIII, pl. VII, nº 45 ; t. IX, pl. I, nº 59).

IV. — CARMONA ET LES ALCORES.

Pl. XXVII. — **Tartane dans les Alcores.** (Photographie inédite de George Bonsor).

Paysannes des Alcores en costume masculin. (*Id.*).

Porte de Cordoue à Carmona. (*Id.*).

Porte de Séville à Carmona. (*Id.*).

Tête de femme. Époque romaine. Musée de Carmona. (*Id.*)

V. — Osuna.

Pl. XLIII. — **Dans les carrières d'Osuna.** (Photographies inédites d'Arthur Engel et de l'auteur).

VI. — Numance.

Pl. XLIV. — **Vue générale de la colline de Numance.** (Photographie inédite d'Adolf Schulten.)

Pl. XLV. — **La colline de Numance et le Duero Vue prise du Pont de Garray.** (*Ib.*).
   Sur la route de Numance. (Photographie inédite de Georges Radet).
   Sur le Pont de Soria. (*Ib.*).

Pl. XLVI. — **Chambre à six colonnes dans le quartier général de Scipion** (*Castillejo*). (Photographie inédite de A. Schulten).
   Castillejo. Camp général de Scipion en face de Numance. (*Id.*).

Pl. XLVII. — **Dans le camp de Pena Redonda. Vue sur le Duero et la plaine.** (Photographie inédite de G. Radet).
   Mur d'enceinte du Camp de Castillejo. (*Id.*).
   Dans le camp de Castillejo. (*Id.*).

Pl. XLVIII. — **Poteries ibériques de Numance. Cheval et oiseau. Musée de Soria.** (Clichés prêtés par M. G. Radet, Directeur du *Bulletin hispanique*. Pierre Paris, *Fouilles et découvertes archéologiques en Espagne et en Portugal*, t. X. p. 342, fig 10, 11).
   Oenochoé ibérique de Numance. Musée de Soria. (*Ibid.* p. 341, fig. 8).

Poterie très antique de Numance. Musée de Soria. (*Ibid*. p. 340, fig. 6).

VII. — TARRAGONE.

Pl. XLIX. — **Enceinte primitive**. (D'après une photographie).

Poterne du Capiscol, Enceinté cyclopéenne de Tarragone. (Pierre Paris, *Essai* t. I. fig. 13).

Pl. L. — **Base cyclopéenne de la Tour de San Magin à Tarragone.** (*Ibid.*, t. I, fig. 15).

Une arche du Pont du Diable à Tarragone. (Photographie inédite de l'auteur).

Pl. LI. — **Amphithéâtre romain de Tarragone.** D'après une gravure de l'España Sagrada. R. P. Enrique Florez, *España Sagrada*, t. XXIV, p. 228).

Castillo de Pilatos à Tarragone. (D'après une photographie).

Pl. LII. — **Vénus. Musée de Tarragone.** (D'après une photographie).

Négrillon et lampadaire. Musée de Tarragone. (*Id.*).

Dionysos. Musée de Tarragone. (*Id.*).

Pl. LIII. — **Pont du Diable. Aqueduc romain de Tarragone.** (Photographie inédite de l'auteur).

Pl. LIV. — **Prétendu Tombeau de Scipion à Tarragone.** (D'après une photographie inédite).

Le Puy-en-Velay. — Imp. Peyriller, Rouchon et Gamon, 23, boulevard Carnot.

Plateau d'Altamira

Entrée de la Grotte d'Altamira

E. Leroux, *Édit.*

Caverne d'Altamira. — Le grand salon et son plafond polychrome

E. Leroux, *Edit.*

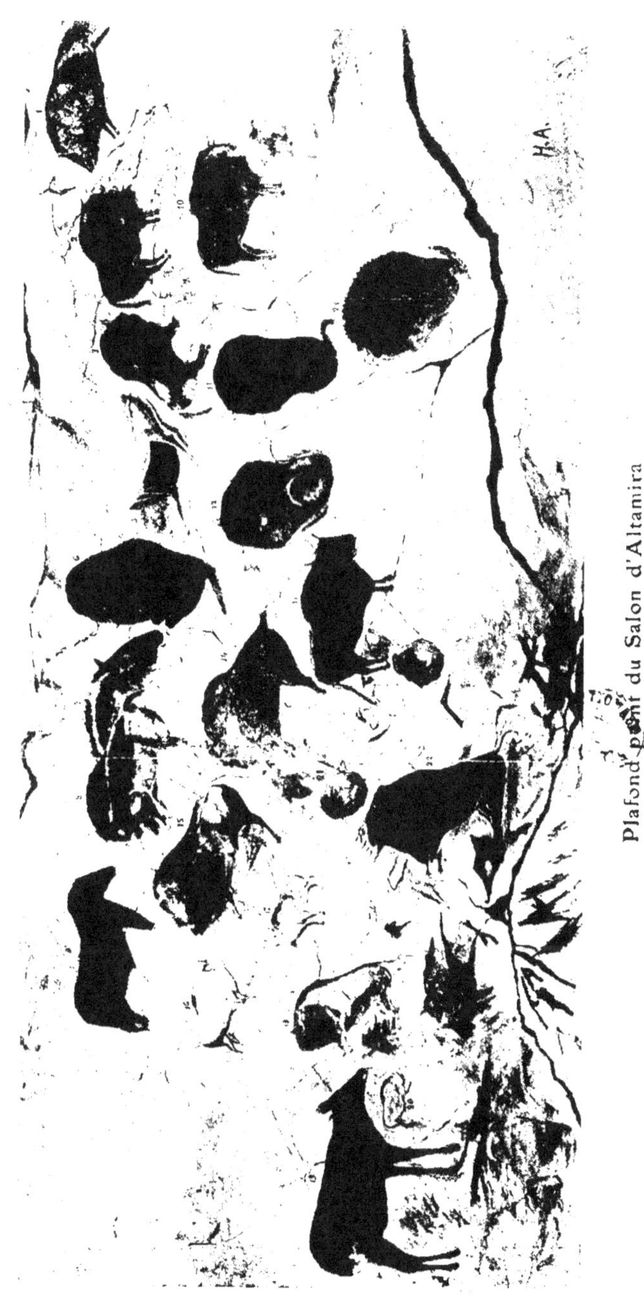

Plafond peint du Salon d'Altamira

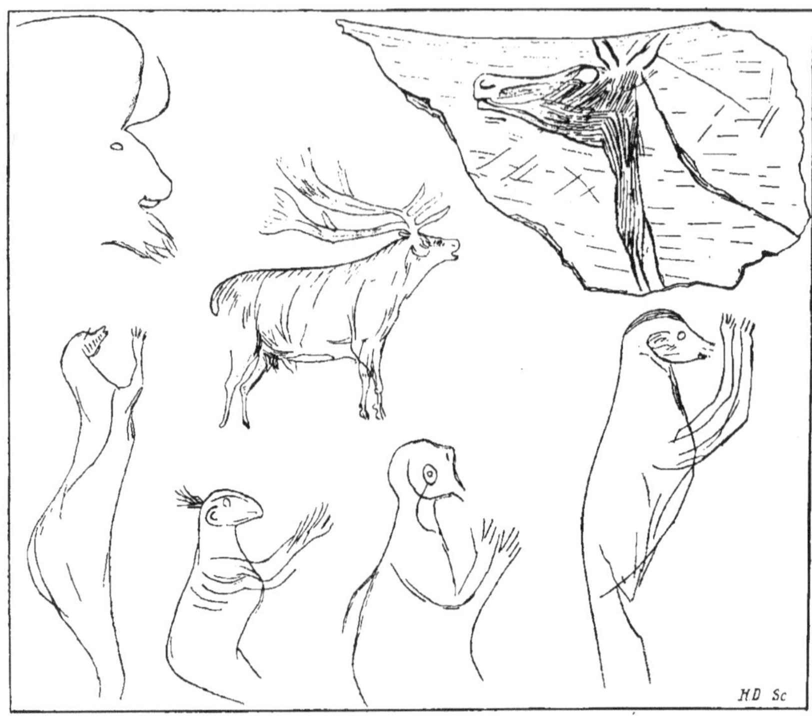

Profil de bison, cerf, figures anthropomorphes gravées sur le rocher.
Tête de biche gravée sur une omoplate.

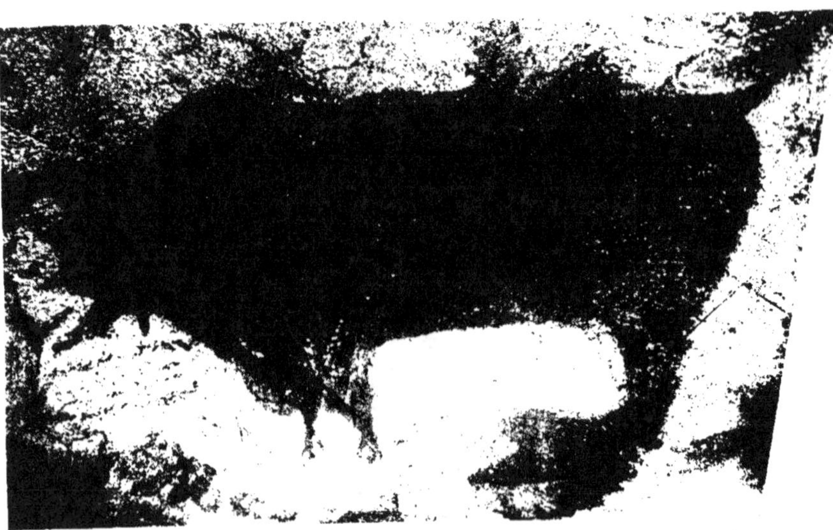

Un bison polychrome. Photographie directe

E. LEROUX. *Edit.*   H. DEMOULIN, *Sc.*

Altamira. — Bison polychrome

Grande biche polychrome, petit bison noir. — Signes rouges

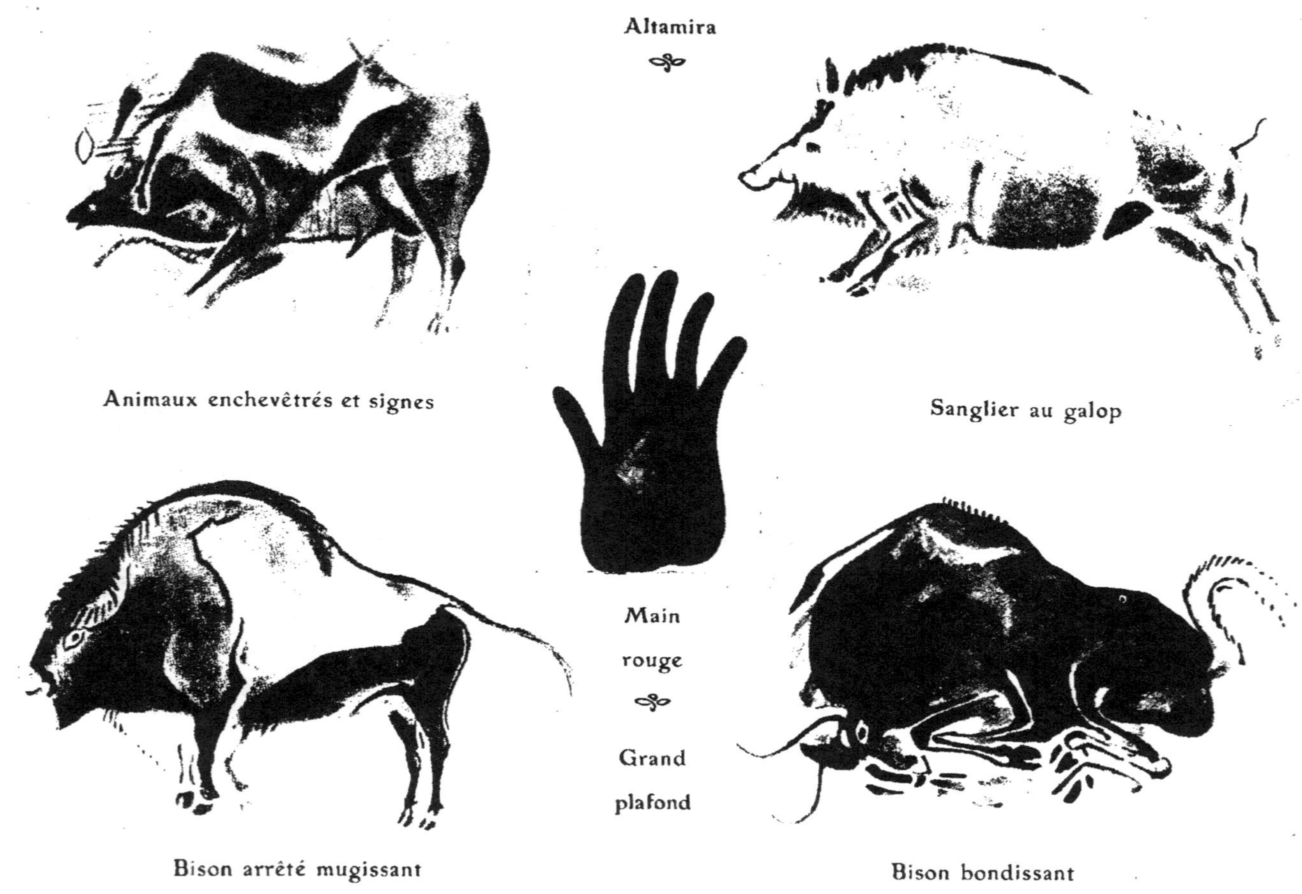

Altamira

Animaux enchevêtrés et signes

Sanglier au galop

Main

rouge

Grand

plafond

Bison arrêté mugissant

Bison bondissant

H. Demoulin, Sc.

E. Leroux, Edit.

A. — Gravures dans la grotte de Covalanas

B. — 1 à 5, Gravures de Hornos de la Peña
6 et 7, Bisons à Castillo
8, Main au patron à Castillo

E. Leroux, *Edit.*

H. Demoulin, *Sc.*

En tartane. — Route de Montealegre

Montealegre

E. Leroux. *Edit.*

H. Demoulin, *Sc.*

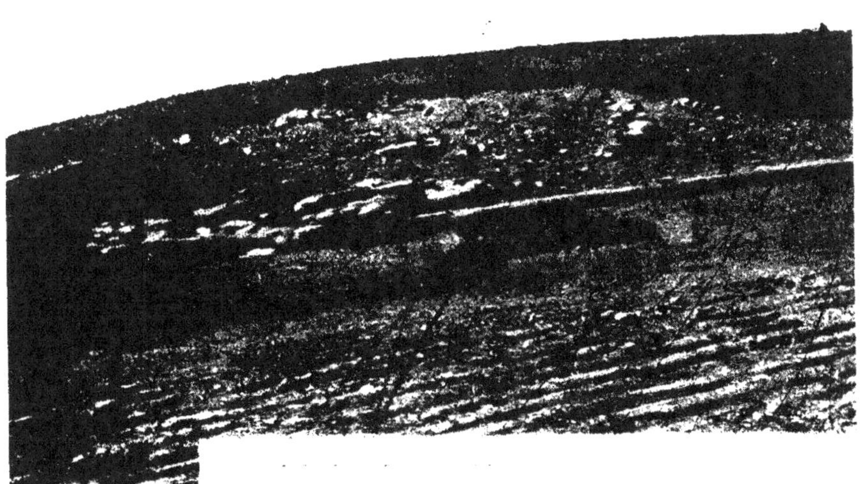

Vue générale
du Cerro
de los Santos

Acropole
de Meca

Cerro de los Santos. Ruines du Temple

E. Leroux. *Edit.*   H. Demoulin, Sc.

La grande Statue du Cerro de los Santos
Musée de Madrid

Une « Sainte »
du Cerro de los Santos
Musée de Madrid

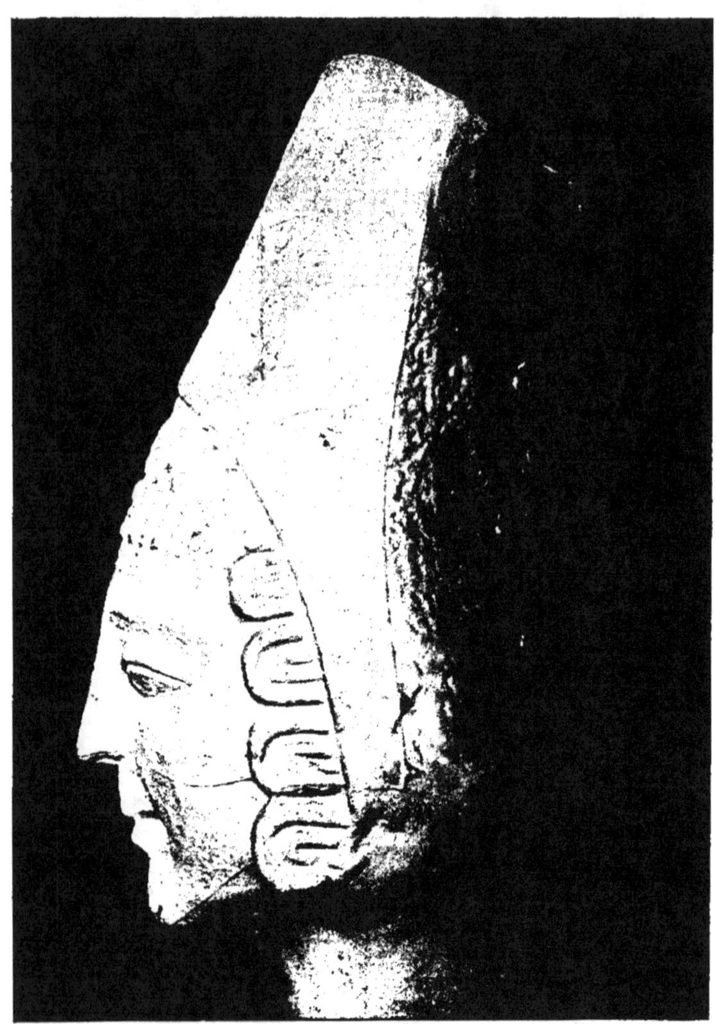

Tête de femme mitrée
Cerro de los Santos
Moulage au *Musée de Madrid*

E. Leroux. *Edit.*   H. Demoulin, *Sc.*

Groupe du Cerro de los Santos
Musée de Madrid

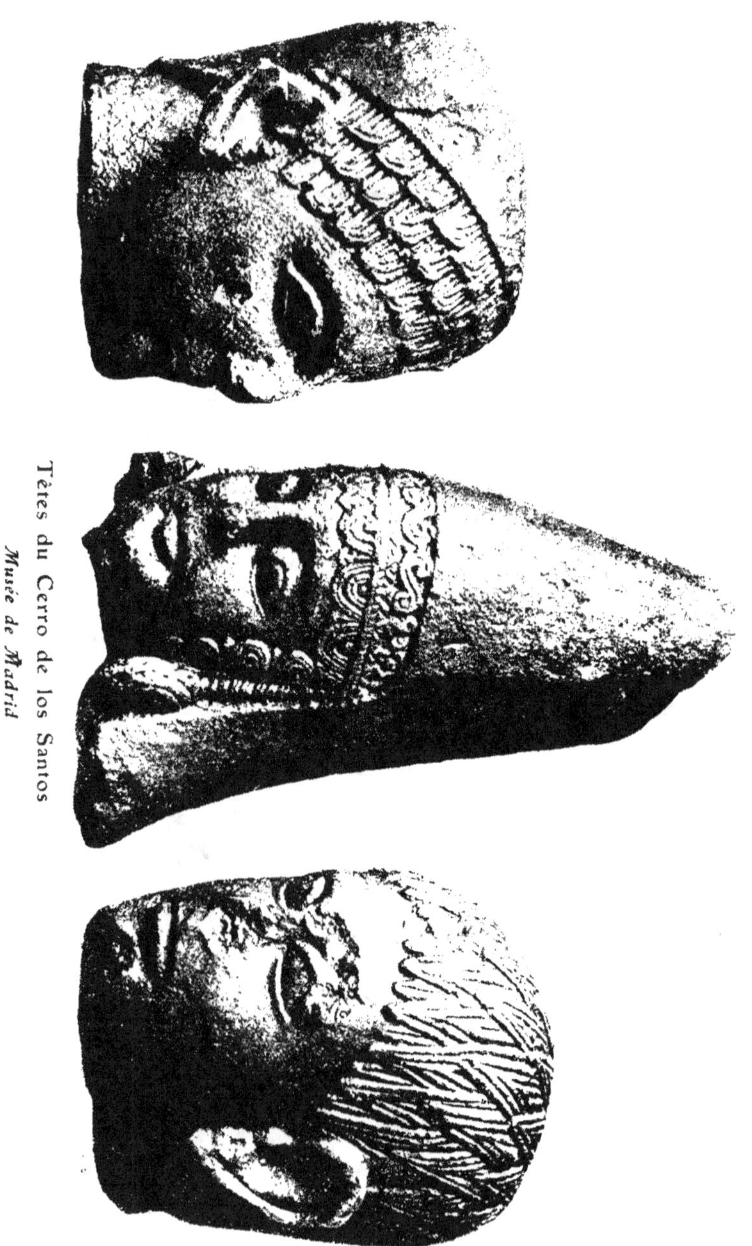

Têtes du Cerro de los Santos
Musée de Madrid

Têtes de femmes du Cerro de los Santos
Musée du Louvre

E. Leroux, *Édit.*

H. Demoulin, Sc.

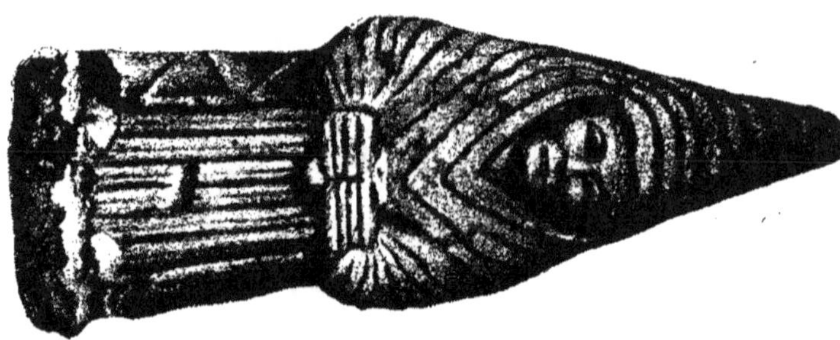

Femme en capuchon

Statue virile
Cerro de los Santos. *Musée de Madrid*

Femme en capuchon

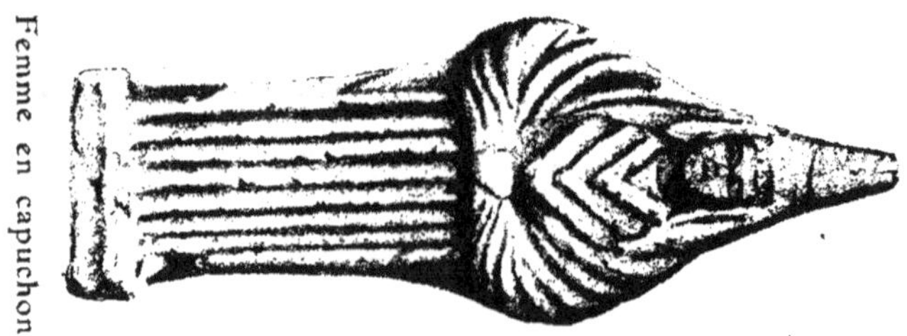

Femme en capuchon

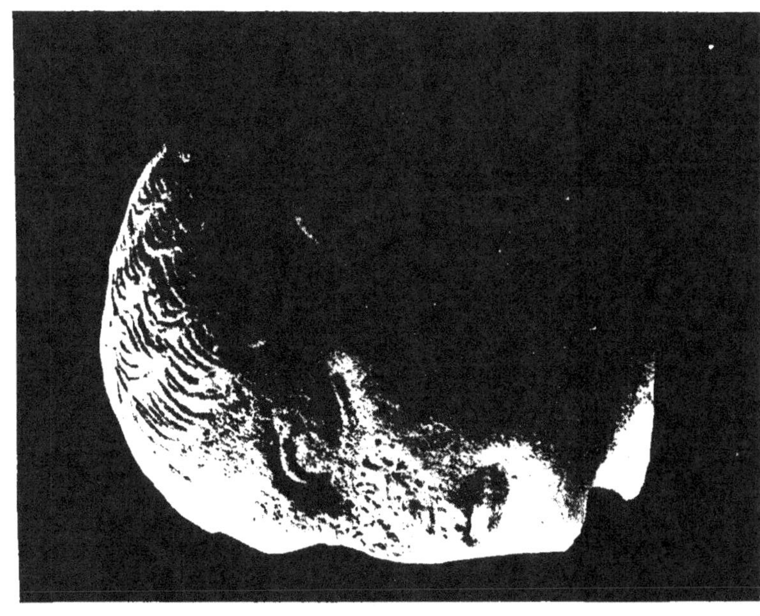

Têtes viriles du Cerro de los Santos
Musée de Madrid

E. LEROUX, *Édit.*   H. DEMOULIN, *Sc.*

La Dame d'Elche
Musée du Louvre

E. Leroux. *Edit.*

H. Demoulin, *Sc.*

Dans la palmeraie d'Elche

E. Leroux, *Edit.*   H. Demoulin, *Sc.*

Pl. XX

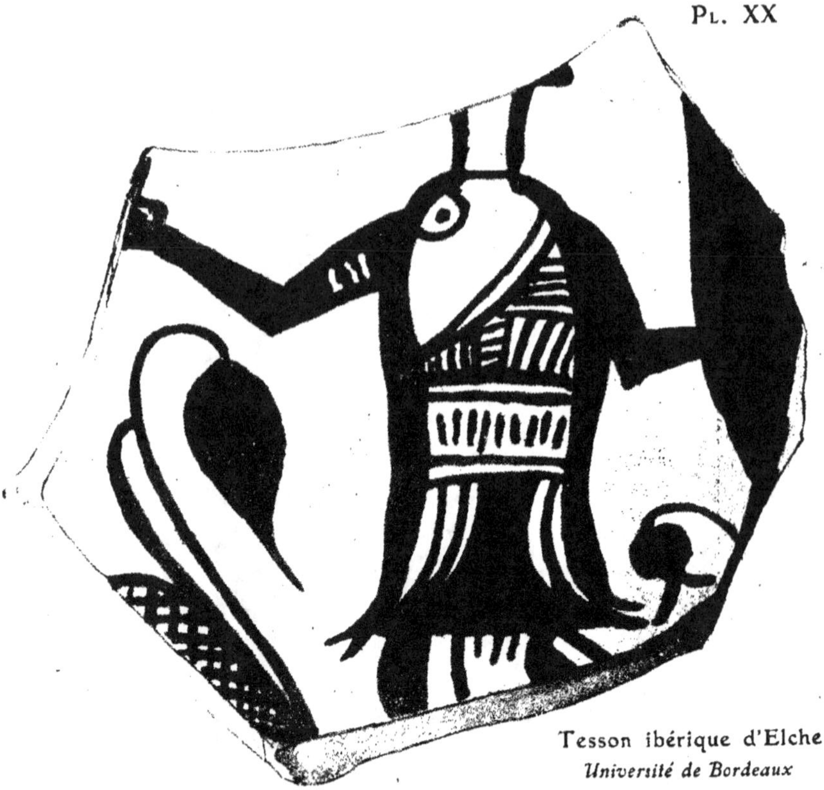

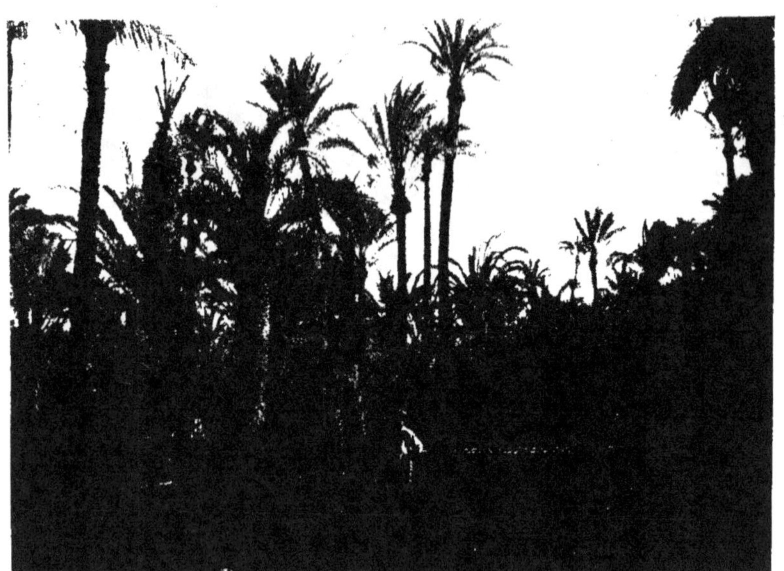

Tesson ibérique d'Elche
Université de Bordeaux

Dans la palmeraie d'Elche

E. Leroux, *Edit.* H. Demoulin, *Sc.*

Tesson ibérique d'Elche

Musée de Madrid

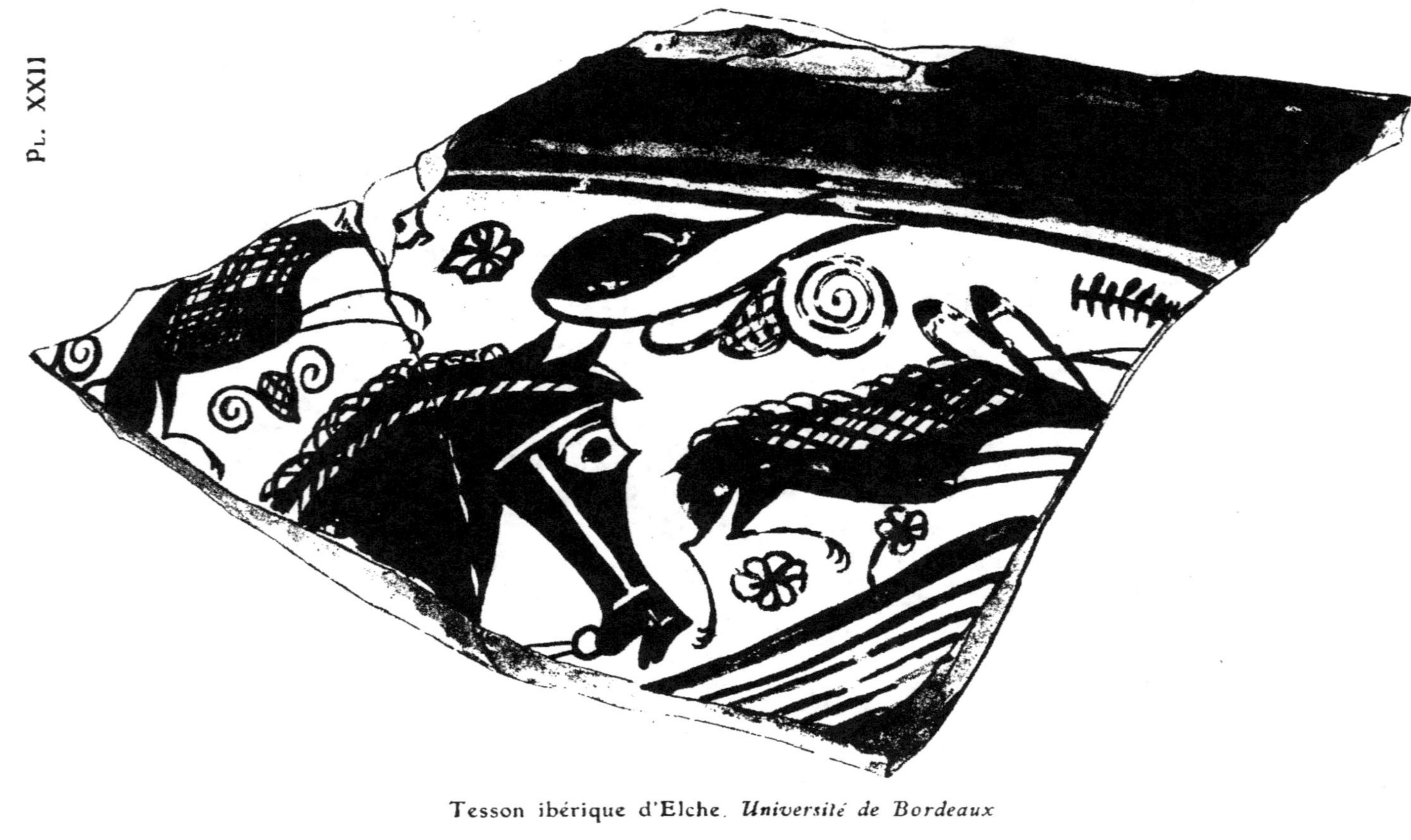

Tesson ibérique d'Elche. *Université de Bordeaux*

E. Leroux, *Édit.*

Tesson ibérique d'Elche. Université de Bordeaux

Tessons ibériques d'Elche

Université de Bordeaux

E. L_{EROUX}. *Edit.*

Tessons ibériques d'Elche. Université de Bordeaux

Tessons ibériques d'Elche. *Université de Bordeaux*

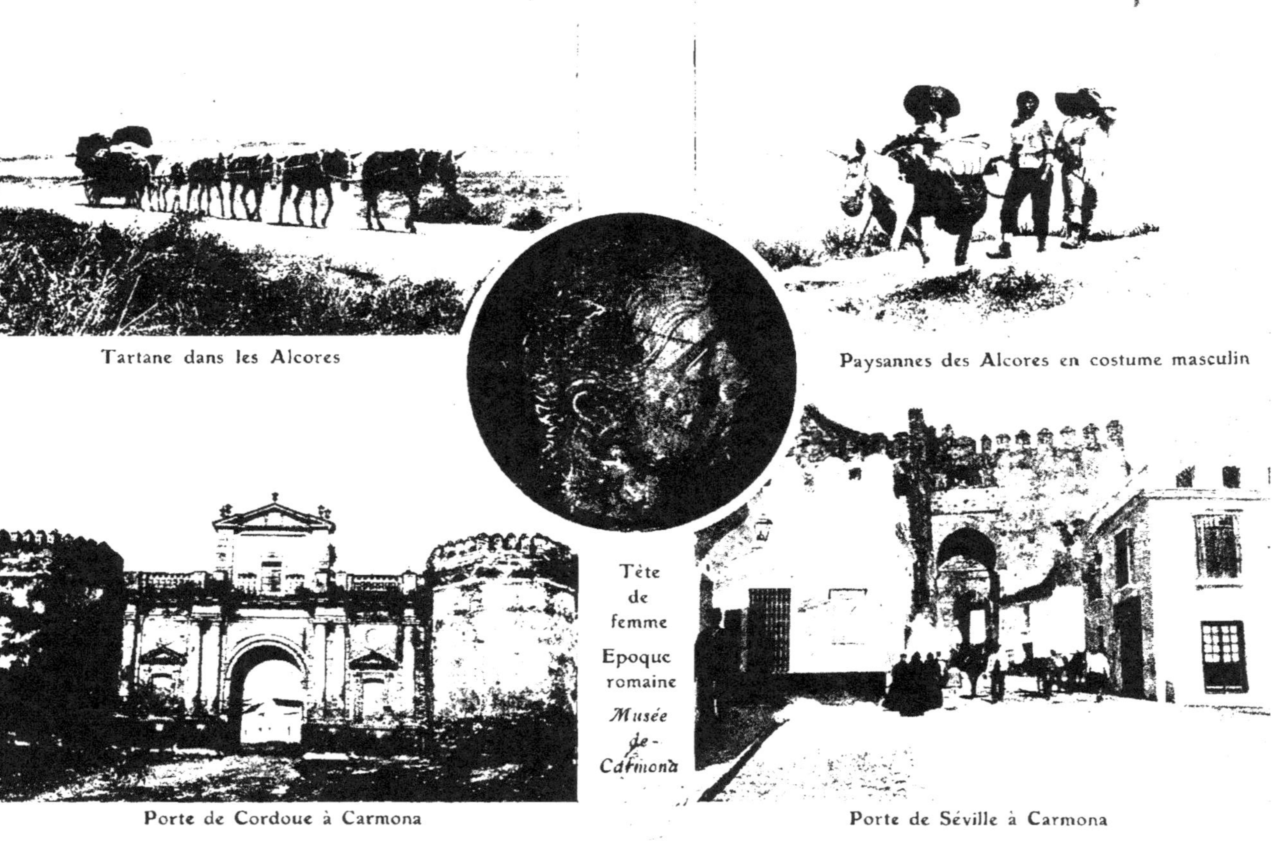
Tartane dans les Alcores
Paysannes des Alcores en costume masculin
Tête
de
femme
Epoque
romaine
Musée
de -
Carmona
Porte de Cordoue à Carmona
Porte de Séville à Carmona

Entrée de la Tombe de l'Éléphant

NÉCROPOLE DE CARMONA

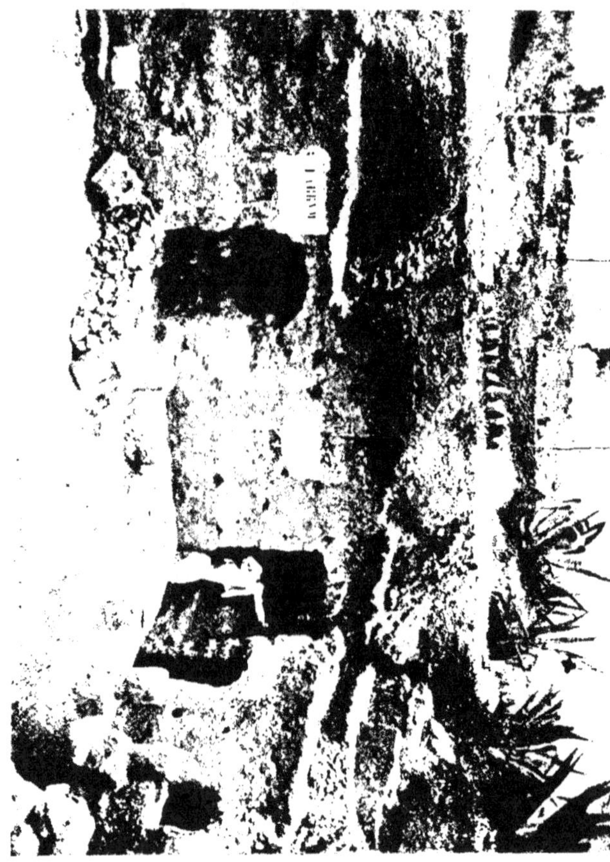

Triclinium de la Tombe de l'Éléphant.

E. LEROUX, *Edit.*

H. DEMOULIN, *Sc.*

Banquet funèbre
Fresque dans une tombe de Carmona

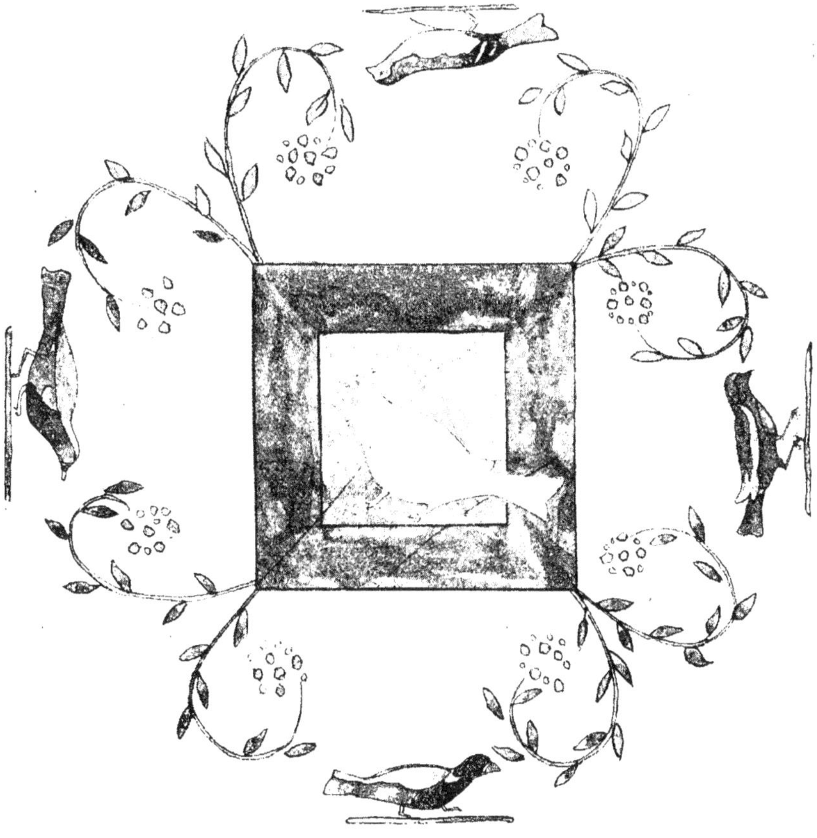

Fresque peinte sur la voûte de la tombe de la Paloma, à Carmona

E. Leroux, *Edit.*

H. Demoulin, *Sc.*

Vases d'argile et de verre de la Nécropole

Musée de Carmona

E. Leroux, *Édit.*   H. Demoulin, *Sc.*

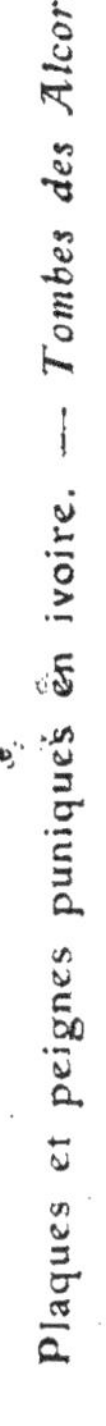

Plaques et peignes puniques en ivoire. — *Tombes des Alcores*

Collection George Bonsor à Mairena

E. Leroux, *Édit.*

Grande roche de l'Acebuchal

H. Demoulin, Sc.

Découverte d'une tombe à couloir à Gandul

Vases du style de Ciempozuelos
Collection George Bonsor à *Mairena del Alcor*

E. Leroux, *Edit.*

OSUNA

La Cathédrale

Jour de marché

E. Leroux, *Edit.*   H. Demoulin, *Sc.*

Pl. XXXIV

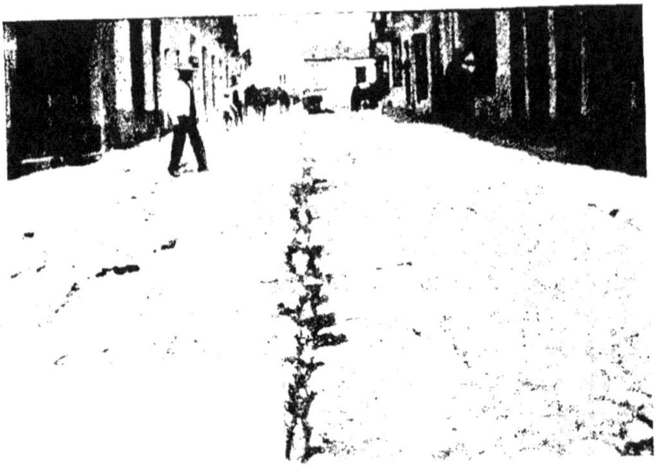

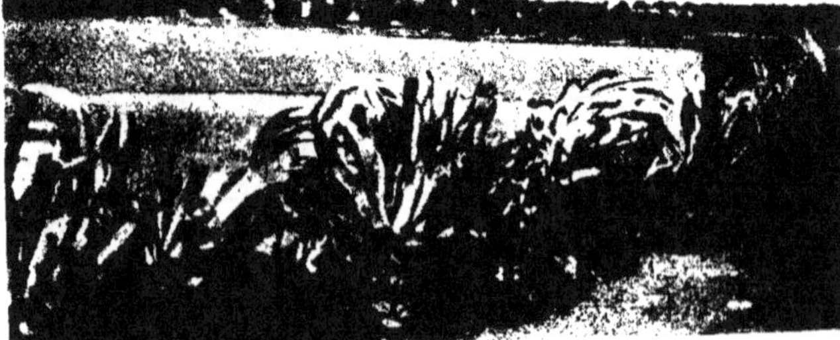

Une rue
bien pavée
à Osuna

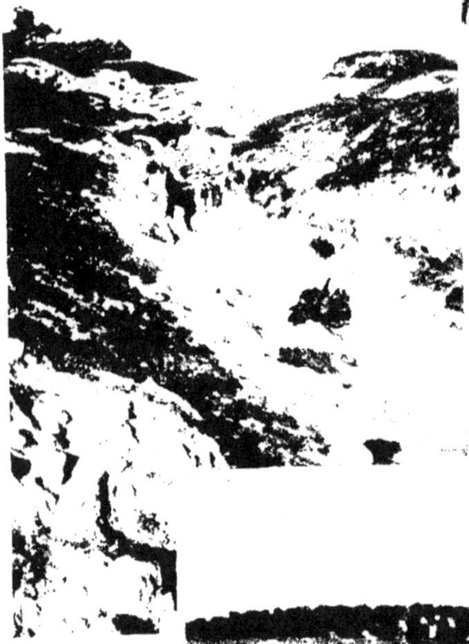

Vereda
de
Grenade.
Ancienne
route
romaine
Antique
Osuna

Le garrotal de Postigo. Antique Osuna

E. Leroux, *Edit.*

H. Demoulin, *Sc.*

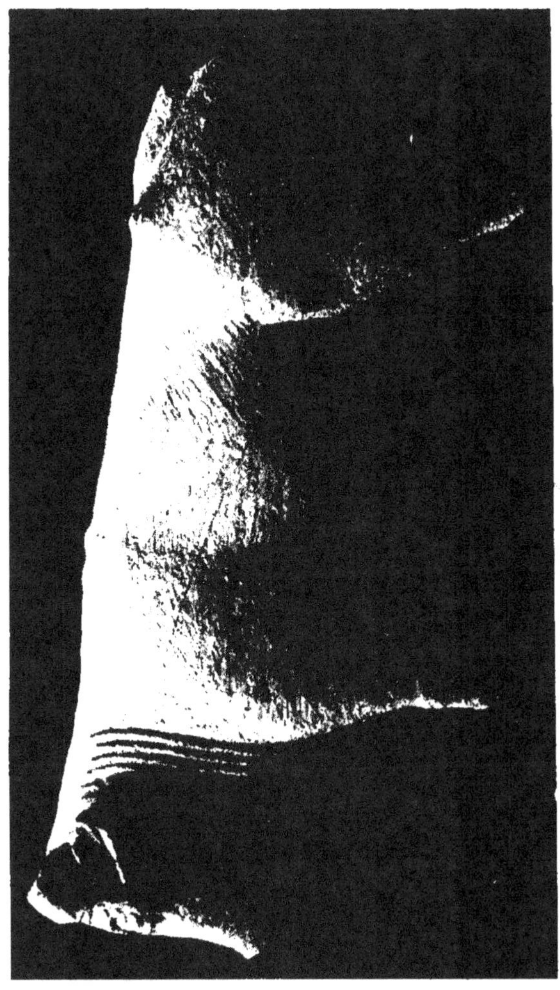

Un « toro » ibérique d'Osuna

Musée du Louvre

H. Demoulin, *Sc.*

Mur et tours de la forteresse ibérique d'Osuna (Fouilles de 1904)

E. Leroux, *Edit.*

Soldats ibères d'Osuna

Musée du Louvre

E. Leroux, *Édit.*   H. Demoulin, *Sc.*

Guerrier ibère d'Osuna

Musée du Louvre

E. Leroux, *Edit.*

H. Demoulin, *Sc.*

Joueuse de flûte ibère d'Osuna
Musée du Louvre

Prêtresse ibère d'Osuna
Musée du Louvre

E. Leroux, *Edit.*   H. Demoulin, *Sc.*

Nègre abattu par un lion

Bas-relief ibérique d'Osuna

Musée du Louvre

E. Leroux, *Edit.*   H. Demoulin, *Sc.*

Acrobate ibère d'Osuna. *Musée du Louvre*

E. Leroux, *Edit.*   H. Demoulin, *Sc.*

Pointes de flèches en fer d'Osuna. *Musée du Louvre*

E. Leroux. *Edit.*   H. Demoulin, *Sc.*

Dans les carrières d'Osuna

E. Leroux, *Edit.*   H. Demoulin, *Sc.*

Vue générale de la colline de Numance

E. Leroux, *Edit.*

H. Demoulin, *Sc.*

Sur la route
de Numance

La Colline de Numance et le Duero
Vue prise du Pont de Garray

Sur le pont de Soria

E. Leroux, *Edit.*

H. Demoulin, *Sc.*

Chambre à 6 colonnes dans le quartier général de Scipion (Castillejo)

Castillejo. — Camp général de Scipion en face de Numance

E. LEROUX. *Edit.*

Dans le camp de Castillejo

Mur d'enceinte du camp
de Castillejo

Dans le camp de
Peña redonda. Vue sur le
Duero et la plaine

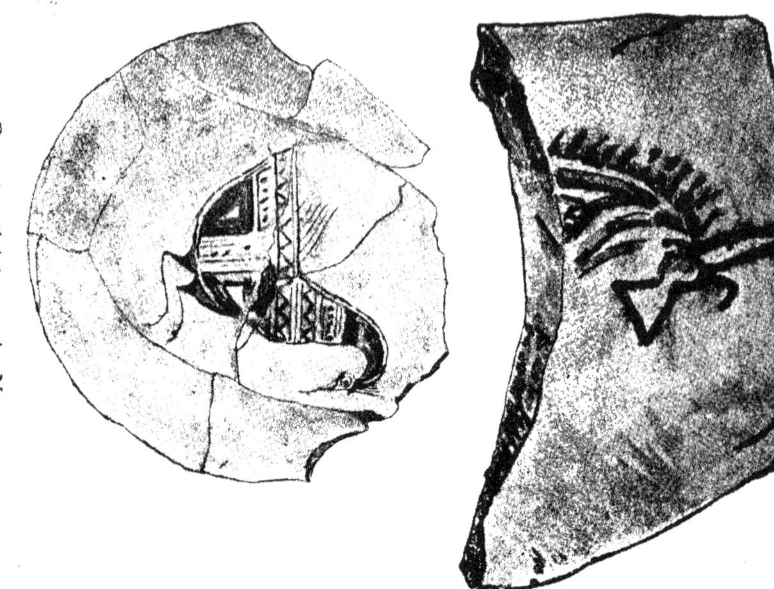

Poteries ibériques de Numance
Cheval et oiseau

Musée de Soria

Poterie très antique de Numance

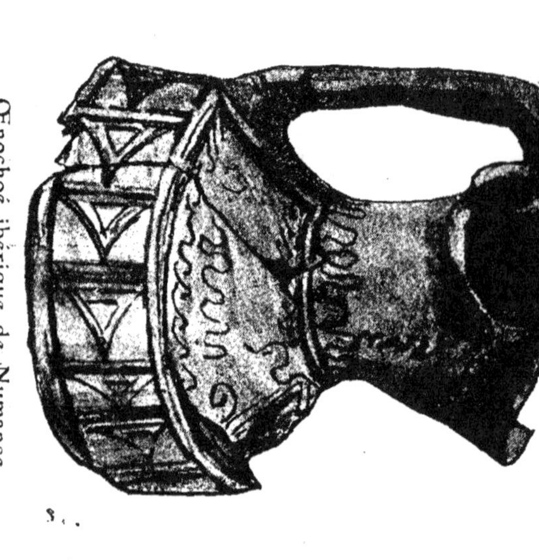

Œnochoé ibérique de Numance

E. Leroux, *Édit.*

Tarragone. — Enceinte primitive

Poterne du Capiscol

Enceinte cyclopéenne de Tarragone

E. LEROUX, *Edit.*　　　　　　　　　　　　H. DEMOULIN, Sc.

Base cyclopéenne de la Tour de San Magin à Tarragone

Une arche du « Pont du Diable » à Tarragone

E. Leroux, *Edit.*   H. Demoulin, *Sc.*

Amphithéâtre romain de Tarragone d'après une gravure de l'*España Sagrada*

Castillo de Pilatos à Tarragone

E. LEROUX, *Édit.*　　　　　　　　　　　H. DEMOULIN, *Sc.*

Vénus

Négrillon et lampadaire
Musée de Tarragone

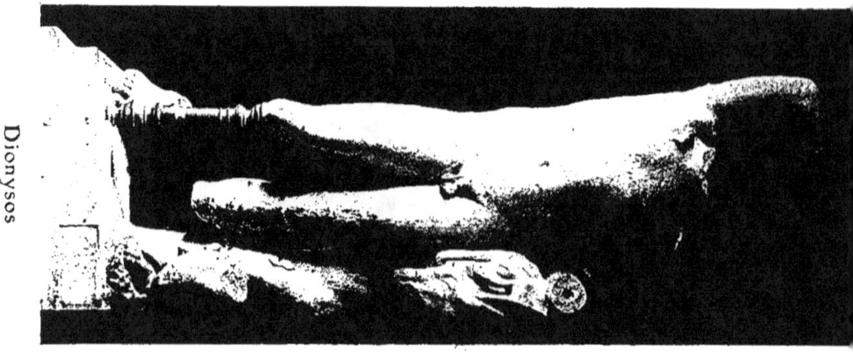

Dionysos

E. Leroux, *Edit.*   H. Demoulin, *Sc.*

Pont du Diable
Aqueduc romain de Tarragone

E. Leroux, *Édit.* H. Demoulin, *Sc.*

Prétendu Tombeau de Scipion

à Tarragone

E. Leroux, *Edit.*

H. Demoulin, S

www.ingramcontent.com/pod-product-compliance
Lightning Source LLC
LaVergne TN
LVHW011956170726
843503LV00001B/116